Kaufpreisvereinbarungen im Rahmen von Unternehmensakquisitionen und deren bilanzielle Behandlung nach IFRS

Schriftenreihe der  MEYER STIFTUNG

Herausgegeben von
Prof. Dr. Claus Meyer

Band 6

Carolin Schwarz

Kaufpreisvereinbarungen im Rahmen von Unternehmensakquisitionen und deren bilanzielle Behandlung nach IFRS

Verlag Wissenschaft & Praxis

Bibliografische Information der Deutschen Bibliothek
Die Deutsche Bibliothek verzeichnet diese Publikation in der Deutschen Nationalbibliografie; detaillierte bibliografische Daten sind im Internet über http://dnb.ddb.de abrufbar.

ISBN 978-3-89673-490-7

© Verlag Wissenschaft & Praxis
Dr. Brauner GmbH 2008
D-75447 Sternenfels, Nußbaumweg 6
Tel. 07045/930093 Fax 07045/930094

Alle Rechte vorbehalten

Das Werk einschließlich aller seiner Teile ist urheberrechtlich geschützt. Jede Verwertung außerhalb der engen Grenzen des Urheberrechtsgesetzes ist ohne Zustimmung des Verlages unzulässig und strafbar. Das gilt insbesondere für Vervielfältigungen, Übersetzungen, Mikroverfilmungen und die Einspeicherung und Verarbeitung in elektronischen Systemen.

Printed in Germany

Geleitwort

Die Claus und Brigitte Meyer-Stiftung lobt den Thomas-Gulden-Preis zur Erinnerung an den im Alter von 25 Jahren an einer unheilbaren Krankheit verstorbenen ehemaligen Studenten Thomas Gulden für besondere Leistungen aus.

Zum Ende des Sommer-Semesters 2005 wurde der Preis erstmals verliehen. Im Herbst 2008 wird Frau Carolin Schwarz (Studiengang Betriebswirtschaft/ Controlling, Finanz- und Rechnungswesen) für ihre herausragenden Studienleistungen und ihre exzellente Diplomarbeit mit dem Thomas-Gulden-Preis ausgezeichnet.

Die Claus und Brigitte Meyer-Stiftung veröffentlicht die Arbeiten der Preisträger in der Schriftenreihe der MEYER STIFTUNG. Die ungewöhnlich umfassende Diplomarbeit von Frau Carolin Schwarz beschäftigt sich mit dem Thema „Kaufpreisvereinbarungen im Rahmen von Unternehmensakquisitionen und deren bilanzielle Behandlung nach IFRS". Die Ausführungen befinden sich durchweg auf ungewöhnlich hohem Niveau. Sie zeugen von einer außerordentlichen und kritischen Durchdringung der häufig hochkomplexen relevanten Bilanzierungsvorschriften. Dies gilt angesichts der teilweise nicht oder nur eingeschränkt vorhandenen und zudem unterschiedlich interpretierenden Sekundärliteratur umso mehr.

Herr Prof. Dr. Matthias Kropp betreute diese Diplomarbeit. Seine fundierten und umfangreichen Kenntnisse der nationalen und der internationalen Rechnungslegung haben durch die Begleitung bei der Ausarbeitung wesentlich zum Gelingen der Arbeit beigetragen.

Die Claus und Brigitte Meyer-Stiftung freut sich, die ausgezeichnete Diplomarbeit als sechsten Band der Schriftenreihe veröffentlichen zu können.

Für die großzügige Unterstützung bei der Herausgabe der Schriftenreihe bedanken wir uns herzlich bei Herrn Dr. Brauner vom Verlag Wissenschaft und Praxis.

Stuttgart, im September 2008

Prof. Dr. Claus Meyer

MEYER STIFTUNG

Die Claus und Brigitte Meyer-Stiftung ist eine rechtsfähige Stiftung bürgerlichen Rechts mit Sitz in Stuttgart, die am 21. April 2005 vom Regierungspräsidium Stuttgart als Stiftungsbehörde anerkannt wurde. Nach dem Freistellungsbescheid des Finanzamts Stuttgart-Körperschaften vom 16. August 2007 ist sie gemeinnützig und von der Besteuerung freigestellt.

Der Zweck der Stiftung wird verwirklicht durch die Förderung von Wissenschaft und Forschung, der Bildung und Erziehung und der Unterstützung bedürftiger Studierender der Hochschule Pforzheim. Er wird insbesondere realisiert durch:

- die Verleihung des Thomas-Gulden-Preises für hervorragende Studienleistungen und/oder eine ausgezeichnete Diplom-/Masterarbeit aus dem Gebiet des Controlling, Finanz- und Rechnungswesen an einen oder mehrere Studierende.
Thomas Gulden wurde am 15. März 1978 geboren. Er studierte an der Hochschule Pforzheim im Studiengang Betriebswirtschaft/Controlling, Finanz- und Rechnungswesen und schloss mit der Gesamtnote „sehr gut" ab. Aufgrund einer angeborenen und fortschreitenden Muskelerkrankung saß Thomas Gulden seit seinem 10. Lebensjahr im Rollstuhl. Er verstarb am 11. April 2003 an der tödlichen Erkrankung, deren Verlauf er kannte. Posthum wurde Thomas Gulden für seine herausragende und der Note 1,0 bewerteten Diplomarbeit mit einem Förderpreis ausgezeichnet. Seinem Wunsch entsprechend wurden mit diesem Preis, wie mit seinem gesamten Vermögen, humanitäre Organisationen unterstützt.

- die Vergabe von Zuschüssen und Ähnlichem an Studierende, insbesondere an in Not geratene, zur Fortsetzung und erfolgreichem Abschluss ihres Studiums.

Claus und Brigitte Meyer-Stiftung

Adresse:	Bernsteinstr. 102, 70619 Stuttgart
Telefon/Fax:	0711/4411488
E-Mail:	claus.meyer@meyer-stiftung.de
Internet:	www.meyer-stiftung.de
Bank:	Baden-Württembergische Bank, BLZ 600 501 01, Konto Nr. 498 04 94

Vorwort

Die vorliegende Arbeit wurde zur Erlangung des Diploms im Studiengang Betriebswirtschaft/Controlling, Finanz- und Rechnungswesen an der Hochschule Pforzheim eingereicht und angenommen. Die Arbeit wurde im Februar 2008 abgeschlossen und im September 2008 für die Veröffentlichung vorbereitet.

Für die Auszeichnung mit dem Thomas-Gulden-Preis sowie die Unterstützung bei der Veröffentlichung meiner Arbeit möchte ich mich bei Herrn Prof. Dr. Claus Meyer, seiner Frau Brigitte Meyer sowie der MEYER STIFTUNG herzlich bedanken. Die Auszeichnung mit dem Thomas-Gulden-Preis hat mich sehr geehrt.

Bei Herrn Prof. Dr. Matthias Kropp bedanke ich mich für die Anregung zur Themenwahl und die umfassende und engagierte Betreuung dieser Arbeit. Die vielen und ausführlichen Gespräche mit ihm waren bei der Erarbeitung der Thematik von unschätzbarem Wert. Frau Prof. Dr. Ulrike Eidel möchte ich für die Übernahme der Zweitkorrektur der Arbeit danken.

Für die sehr herzliche Aufnahme gilt mein Dank dem Team Corporate Finance der KPMG in München. Im Rahmen meines dortigen Praktikums erhielt ich wertvolle Anregungen für diese Arbeit. Mein besonderer Dank gilt Herrn Michael Salcher für die praktische Betreuung dieser Arbeit und die fachliche Unterstützung.

Bedanken möchte ich mich darüber hinaus bei Michael, Nicola und Susanne für ihre Unterstützung. Sie haben durch viele hilfreiche fachliche Anmerkungen und kritisches Feedback einen wertvollen Beitrag zu dieser Arbeit geleistet. Frau Petra Neugebauer vom Verlag Wissenschaft & Praxis danke ich für ihr außerordentliches Engagement im Rahmen der Veröffentlichungsvorbereitungen.

Der größte Dank gilt meinen Eltern. Sie haben mich auf meinem bisherigen Lebensweg in meinen Plänen und Vorhaben in jeglicher Hinsicht unterstützt – ohne sie wäre ein solches Studium nicht möglich gewesen. Ihnen ist diese Arbeit gewidmet.

München, im September 2008

Carolin Schwarz

Inhaltsverzeichnis

Geleitwort 5

Meyer-Stiftung 6

Vorwort 7

Inhaltsverzeichnis 9

Abbildungsverzeichnis 13

Abkürzungsverzeichnis 14

1 Einleitung 15
   1.1 Problemstellung 15
   1.2 Gang der Untersuchung 17

2 Kaufpreisvereinbarungen im Rahmen von Unternehmensakquisitionen 21
   2.1 Bestimmung des Kaufpreises 21
   2.2 Risikomanagement bei Unternehmensakquisitionen 23
      2.2.1 Informationsrisiko als besonderes Risiko des Käufers 23
         2.2.1.1 Informationsasymmetrie als Risikoursache 23
         2.2.1.2 Folgen der Informationsasymmetrie 24
         2.2.1.3 Abbau der Informationsasymmetrie 25
      2.2.2 Vertragliche Risikoverteilung 26
         2.2.2.1 Möglichkeiten der Umsetzung 26
         2.2.2.2 Kaufpreisauswirkungen 30
   2.3 Kaufpreisvereinbarungen 31
      2.3.1 Abgrenzung verschiedener Kaufpreisvereinbarungen 31
      2.3.2 Fester Kaufpreis 32
         2.3.2.1 Betragsmäßig konkret bestimmter Kaufpreis 32

2.3.2.2 Vorläufiger Kaufpreis..........32
    2.3.2.2.1 Begriff und Funktion..........32
    2.3.2.2.2 Kaufpreisanpassung um Wertänderungen bestimmter Bilanzposten..........33
        2.3.2.2.2.1 Einfluss bilanzieller Wertänderungen auf den Unternehmenswert.....33
        2.3.2.2.2.2 Net Asset Adjustment..........34
        2.3.2.2.2.3 Net Working Capital Adjustment..........36
    2.3.2.2.3 Kaufpreisanpassung um Änderungen von Berechnungsgrößen der Discounted-Cashflow-Methode..........38
2.3.3 Variabler Kaufpreis..........40
    2.3.3.1 Earnout in Form des Besserungsoptions-Modells..........40
        2.3.3.1.1 Begriff und Funktionen..........40
        2.3.3.1.2 Regelung der Geschäftsführung..........42
        2.3.3.1.3 Bezugsgröße zur Berechnung der Earnout-Zahlungen..........44
        2.3.3.1.4 Earnout-Periode..........45
        2.3.3.1.5 Ermittlung des Kaufpreises..........46
            2.3.3.1.5.1 Konventionelle Berechnungsmethode..........46
            2.3.3.1.5.2 Alternative Berechnungsmethode..........50
        2.3.3.1.6 Abgrenzung zur Ergebnisgarantie..........53
        2.3.3.1.7 Vor- und Nachteile..........54
        2.3.3.1.8 Earnout-Vereinbarungen in der Praxis..........56
    2.3.3.2 Earnout in Form der zweistufigen Unternehmensakquisition..........58
2.3.4 Koordination der Kaufpreisvereinbarungen mit sonstigen Vertragsklauseln..........61
2.4 Wert der Vertragsklauseln..........63
    2.4.1 Bewertungsmethode und Wirkung auf den Kaufpreis..........63
    2.4.2 Garantie..........64

2.4.3 Besserungsoption 65

2.5 Kaufpreiszahlung 67

2.5.1 Fälligkeitszeitpunkt 67

2.5.2 Akquisitionswährung 68

3 Bilanzielle Behandlung von Kaufpreisvereinbarungen nach IFRS............ 71

3.1 Bilanzierung einer Unternehmensakquisition 71

3.2 Anschaffungskosten 73

3.2.1 Bestandteile der Anschaffungskosten 73

3.2.2 Anschaffungsnebenkosten 75

3.3 Sofortige Kaufpreiszahlung 78

3.4 Deferred Consideration 80

3.4.1 Begleichung mit Zahlungsmitteln 80

3.4.2 Begleichung mit eigenen Aktien 81

3.5 Contingent Consideration 83

3.5.1 Überblick 83

3.5.2 Performance-based Contingent Consideration 84

3.5.2.1 Abgrenzung zu sonstigen Vergütungen 84

3.5.2.2 Begleichung mit Zahlungsmitteln 86

3.5.2.2.1 Zeitpunkt der bilanziellen Berücksichtigung 86

3.5.2.2.2 Methoden der bilanziellen Berücksichtigung 88

3.5.2.3 Begleichung mit eigenen Aktien 96

3.5.3 Security Price-based Contingent Consideration 99

3.6 Neuregelungen des IFRS 3 (2008) 104

3.6.1 Hintergrund 104

3.6.2 Bilanzierung einer Unternehmensakquisition 105

3.6.3 Anschaffungskosten 108

3.6.4 Contingent Consideration 110

3.6.4.1 Abgrenzung zu sonstigen Vergütungen 110

    3.6.4.2 Bilanzielle Behandlung 110

    3.6.4.3 Auswirkungen.. 114

  3.6.5 Sonstige Komponenten der Anschaffungskosten........................... 116

  3.6.6 Anschaffungsnebenkosten 117

4 Schlussbetrachtung 121

Anhangsverzeichnis 125

Literaturverzeichnis 173

Stichwortverzeichnis... 185

Abbildungsverzeichnis

Abbildung 1: Aufbau der Arbeit 17
Abbildung 2: Grenzpreise und Einigungsbereich der Parteien 23
Abbildung 3: Arten von Kaufpreisvereinbarungen 32
Abbildung 4: Berechnung des endgültigen Kaufpreises bei Vereinbarung eines Net Asset Adjustments 35
Abbildung 5: Kaufpreisanpassung um Änderungen von Berechnungsgrößen der Discounted-Cashflow-Methode 38
Abbildung 6: Konventionelle Berechnungsmethode 46
Abbildung 7: Alternative Berechnungsmethode 50
Abbildung 8: Kaufpreiswirkungen einer Ergebnisgarantie im Vergleich zu einer Earnout-Vereinbarung 54
Abbildung 9: Veränderung des Einigungsbereichs durch Vereinbarung einer Garantie 65
Abbildung 10: Chancen-Risiko-Profil des Verkäufers 66
Abbildung 11: Schaffung eines Einigungsbereichs durch Vereinbarung einer Besserungsoption 67
Abbildung 12: Bestandteile der Anschaffungskosten 74
Abbildung 13: Arten von Kaufpreiszahlungen nach ihrer Fälligkeit 75
Abbildung 14: Arten von Contingent Considerations 84
Abbildung 15: Zeitpunkt und Art der bilanziellen Berücksichtigung 87
Abbildung 16: Methoden der bilanziellen Berücksichtigung 89
Abbildung 17: Bilanzielle Auswirkungen retrospektiver und prospektiver Korrekturen 93
Abbildung 18: Ermittlung des Goodwills nach der Erwerbs- und Akquisitionsmethode im Vergleich 108
Abbildung 19: Komponenten der Anschaffungskosten und der gewährten Gegenleistung im Vergleich 109

Abkürzungsverzeichnis

App.	Appendix
AG	Application Guidance
BC	Basis for Conclusions
EBIT	Earnings before Interest and Taxes
EBITDA	Earnings before Interest, Taxes, Depreciation and Amortization
ED	Exposure Draft
EITF	Consensus of the Emerging Issues Task Force
EK	Eigenkapital
F	Framework
FASB	Financial Accounting Standards Board
GE	Geldeinheiten
IAS	International Accounting Standard(s)
IASB	International Accounting Standards Board
i.d.F.	in der Fassung
i.d.P.	in der Praxis
i.d.R.	in der Regel
i.e.S.	im engeren Sinne
IFRIC	International Financial Reporting Interpretations Committee
IFRS	International Financial Reporting Standard(s)
IG	Implementation Guidance
i.H.v.	in Höhe von
IN	Introduction
i.S.d.	im Sinne des
i.V.m.	in Verbindung mit
M&A	Mergers and Acquisitions
NFD	Near Final Draft
Rn.	Randnummer
SFAS	Statement(s) of Financial Accounting Standards
US-GAAP	US-Generally Accepted Accounting Principle(s)
Verb.	Verbindlichkeit

1 Einleitung

1.1 Problemstellung

Im Rahmen einer Unternehmensakquisition gehört die Einigung auf einen für beide Parteien akzeptablen Kaufpreis zu den schwierigsten Herausforderungen auf dem Weg zu einem erfolgreichen Vertragsabschluss. Die Festlegung des Kaufpreises ist der zentrale Punkt der Akquisitionsverhandlungen. Verhandlungsgrundlage sind hierbei die individuellen Kaufpreisvorstellungen der Parteien. Ursächlich für unterschiedliche Kaufpreisvorstellungen ist zumeist, dass die Parteien den Unternehmenszustand, vor allem aber die künftige Unternehmensentwicklung unterschiedlich einschätzen. Während der potentielle Käufer das Risiko einer im Nachhinein sich als zu optimistisch erweisenden Einschätzung dieser Faktoren und einer damit verbundenen Zahlung eines zu hohen Preises vermeiden möchte, liegt es im Interesse des Verkäufers, mit dem Erhalt des Kaufpreises möglichst das Maximum der von ihm erwarteten künftigen Wertsteigerungen des Akquisitionsobjekts vergütet zu bekommen.[1]

In dieser im Rahmen einer Unternehmensakquisition normalen Verhandlungssituation existiert ein Bedarf an Instrumenten, welche einen Umgang mit der zwangsläufigen Unsicherheit insbesondere auf Seite des – über das Unternehmen schlechter informierten – Käufers ermöglichen und ein Zustandekommen der Transaktion begünstigen. Hierbei kommt neben Garantien und sonstigen Absicherungen des Käufers vor allem Kaufpreisvereinbarungen eine besondere Bedeutung zu, durch die ebenfalls Risiken aus der Unternehmensakquisition zwischen den Parteien verteilt werden können.[2] Eine der möglichen Kaufpreisvereinbarungen ist die Vereinbarung eines Earnouts, bei welchem sich der Kaufpreis teilweise in Abhängigkeit künftiger Ereignisse bestimmt. Durch eine solche Kaufpreisvereinbarung können die divergierenden Preisvorstellungen überbrückt werden, indem dem Käufer die Unternehmensakquisition zu einem für ihn akzeptablen Preis ermöglicht und gleichzeitig dem Verkäufer eine Teilhabe an der künftigen positiven Geschäftsentwicklung gewährt wird.[3]

Daneben steht eine Reihe weiterer Vereinbarungen den Kaufpreis betreffend zur Verfügung, die die Risikopositionen der Parteien auf jeweils unterschiedliche Weise beeinflussen. Insofern gehen Kaufpreisverhandlungen weit über die Fixierung eines Kaufpreisbetrags hinaus. Es gilt insbesondere, geeignete Mechanismen für die Anpassung des Kaufpreises an Unternehmensentwicklungen auszuhandeln;

---

[1] Vgl. Hölters, W. (2002), Rn. 85; Bruckner, V. (2007), S. 1.
[2] Vgl. Behringer, S. (2004), S. 245.
[3] Vgl. Frankel, M. (2005), S. 21.

dabei ist an die Unternehmensentwicklung zwischen Vertragsunterzeichnung und endgültigem Unternehmensübergang, aber auch an die darüber hinausreichende Entwicklung zu denken. Daneben ist eine Einigung hinsichtlich des Zeitpunkts der Zahlung und der Akquisitionswährung herbeizuführen.

Im Falle eines erfolgreichen Vertragsschlusses stellt sich für den Käufer die Herausforderung der bilanziellen Abbildung der Akquisition. Er hat hierzu im Rahmen der Erstkonsolidierung die Anschaffungskosten zu bestimmen und durch Gegenüberstellung mit dem neubewerteten Nettovermögen den Goodwill zu ermitteln. Das Regelwerk der International Financial Reporting Standards (IFRS), aber auch Literatur und Praxis zur Erstkonsolidierung konzentrieren sich auf die Erfassung und Bewertung des dabei einzubuchenden Vermögens des akquirierten Unternehmens.[4] Der Ermittlung der Anschaffungskosten wird weder in praktischer noch theoretischer Hinsicht besondere Aufmerksamkeit gewidmet, da man diese Größe durch die vertraglichen Kaufpreisvereinbarungen als vorgegeben ansieht. Dies zeigt nicht zuletzt auch der Umfang der Regelungen. Die Ermittlung der Anschaffungskosten wird in dem auf Unternehmenszusammenschlüsse anzuwendenden IFRS 3 ‚Business Combinations' in nur 19 Paragraphen geregelt. Die Regelungen zur Verteilung des Kaufpreises umfassen dagegen über 100 Paragraphen.[5] Die daraus ableitbare Schlussfolgerung, die Bestimmung der Anschaffungskosten sei eine leicht zu lösende Aufgabe, übersieht jedoch die Komplexität moderner Kaufpreisvereinbarungen, wie die Ausführungen dieser Arbeit zeigen werden.

Die Zielsetzung der Arbeit ist dementsprechend die Erörterung folgender Fragestellungen:

- Welche Kaufpreisvereinbarungen gibt es, welches sind die Hintergründe ihrer Vereinbarung, wie können sie konkret ausgestaltet sein und welche Wirkung entfalten sie auf die Höhe des Kaufpreises?

- Wie sind aus den getroffenen Kaufpreisvereinbarungen die Anschaffungskosten nach IFRS abzuleiten und welche Auswirkungen ergeben sich hinsichtlich der Bilanzierung auf Seiten des Käufers?

Die Ausführungen im Rahmen dieser Arbeit sollen eine Brücke zwischen den vertragsrechtlich gängigen Kaufpreisvereinbarungen und der bilanzrechtlichen Behandlung dieser Vereinbarungen schlagen.

---

[4] Vgl. Lüdenbach, N./Völkner, B. (2006), S. 1435.
[5] Zu den Regelungen die Ermittlung des Kaufpreises betreffend vgl. IFRS 3.24-3.35, 3.BC67-3.BC73. Bezüglich der Regelungen zur Erfassung und Bewertung des einzubuchenden Vermögens vgl. IFRS 3.36-3.57, 3.BC74-3.BC156.

1.2 Gang der Untersuchung

Folgende Abbildung 1 gibt einen Überblick über den Aufbau der vorliegenden Arbeit. Wird die Einleitung (Kapitel 1) und die Schlussbetrachtung (Kapitel 4) außer Acht gelassen, gliedert sich die Arbeit in zwei Teile, innerhalb welcher die in der Problemstellung formulierten Zielsetzungen erarbeitet werden.

Kapitel 1: Einleitung
Kapitel 2: Kaufpreisvereinbarungen im Rahmen von Unternehmensakquisitionen
Kapitel 2.1: Bestimmung des Kaufpreises
Kapitel 2.2: Risikomanagement bei Unternehmensakquisitionen
Kapitel 2.3: Kaufpreisvereinbarungen
Kapitel 2.4: Wert der Vertragsklauseln
Kapitel 2.5: Kaufpreiszahlung
Kapitel 3: Bilanzielle Behandlung von Kaufpreisvereinbarungen nach IFRS
Kapitel 3.1: Bilanzierung einer Unternehmensakquisition
Kapitel 3.2: Anschaffungskosten
Kapitel 3.3: Sofortige Kaufpreiszahlung
Kapitel 3.3: Deferred Consideration
Kapitel 3.4: Contingent Consideration
Kapitel 3.5: Neuregelungen des IFRS 3 (2008)
Kapitel 4: Schlussbetrachtung

Abbildung 1: Aufbau der Arbeit

Der *erste Teil (Kapitel 2)* stellt die in der Praxis anlässlich von Unternehmensakquisitionen anzutreffenden Kaufpreisvereinbarungen dar und zeigt die Hintergründe ihrer Vereinbarung auf.

In den *Kapiteln 2.1 und 2.2* werden Grundlagen erarbeitet, welche zum Verständnis der nachfolgenden Ausführungen erforderlich sind. Hierzu wird zunächst dargestellt, wie die Vertragsparteien ihre individuellen, das Zielunternehmen betreffenden Preisvorstellungen ermitteln. In einem ersten Schritt werden die Gründe für das erhöhte Risiko auf Käuferseite bei einer Unternehmensakquisition dargestellt und mögliche Auswirkungen hieraus auf die Kaufpreisfindung erläutert. In einem zweiten Schritt werden die den Parteien zur Verfügung stehenden Möglichkeiten zur Reduzierung der Risiken aus der Unternehmensakquisition einerseits und zur Aufteilung dieser Risiken andererseits aufgezeigt. Welche Wirkungen sich aus diesen Maßnahmen auf die jeweiligen Kaufpreisvorstellungen und somit den Einigungsbereich zur Kaufpreisermittlung ergeben, wird anschließend erläutert.

Die Zuweisung von Risiken erfolgt durch Vertragsgestaltungen, zu denen neben Garantien und sonstigen Absicherungen des Käufers insbesondere verschiedene Kaufpreisvereinbarungen zählen. Auf der Erörterung letzterer liegt der Fokus der Ausführungen des *Kapitels 2.3*. Auf die Erläuterung betragsmäßig bestimmter Kaufpreise folgt die Beschreibung der Zielsetzung und Funktionsweise von Kaufpreisvereinbarungen, die eine Anpassung eines vorläufigen Kaufpreises um Wertänderungen bestimmter Bilanzposten vorsehen, wenn und soweit sich diese zwischen Vertragsunterzeichnung und späterem Übergang des Unternehmens ergeben. Im Anschluss daran folgt eine Erläuterung der Gründe für die Vereinbarung eines Earnouts – eines variablen Kaufpreises, der eine Anpassung an künftige Unternehmensentwicklungen erfährt. Neben der allgemeinen Funktionsweise werden die für eine erfolgreiche vertragliche Strukturierung einer solchen Kaufpreisvereinbarung relevanten und kritischen Punkte erläutert. In diesem Zusammenhang wird die in der Literatur vorwiegend dargestellte Methode zur Bestimmung der Earnout-Zahlungen erläutert. Auf deren kritische Würdigung aufbauend wird eine alternative Möglichkeit der Berechnung entwickelt. Im Anschluss werden die mit einer Earnout-Vereinbarung verbundenen Vor- und Nachteile aufgezeigt; auch auf die zweistufige Unternehmensakquisition als alternative Earnout-Variante wird eingegangen. Das Kapitel wird mit einer Analyse des Koordinationsbedarfs zwischen den dargestellten Kaufpreisvereinbarungen und den sonstigen Vertragsklauseln abgeschlossen.

Kapitel 2.4 stellt dar, inwiefern die Parteien kaufvertraglichen Vereinbarungen einen Wert beimessen, wie dieser quantifiziert werden kann und wie er sich auf die jeweiligen Preisvorstellungen auswirkt.

Im abschließenden *Kapitel 2.5* werden die von den getroffenen Kaufpreisvereinbarungen abhängigen unterschiedlichen Fälligkeitszeitpunkte der Kaufpreiszahlung aufgezeigt und die zur Erfüllung einsetzbaren Akquisitionswährungen erläutert.

Auf die Ausführungen des ersten Teils aufbauend wird im *zweiten Teil (Kapitel 3)* dargestellt, wie zum Zwecke der Erstkonsolidierung die Anschaffungskosten aus den verschiedenen Kaufpreisvereinbarungen nach IFRS abzuleiten sind und wie aus diesen Vereinbarungen eventuell entstehende Verpflichtungen in der Bilanz des Käufers zu behandeln sind. Hierbei wird ein Erwerb aller Anteile durch den

Käufer unterstellt, weshalb die bilanzielle Behandlung eines Earnouts in Form der zweistufigen Unternehmensakquisition nicht Gegenstand dieser Arbeit ist. Weiterhin wird davon ausgegangen, dass es sich bei dem akquirierten Untenehmen um eine Kapitalgesellschaft handelt, die im Rahmen eines Share Deals als gängigster Form des Unternehmenskaufs[6] erworben wird. Daneben wird angenommen, dass aus der Akquisition – wie dies in der Praxis zumeist der Fall ist[7] – ein positiver Goodwill resultiert. Die Verfasserin beschränkt sich in diesem Zusammenhang darauf, die bilanzielle Behandlung von Zahlungen bzw. Zahlungsverpflichtungen aufgrund von Kaufpreisvereinbarungen darzulegen, welche die Höhe des Kaufpreises direkt beeinflussen. Zahlungen des Verkäufers an den Käufer, beispielsweise aufgrund von Garantievereinbarungen, sind folglich nicht Gegenstand dieser Arbeit.

Einen Überblick über die grundsätzliche Vorgehensweise nach IFRS 3 zur Bilanzierung einer Unternehmensakquisition gibt *Kapitel 3.1*. In *Kapitel 3.2* wird dargelegt, welche Positionen im Rahmen der hierbei durchzuführenden Ermittlung der Anschaffungskosten zu berücksichtigen sind. Hierzu zählen neben den Anschaffungsnebenkosten die gewährten Gegenleistungen, die im Wesentlichen in Form sofortiger Zahlungen, in Form zeitlich verzögerter Zahlungen (Deferred Considerations) oder auch bedingter Zahlungen (Contingent Considerations) erbracht werden. Im Zusammenhang mit den Darstellungen der bilanziellen Behandlung der genannten Formen der Kaufpreisvereinbarungen wird jeweils zwischen einer Zahlung mit Zahlungsmitteln und einer Bezahlung mit eigenen Aktien als praxisrelevanter weiterer Akquisitionswährung unterschieden.[8] Die Übernahme von Schulden des Verkäufers als weitere Form der Gegenleistung bleibt im Rahmen der Ausführungen unberücksichtigt.

Wie sofortige und verzögerte Zahlungen des Kaufpreises zu bewerten und bei der Ermittlung der Anschaffungskosten anzusetzen sind, erläutern die *Kapitel 3.2 und 3.3*.

In *Kapitel 3.4* wird einleitend die Frage geklärt, wie bedingte Kaufpreiszahlungen aufgrund einer Earnout-Vereinbarung von Vergütungen für sonstige Leistungen des Verkäufers abzugrenzen sind. Danach wird dargestellt, zu welchem Zeitpunkt und in welcher Form derartige Zahlungen in den Anschaffungskosten zu berücksichtigen sind. In einem nächsten Schritt werden die Bestimmung des in den Anschaffungskosten zu berücksichtigenden Betrags einerseits und die Art der bilanziellen Berücksichtigung andererseits nach drei verschiedenen Bilanzierungsmethoden erläutert. Die aus der Anwendung der unterschiedlichen Methoden resultierenden Auswirkungen auf die Bilanzen des Käufers zwischen Erwerbszeit-

---
[6] Vgl. Kästle, F./Oberbracht, D. (2005), S. 4f; Semler, F.J. (2002), Rn. 5.
[7] Vgl. Heuser, P./Theile, C. (2007), Rn. 3210.
[8] Vgl. Küting, K./Wirth, J. (2001), S. 1190; Picot, G. (2004), Rn. 68.

punkt und Zeitpunkt der Fälligkeit der Zahlung werden einander gegenübergestellt; hierauf aufbauend wird ein möglicher Ansatz erarbeitet, der die Vorteile der dargestellten Methoden vereinigt. Im Zusammenhang mit Earnout-Vereinbarungen werden ebenfalls nur Zahlungen des Käufers an den Verkäufer betrachtet. Vom ohnehin in der Praxis seltenen Fall potentieller Kompensationszahlungen seitens des Verkäufers an den Käufer wird abgesehen.[9] Bedingte Kaufpreiszahlungen aufgrund einer Wertsicherungsklausel, durch die der Käufer den Wert der für den Erwerb hingegebenen Wertpapiere garantiert, stellen die zweite Form bedingter Kaufpreiszahlungen dar. Unter welchen Voraussetzungen eine solche Kaufpreisvereinbarung in den Anschaffungskosten Berücksichtigung findet und wie sie in den Bilanzen des Käufers zwischen Erwerbs- und Fälligkeitszeitpunkt der Zahlung abzubilden ist, wird sowohl für den Fall des garantierten Werts hingegebener eigener Aktien als auch hingegebener Anleihen erarbeitet.

Im Anschluss an die Darlegung der bilanziellen Behandlung von Kaufpreisvereinbarungen nach derzeitiger Normenlage folgt in *Kapitel 3.6* eine Darstellung der Neuerungen, die sich diesbezüglich aufgrund der Neufassung des IFRS 3 ergeben. Auf einen Überblick über die Hintergründe der Neufassung folgt eine Erläuterung der im Zusammenhang mit der Erwerbskonsolidierung zunächst vorgeschlagenen sowie der letztendlich umgesetzten grundlegenden Änderungen. Sodann sind die sich ergebenden Neuerungen hinsichtlich der Ermittlung der Anschaffungskosten ausführlich dargestellt. Hiervon betroffen sind insbesondere die bilanzielle Behandlung von Contingent Considerations und von Anschaffungsnebenkosten. Die Neuregelungen werden der bisherigen Handhabung nach IFRS 3 gegenübergestellt und die sich hieraus ergebenden künftigen Auswirkungen diskutiert.

Die Arbeit schließt mit einer Zusammenfassung der gewonnenen Erkenntnisse und einem Ausblick auf mögliche künftige Entwicklungen in *Kapitel 4*.

Im *Anhang* zu dieser Arbeit finden sich Berechnungs- und Bilanzierungsbeispiele, auf die im Hauptteil der Arbeit jeweils verwiesen ist und die für das Verständnis und die Veranschaulichung der entsprechenden verbalen Ausführungen von entscheidender Bedeutung sind.

---

[9] Zu diesem Satz vgl. Erdmann, M.-K./Wünsch, M./Meyer, U. (2006), S. 390.

2 Kaufpreisvereinbarungen im Rahmen von Unternehmensakquisitionen

2.1 Bestimmung des Kaufpreises

Auf vollkommenen Märkten[10] wird der Preis eines Gutes durch Angebot und Nachfrage bestimmt. Auf dem Akquisitionsmarkt sind die Voraussetzungen für einen vollkommenen Markt jedoch nicht erfüllt, denn Unternehmen sind keine homogenen, sondern individuelle Güter und die Nachfrager sind nicht vollständig informiert. Da demzufolge kein Marktpreis existiert, muss der Preis für ein Unternehmen zwischen den Parteien verhandelt werden.[11]

Bei einer Unternehmensakquisition gilt es, zwischen Wert und Preis zu unterscheiden: Die Ermittlung des Wertes des Zielunternehmens geht der eigentlichen Kaufpreisfindung voran. Hierzu führen die Parteien meist Unternehmensbewertungen auf der Basis von Zukunftserfolgswerten nach dem Ertragswert- oder Discounted-Cashflow-Verfahren oder auf der Basis von Multiplikatoren[12] durch, anhand derer sie Wertvorstellungen gewinnen, die wiederum als Entscheidungsgrundlage für die Kaufpreisverhandlungen dienen.[13] Maßgebend für die jeweilige Wertvorstellung ist die subjektive Einschätzung des zukünftigen Nutzens aus dem Zielunternehmen. Dieser besteht zumeist aus den künftig zu erwirtschaftenden finanziellen Überschüssen[14], die an die Anteilseigner ausgeschüttet werden können. Zukunftsschätzungen sind mit Unsicherheiten behaftet und von subjektiven Erwartungen geprägt, weswegen die Wertvorstellungen der Parteien in der Regel voneinander abweichen.[15] Darüber hinaus wird der Käufer das Zielunternehmen

---

[10] Die Voraussetzungen für das Vorliegen eines vollkommenen Marktes sind: Sehr viele Anbieter und Nachfrager, homogene Güter, vollständige Information der Marktteilnehmer bzw. Markttransparenz. Vgl. Holstein, M. u.a. (2000), S. 613.

[11] Vgl. Meuli, H.M. (1996b), S. 40f, 29; Helbling, C. (1998), S. 53; Rotthege, G./Wassermann, B. (2002), Rn. 292f; Behringer, S. (2004), S. 248.

[12] Auf die Verfahren der Unternehmensbewertung soll im Folgenden nicht näher eingegangen werden. Sie sind ausführlich in der einschlägigen Literatur behandelt. Für eine Übersicht über die verschiedenen Bewertungsverfahren vgl. Rabel, K./Mandl, G. (2004), S. 1-88. Zum Discounted-Cashflow (DCF)- und Ertragswertverfahren vgl. Pellens, B./Fülbier, R.U./Gassen, J. (2006), S. 153-303; Copeland, T./Koller, T./Murrin, J. (2002), S. 171-197; Dirscherl, G. (2006), S. 17-39; Peemöller, V.H./Kunowski, S. (2004), S. 199-360. Zur Multiplikator-Bewertung vgl. Pellens, B./Fülbier, R.U./Gassen, J. (2006), S. 473-486; Dirscherl, G. (2006), S. 40-49; Peemöller, V.H./Kunowski, S. (2004), S. 401-426.

[13] Vgl. Kästle, F./Oberbracht, D. (2005), S. 50; Meuli, H.M. (1996b), S. 30; Zelger, H. (2005), S. 124.

[14] Neben diesem finanziellen Nutzen kann mit einem Unternehmen auch nicht finanzieller Nutzen, wie etwa Prestige oder Macht verbunden werden. Dieser ist nicht quantifizierbar und wird deshalb in der Bewertungspraxis nicht berücksichtigt. Vgl. Stratz, R.-C./Hesse, M. (2004), Rn. 60; Müller, W. (2001), Rn. 4.

[15] Vgl. Müller, W. (2001), Rn. 4; Stratz, R.-C./Hesse, M. (2004), Rn. 61; Rotthege, G./Wassermann, B. (2002), Rn. 292f; Dirscherl, G. (2006), S. 8.

vor dem Hintergrund seiner individuellen Gegebenheiten bewerten und dabei gedanklich von der neuen ökonomischen Einheit nach vollzogenem Erwerb ausgehen. Aus einer Akquisition werden sich für ihn zusätzliche Kosten, z.B. für Umstrukturierungen, aber auch Kostenersparnisse, beispielsweise aufgrund von Synergien sowie weitere materielle und immaterielle Integrationsfolgen, wie dem Zutritt zu einem neuen Markt, ergeben. Solche Elemente sind Folgen der Übernahme, haben also mit dem Wert des Zielunternehmens selbst nichts zu tun. Sie betreffen lediglich den Käufer und schlagen sich als subjektive Elemente in dessen Bewertung nieder. Darüber hinaus kann die Berücksichtigung von unterschiedlichen Besteuerungen, Verschuldungsmöglichkeiten und Graden der Risikobereitschaft dazu führen, dass Verkäufer und Käufer, sowie verschiedene Kaufinteressenten dem Unternehmen unterschiedliche Werte beimessen.[16] Hieraus folgt, dass es keinen eindeutig zu bestimmenden ‚wahren' Unternehmenswert gibt: Dies liegt zum einen daran, dass unterschiedliche Bewertungsverfahren zu unterschiedlichen Werten führen. Zum anderen können selbst bei Anwendung derselben Bewertungsmethode die jeweils ermittelten Unternehmenswerte stark voneinander abweichen, da sie vor dem Hintergrund der jeweiligen individuellen Gegebenheiten und unter Berücksichtigung der subjektiven Erfolgserwartungen und Risikoneigungen ermittelt wurden.[17]

Die von den Parteien jeweils ermittelten subjektiven Unternehmenswerte[18] entsprechen den Grenzpreisen, zu denen sich die Transaktion aus ihrer Sicht gerade noch lohnt. Ein rational denkender Verkäufer ist deshalb nur zum Verkauf bereit, wenn der verhandelte Preis mindestens seinem Nutzen am Unternehmenseigentum entspricht. Ansonsten würde er sich durch einen Verkauf schlechter stellen. Für ihn stellt der Wert eine Preisuntergrenze dar und entspricht dem Betrag, den er mindestens für sein Unternehmen fordert. Umgekehrt ist ein rational denkender Käufer nur dann zum Kauf bereit, wenn er das Eigentum an dem zu erwerbenden Unternehmen höher bewertet als den vereinbarten Preis. Der durch ihn ermittelte

---

[16] Vgl. Helbling, C. (2004), Rn. 708; Helbling, C. (1998), S. 49; Holzapfel, H.-J./Pöllath, R. (2006), Rn. 731; Ragotzky, S. (2003), S. 19; Müller, W. (2001), Rn. 2f, 8-10; Widmann, B. (2002), Rn. 168-170; Beisel, W./Klumpp, H.-H. (2006), Kapitel 3, Rn. 3.

[17] Vgl. Müller, W. (2001), Rn. 189-192; Meuli, H.M. (1996b), S. 41.

[18] Die Unternehmensbewertung dient dem Zweck der Kaufpreisfindung. Ihr kommt im Rahmen einer Unternehmenstransaktion eine Beratungsfunktion zu. Der hierbei ermittelte subjektive Unternehmenswert ist der Wert, den eine Partei unter Berücksichtigung ihrer individuellen Gegebenheiten (Verbundberücksichtigungs-Prinzip) und subjektiver Zukunftsprognosen dem Unternehmen beimisst. Er wird auch als Entscheidungswert bezeichnet und gibt den jeweiligen Grenzpreis wieder. Hiervon zu unterscheiden ist der Wert, der sich unabhängig von den individuellen Wertvorstellungen und unter der Prämisse der unveränderten Weiterführung des Unternehmens (Stand-Alone-Prinzip) ergibt. Dieser wird als objektivierter Unternehmenswert bezeichnet. Vgl. Widmann, B. (2002), Rn. 168-170; Picot, G. (2004), Rn. 63. Zu den verschiedenen Unternehmenswerten und ihren Funktionen vgl. ausführlich Helbling, C. (1998), S. 43-52; Stratz, R.-C./Hesse, M. (2004), Rn. 702-712.

Wert ist folglich der Betrag, den er maximal für das Unternehmen zu bezahlen bereit ist, also seine Preisobergrenze.[19]

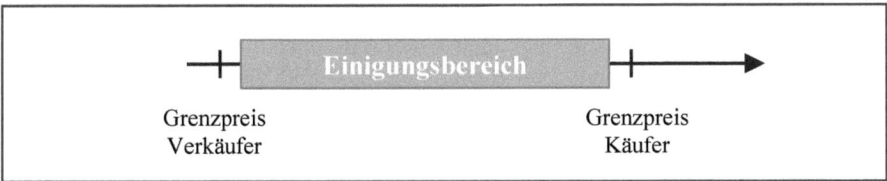

Abbildung 2: *Grenzpreise und Einigungsbereich der Parteien* [20]

Eine Transaktion kommt nur dann zustande, wenn der Kaufinteressent dem Unternehmen einen höheren Wert beimisst als der Verkäufer und deshalb einen höheren Preis zu bezahlen bereit ist als dieser mindestens verlangt. Wie Abbildung 2 zeigt, existiert in diesem Fall ein positiver Einigungsbereich, innerhalb dessen sich die Parteien im Rahmen der Kaufpreisverhandlungen auf einen Preis verständigen können.[21] Der Preis ist folglich ein Kompromiss zwischen den verschiedenen Wert- und damit Preisvorstellungen der Vertragsparteien.[22] Seine genaue Höhe wird oft durch die Verhandlungsmacht einer Seite bestimmt. Dabei kann die Konkurrenz mehrerer Kaufinteressenten die Kaufpreisbildung mehr beeinflussen als die Erkenntnisse aus den vorangegangenen Unternehmensbewertungen.[23] Zusammenfassend lässt sich festhalten, dass der Wert das ist, was der Käufer erhält, der Preis hingegen das, was er tatsächlich bezahlt.[24]

2.2 Risikomanagement bei Unternehmensakquisitionen

2.2.1 Informationsrisiko als besonderes Risiko des Käufers

2.2.1.1 Informationsasymmetrie als Risikoursache

Bei der Bestimmung ihrer individuellen Wert- und Preisvorstellungen haben die Parteien zunächst unterschiedliche Informationsstände bezüglich des Zielunter-

---

[19] Vgl. Stratz, R.-C./Hesse, M. (2004), Rn. 25; Rabel, K./Mandl, G. (2004), Rn. 402; Streyl, A. (2001), Rn. 53f; Dirscherl, G. (2006), S. 10.
[20] In Anlehnung an Ragotzky, S. (2003), S. 19.
[21] Vgl. Ragotzky, S. (2003), S. 19.
[22] Vgl. Müller, W. (2001), Rn. 4; Stratz, R.-C./Hesse, M. (2004), Rn. 61; Rödder, T./Hötzel, O./Mueller-Thuns, T. (2003), § 8 Rn. 1.
[23] Vgl. Widmann, B. (2002), Rn. 172; Günther, W. (2004), S. 493.
[24] Vgl. Meuli, H.M. (1996b), S. 30; Dirscherl, G. (2006), S. 8.

nehmens. Der Verkäufer verfügt im Idealfall über alle relevanten Informationen zur Abschätzung des Unternehmenswertes. Diese beziehen sich sowohl auf die Vergangenheit als auch auf den aktuellen Zustand und die Zukunft des Zielunternehmens. Wertbildende Vergangenheitsinformationen betreffen beispielsweise die bis dahin praktizierte Bilanzierungs- und Abschreibungspolitik, Prozess- und sonstige rechtliche Risiken sowie den Instandhaltungsstand von Gebäuden und Maschinen. Für die Bestimmung des Wertes noch wichtiger als die Vergangenheit ist die Zukunft des Unternehmens. Auch diese kann aus der Perspektive des Verkäufers am besten beurteilt werden. Er ist unter anderem über das Wettbewerbsumfeld, die aktuelle Auftragslage, Chancen neuer Produkte und Patente, die Kostenentwicklung und eventuelle Abwanderungspläne wichtiger Mitarbeiter besser informiert als ein Außenstehender. Deswegen kann der Verkäufer die bestehenden Chancen und Risiken des Unternehmens wesentlich besser einschätzen als ein potentieller Käufer, der nicht über derart detaillierte Unternehmensinformationen verfügt. Informationsgrundlage sind für ihn zunächst lediglich die vergangenen Jahresabschlüsse. Sofern solche überhaupt vorliegen, enthalten sie nur einen Teil der bewertungsrelevanten Informationen, die zudem vergangenheitsbezogen und durch Gestaltungsspielräume bei der Bilanzierung beeinflusst sind. Obwohl Jahresabschlüsse regelmäßig den Ausgangspunkt von Unternehmensbewertungen darstellen, sind sie als alleinige Grundlage für eine Kaufentscheidung nicht ausreichend. Zur Abschätzung künftiger Erfolgschancen sind auch Umstände relevant, die nicht aus der Bilanz ersichtlich sind. Hierüber ist der Käufer zunächst nicht informiert. Diese ungleiche Informationsverteilung zwischen den Parteien wird als Informationsasymmetrie bezeichnet.[25]

2.2.1.2 Folgen der Informationsasymmetrie

Aus einer asymmetrischen Informationsverteilung resultiert ein spezielles Informationsrisiko für den Käufer. Für ihn besteht eine besondere Unsicherheit bezüglich der wertbildenden Eigenschaften des Unternehmens[26] zum Zeitpunkt des Vertragsschlusses. Darüber hinaus werden die allgemeinen, mit der Investition in ein Unternehmen verbundenen Risiken[27] durch die Informationsasymmetrie verstärkt.[28] Hinzu kommt, dass für den Verkäufer der Anreiz besteht, durch selektive oder auch falsche Informationen den Käufer zu einer optimistischeren Einschätzung der künftigen Unternehmensentwicklung zu bewegen, um einen höheren Kaufpreis zu erzielen. Der schlechter informierte Käufer ist sich dessen bewusst

---

[25] Vgl. Ragotzky, S. (2003), S. 14f, 46; Ernst, D./Thümmel, R.C. (2000), S. 665.
[26] Diese Unsicherheit, den Unternehmenszustand betreffend, wird auch als Qualitätsrisiko bezeichnet.
[27] Dies sind Risiken, denen ein informierter Käufer gleichermaßen ausgesetzt wäre, wie z.B. Unsicherheiten hinsichtlich der künftigen Unternehmensentwicklung aufgrund möglicher Marktveränderungen.
[28] Vgl. Ragotzky, S. (2003), S. 9, 43; Hilpisch, Y. (2006), S. 2.

und wird daher die ihm übermittelten Informationen kritisch betrachten. Insgesamt wird er bezweifeln, ob er die Risiken und Chancen eines Kaufes überblicken kann und dies bei seiner Grenzpreisbestimmung durch Risikoabschläge berücksichtigen. Die Folge aus der asymmetrischen Informationsverteilung zwischen den Parteien ist, dass der Käufer den Wert des Unternehmens ‚herunterrechnet'. Dies kann im Extremfall dazu führen, dass der Käufer trotz vorhandener Synergiepotentiale und anderer Wertsteigerungsmöglichkeiten dem Unternehmen einen geringeren Wert beimisst als der Verkäufer und die Parteien daher über keinen Einigungsbereich zur Festlegung des Kaufpreises verfügen. Die Transaktion scheitert in einem solchen Fall, obwohl sie bei vollständiger Information den Nutzen beider Parteien erhöhen könnte.[29] Um ein Zustandekommen der Transaktion bei bestehender Informationsasymmetrie dennoch zu gewährleisten, gibt es zwei Möglichkeiten:

- Abbau der Informationsasymmetrie durch Verbesserung des Informationsstands des Käufers und Verringerung seines hieraus resultierenden Informationsrisikos sowie
- Verteilung verbleibender Risiken durch vertragliche Vereinbarungen.[30]

Über die Instrumente, die den Parteien hierbei zur Verfügung stehen sowie deren Wirkungsweise, wird in den beiden folgenden Kapiteln eine Übersicht gegeben.

2.2.1.3 Abbau der Informationsasymmetrie

Die Informationsasymmetrie zwischen Käufer und Verkäufer wird durch Informationsübertragung und -überprüfung im Rahmen des so genannten Information Disclosure Process abgebaut. Wichtigstes Mittel in diesem Zusammenhang ist die Due Diligence[31], die im Vorfeld einer Unternehmensakquisition durchgeführt wird. Hierunter ist die detaillierte Untersuchung, Prüfung und Bewertung eines potentiellen Targets[32] als Grundlage für die Investmententscheidung zu verstehen. Hierdurch vermag ein potentieller Käufer tatsächlich vorhandene Risiken besser zu bewerten und irrtümlich vermutete Risiken auszuräumen. Er kann überprüfen, ob erwartete Chancen tatsächlich bestehen und diese realistischer einschätzen. Dies hat zur Folge, dass er den Umfang von Risikoabschlägen bei seiner Bewertung des Unternehmens reduzieren kann, wodurch sich sein Grenzpreis bzw. seine

---

[29] Vgl. Blough, S. u.a. (2007), S. 26; Ragotzky, S. (2003), S. 2, 15, 17, 43f; Leithner, S./Liebler, H. (2001), S. 134.
[30] Vgl. Ragotzky, S. (2003), S. 9, 5, 46.
[31] Begriff aus der US-amerikanischen Transaktionspraxis, der übersetzt ‚erforderliche Sorgfalt' bedeutet. Vgl. Böx, I.A. (2004), Rn. 34.
[32] Begriff aus der US-amerikanischen Transaktionspraxis, der übersetzt ‚Zielobjekt' bedeutet. Gemeint ist das Zielunternehmen bzw. das Akquisitionsobjekt.

Zahlungsbereitschaft erhöht. Insgesamt werden die Informationsstände der Parteien angeglichen, so dass sich deren Erfolgserwartungen einander annähern.[33] Trotz eines Abbaus der Informationsasymmetrie bleiben auf Käuferseite Informationsrisiken bestehen. Die Verteilung dieser Risiken zwischen Käufer und Verkäufer ist ein zentrales Thema bei Kaufpreisverhandlungen. Oftmals sind die hierbei zu treffenden vertraglichen Vereinbarungen für das Zustandekommen der Transaktion entscheidend.[34]

2.2.2 Vertragliche Risikoverteilung

2.2.2.1 Möglichkeiten der Umsetzung

Zur käuferseitigen Risikominimierung wird in der Regel zunächst die Richtigkeit der Jahresabschlüsse[35] des Zielunternehmens durch *Bilanzgarantien* zugesichert. Hierdurch soll gewährleistet werden, dass insbesondere der letzte Jahresabschluss sämtliche zum Zeitpunkt der Erstellung absehbaren Risiken und Chancen (z.B. Rückstellungen und Wertberichtigungen) enthält. Zurückliegende Jahresabschlüsse sind eine wichtige Grundlage für die Unternehmensbewertung, weil den in diesem Zusammenhang durchzuführenden Prognosen und Plausibilitätsprüfungen künftiger Erfolge regelmäßig eine Vergangenheitsanalyse zugrunde liegt. Entsprechend hat die Richtigkeit der bilanziellen Angaben für den Käufer einen hohen Stellenwert.[36] Eine Bilanzgarantie kann folgendermaßen formuliert sein:

---

[33] Vgl. Ragotzky, S. (2003), S. 136-140, 160; Ernst, D./Thümmel, R.C. (2000), S. 666; Leithner, S./Liebler, H. (2001), S. 134. Ein weiteres Instrument zur Risikoreduzierung ist eine vom Verkäufer erarbeitete Managementplanung (Planergebnisrechnung, Investitions- und Finanzplanung sowie Planbilanzen). Hieraus kann das Erfolgspotential des Unternehmens beispielsweise in Form von zu erwartenden Cashflows abgeleitet werden. Diese Planungen werden dem Käufer mittels eines Informationsmemorandums zur Verfügung gestellt. Da sämtliche Annahmen der Planung darzulegen und zu begründen sind, erhält der Käufer weitere Informationen, die zu einer Reduzierung der Informationsasymmetrie führen können. Vgl. Ernst, D./Thümmel, R.C. (2000), S. 666.

[34] Vgl. Holzapfel, H.-J./Pöllath, R. (2006), Rn. 217.

[35] Durch die Zusicherung subjektiver Richtigkeit versichert der Verkäufer, dass die Jahresabschlüsse entsprechend der gesetzlichen Rechnungslegungsvorschriften aufgestellt wurden. Die Garantie sollte sich auch auf ausgeübte Bilanzierungs- und Bewertungswahlrechte sowie auf die Einhaltung der Bilanzkontinuität beziehen. Durch die Zusicherung der objektiven Richtigkeit einzelner Bilanzposten garantiert der Verkäufer deren inhaltliche Richtigkeit. Das bedeutet, dass Bilanzausweis und tatsächlicher Sachverhalt übereinstimmen. Beispiele hierfür sind Zusicherungen, die die Bewertung von Vorratsvermögen oder die Bildung von Rückstellungen betreffen. Vgl. Kästle, F./Oberbracht, D. (2005), S. 132, 139; Holzapfel, H.-J./Pöllath, R. (2006), Rn. 492-494.

[36] Vgl. Rotthege, G./Wassermann, B. (2002), Rn. 313-316, 1225; Semler, F.J. (2002), Rn. 181; Müller, W. (2001), Rn. 107; Picot, G. (2004), Rn. 95; Borgman, M./Kalnbach, P. (2007), S. 228; Beisel, W./Klumpp, H.-H. (2006), Kapitel 3 Rn. 28.

„1. Die von der Wirtschaftsprüfungsgesellschaft [...] testierten Jahresabschlüsse (Bilanz und Gewinn- und Verlustrechnung nebst Anhang) und Lageberichte der Gesellschaft zum [...] und zum [...] (Jahresabschlüsse) wurden in Übereinstimmung mit den Grundsätzen ordnungsgemäßer Buchführung und den allgemein anerkannten Bilanzierungs- und Bewertungsgrundsätzen unter Wahrung der formellen und materiellen Bilanzkontinuität gegenüber den jeweils vorhergehenden Jahresabschlüssen erstellt, insbesondere unter Beachtung der Methodenstetigkeit und unveränderter Ausübung der Aktivierungs- und Passivierungswahlrechte.
2. Die Jahresabschlüsse sind vollständig und richtig. Sie geben die Vermögens-, Finanz- und Ertragslage der Gesellschaft zu den jeweiligen Zeitabschnitten und den Abschlussstichtagen zutreffend wieder."[37]

Insbesondere dann, wenn der letzte Bilanzstichtag schon längere Zeit zurückliegt, wird der Käufer sich zusätzlich gegen Änderungen wertrelevanter Faktoren absichern wollen, die sich bis zum Closing[38] ergeben. Dies wird erreicht, indem das Risiko hieraus dem Verkäufer zugeordnet wird. Eine Absicherung konkreter Wertbeiträge bestimmter Bilanzposten kann über Kaufpreisvereinbarungen erfolgen, die eine *vergangenheitsorientierte Kaufpreisanpassung* vorsehen. Stattdessen kann der Verkäufer auch einen bestimmten Wert der entsprechenden Posten garantieren.[39] Diese vertraglichen Vereinbarungen werden in Kapitel 2.3.2.2 detailliert erläutert.

Durch so genannte *Beschaffenheits- oder Bestandsgarantien*[40] werden wertbildende Verhältnisse abgesichert, die nicht aus der Bilanz ersichtlich sind, die Ertragsfähigkeit eines Unternehmens aber wesentlich beeinflussen. Hierunter fallen z.B. bestehende Kunden- und Lieferantenbeziehungen, gewerbliche Schutzrechte, langfristige Miet- und Lizenzverträge, erhaltene oder erteilte Aufträge, Nichtbestehen von Verfügungsbeschränkungen und drohenden Rechtsstreitigkeiten.[41] Die Parteien vereinbaren, welche vermögensgegenständlichen, organisationsrechtlichen, wirtschaftlichen, personellen und technischen Beschaffenheitsmerkmale des Zielunternehmens der Verkäufer in welchem Umfang auf den Zeitpunkt des Clo-

---

[37] Bruski, J. (2005), S. 23.
[38] Das Closing (auch: Übergangsstichtag) bezeichnet den Zeitpunkt, zu dem Leitungsgewalt und unternehmerische Verantwortung übergehen. Es entspricht dem schuldrechtlichen Verfügungsgeschäft, bei dem der Verkäufer dem Käufer gegen Zahlung des Kaufpreises das Unternehmen überträgt. Vgl. Böx, I.A. (2004), Rn. 34; Holzapfel, H.-J./Pöllath, R. (2006), Rn. 18a; Borgman, M./Kalnbach, P. (2007), S. 227.
[39] Vgl. Kästle, F./Oberbracht, D. (2005), S. 140f.
[40] Hierfür werden in der Literatur verschiedene Begriffe verwendet. Oft ist auch von Gewährleistungen, Zusicherungen, Beschaffenheitsangaben bzw. -vereinbarungen oder auch Statusgarantien die Rede. Vgl. Holzapfel, H.-J./Pöllath, R. (2006), Rn. 490f; Günther, W. (2004), S. 471, 493; Lacher, J./Poppe, H. (1988), S. 1764.
[41] Weitere Beispiele sind: Bestehen von behördlichen Konzessionen oder Auflagen, Wert und Lastenfreiheit von Grundstücken, Bestand und Werthaltigkeit von Forderungen, Bestand an bereits abgeschriebenen Maschinen und deren Stand der Instandhaltung. Vgl. Rotthege, G./Wassermann, B. (2002), Rn. 1227-1229; Semler, F.J. (2002), Rn. 177-179, 183; Holzapfel, H.-J./Pöllath, R. (2006), Rn. 495.

sings zusichern soll.[42] Dies geschieht unter Ausschluss der gesetzlichen Gewährleistungsregelungen.[43] Durch die Übernahme einer Garantie trifft den Verkäufer primär eine Erfüllungspflicht und im Falle der Nichterfüllung des garantierten Umstandes die Pflicht, den verursachten Schaden auszugleichen.[44] Ein Kaufvertrag kann beispielsweise folgende Beschaffenheitsgarantie enthalten:

> "3.4 Movable and Immovable Property
> (a) The Company owns all assets declared in the Annual Accounts 2005; the assets are in an age-appropriate condition;
> (b) The Company owns the property itemised in Annex …. Insofar as not otherwise indicated in Annex …, the property is free of encumbrances and rights in favour of third parties.
> ….
>
> 3.5 Employees
> …
> (c) Insofar as not otherwise indicated in Annex …, the Company has not promised employees, former employees or third parties any retirement pensions.
> …
> (f) Insofar as not otherwise indicated in Annex … there are no pending labour disputes and no kind of compensation has to be paid in connection with already completed labour disputes.
>
> 3.6 Duties and Taxes
> (a) The Company has filed all required tax returns on time.
> ….

---

[42] Die gewonnenen Erkenntnisse aus der Due Diligence ermöglichen die Erfassung verbleibender Risiken. Je transparenter die Verhältnisse für den Käufer geworden sind, desto eher kann er auf Gewährleistungen verzichten. Inhalt und Umfang des Garantiekatalogs sind aber auch von Verhandlungsmacht und -geschick der Vertragsparteien abhängig. Vgl. Rödder, T./Hötzel, O./Mueller-Thuns, T. (2003), § 10 Rn. 19f; Rotthege, G./Wassermann, B. (2002), Rn. 1218; Beisel, W./Klumpp, H.-H. (2006), Kapitel 16 Rn. 71; Picot, G. (2004), Rn. 95; Kästle, F./Oberbracht, D. (2005), S. 115f.

[43] In Deutschland werden die gesetzlichen Gewährleistungsregelungen den Besonderheiten des Unternehmenskaufs nicht gerecht, weshalb sie ausgeschlossen und durch ein vertragliches Haftungssystem ersetzt werden. Dieses umfasst Regelungen bezüglich Haftungsvoraussetzungen, Rechtsfolgen der Haftung sowie Bestimmungen zur Verjährung. Die vertragliche Regelung von Haftungsfragen entspricht der internationalen Praxis. Vgl. Rotthege, G./Wassermann, B. (2002), Rn. 1212; Picot, G. (2004), Rn. 94; Holzapfel, H.-J./Pöllath, R. (2006), Rn. 491.

[44] Die Höhe eines solchen Schadens ist in vielen Fällen schwer bestimmbar, z.B. wenn gewerbliche Schutzrechte keinen Bestand haben oder Verträge mit Geschäftspartnern nicht fortbestehen. In diesen Fällen muss die Auswirkung auf den Wert des Unternehmens ermittelt werden. Vgl. Semler, F.J. (2002), Rn. 184f.

3.7 Legal Disputes
Except for the disputes indicated in Annex ... there are no pending legal disputes ... nor are such legal disputes imminent according to the view of a due businessman.

3.8 Insurance and other long term agreements
There are no more insurance agreements and other long term agreements with suppliers of the company others than those in Annex ...."[45]

Der Grundregel für Unternehmensakquisitionen entsprechend ist die Vergangenheit des Unternehmens dem Verkäufer und die Zukunft dem Käufer zuzuordnen. Daher sind Risiken des Unternehmens, die in der Zeit vor dem Übergangsstichtag verursacht wurden, grundsätzlich eher vom Verkäufer zu tragen. Ihm sind die ergebnis- und damit vermögenswirksamen Folgen hieraus zuzuordnen, auch wenn diese erst nach dem Übergansstichtag eintreten.[46] Die vertragliche Zuweisung dieser Risiken erfolgt ebenfalls durch Vereinbarung von *Garantien*, die allerdings in diesem Fall nicht die zum Übergangsstichtag vorliegenden, sondern künftige Umstände zum Gegenstand haben. Beispiele hierfür sind das Ausfallrisiko bereits bestehender Forderungen oder das Gewährleistungs- und Produkthaftungsrisiko für bereits abgewickelte Aufträge.[47] Letzteres kann beispielsweise durch folgende Kaufvertragsklausel für den Käufer ausgeschlossen werden:

„Product Liability
... the products designed, manufactured or distributed and the services rendered by the Group Entities prior to the Closing Date do not suffer from any defects which give or could give rise to any product liability or warranty claims and no such claims have been raised against any Group Entity."[48]

Vertraglich kann aber auch eine *Freistellung* des Käufers von dem entsprechenden Risiko vereinbart werden. Im Gegensatz zur Garantie hat der Käufer aber keinen Erfüllungsanspruch gegen den Verkäufer, sondern lediglich einen Anspruch darauf, mit dem entsprechenden Risiko wirtschaftlich nicht belastet zu werden.[49]

Risiken aus der künftigen Unternehmensentwicklung können durch Kaufpreisvereinbarungen verteilt werden, welche eine *zukunftsorientierte Kaufpreisanpassung* in Abhängigkeit vom tatsächlichen künftigen Erfolg des Zielunternehmens vorsehen. Alternativ kann der Verkäufer aber auch bestimmte künftige Erfolge durch

---

[45] Eßers, C. (2006), S. 10f.
[46] Vgl. Günther, W. (2004), S. 410, 433; Holzapfel, H.-J./Pöllath, R. (2006), Rn. 221f.
[47] Vgl. Holzapfel, H.-J./Pöllath, R. (2006), Rn. 221f; Picot, G. (2004), Rn. 94; Semler, F.J. (2002), Rn. 180; Rotthege, G./Wassermann, B. (2002), Rn. 1214.
[48] Kästle, F./Oberbracht, D. (2005), S. 162.
[49] Vgl. Rödder, T./Hötzel, O./Mueller-Thuns, T. (2003), § 10 Rn. 13, 18, 62.

eine *Ergebnisgarantie* zusichern. Auf diese vertraglichen Vereinbarungen wird in Kapitel 2.3.3 näher eingegangen.

Entsprechend den vertraglichen Vereinbarungen übernimmt der Verkäufer die durch Gewährleistungen, Garantien und Freistellungen übernommenen Risiken sowie eventuell einen Teil des Risikos der künftigen Unternehmensentwicklung. Je umfangreicher diese Risikozuweisungen an den Verkäufer sind, desto größer ist die Risikoreduktion für den Käufer, da dieser nur noch die verbleibenden Risiken aus der Akquisition zu tragen hat.[50]

2.2.2.2 Kaufpreisauswirkungen

Für die Grenzpreisermittlung der Parteien kommt es neben der jeweiligen subjektiven Bewertung des Unternehmens selbst insbesondere auch auf die vertraglichen Vereinbarungen an, denen die Parteien einen Wert beimessen[51]. Hierzu gehören vor allem Regelungen bezüglich der Risikoverteilung zwischen Käufer und Verkäufer, wie Kaufpreisvereinbarungen[52], Garantien und sonstige Absicherungen des Käufers.[53]

Der Verkäufer erbringt neben der Übertragung des Zielunternehmens regelmäßig Nebenleistungen, wie beispielsweise Gewährleistungen und zusätzliche Garantien gegen bereits im Unternehmen angelegte künftige Risiken. Durch Vereinbarung eines erfolgsabhängigen Kaufpreises oder einer Kaufpreisstundung kann der Verkäufer weitere Teile des Übernahmerisikos auf sich nehmen. Je umfangreicher die Absicherungen durch den Verkäufer sind, desto größer ist die Risikoentlastung für den Käufer und desto größer ist folglich dessen Zahlungsbereitschaft. Die Gegenleistungen des Käufers umfassen neben der Hauptleistung, der Zahlung des Kaufpreises, weitere Leistungen, wie z.B. die Gewährung von Sicherheiten für den Kaufpreis und dessen frühzeitige Bezahlung. Die Sicherheit und schnelle Verfügbarkeit des Kaufpreises verbessern die Risikoposition des Verkäufers und sind deshalb für ihn geldwert, weswegen er sie in seiner Kaufpreisvorstellung berücksichtigen wird. In der Ermittlung der Grenzpreise schlagen sich die Bewertung der zu erbringenden und der zu empfangenden Leistungen als Saldo nieder. Die Leis-

---

[50] Vgl. Holzapfel, H.-J./Pöllath, R. (2006), Rn. 217-219, 507.
[51] Zur Ermittlung des Grenzpreises aus dem subjektiven Unternehmenswert vgl. Kapitel 2.1. Zur konkreten Bewertung von Vertragsklauseln vgl. Kapitel 2.4.
[52] Hierzu zählen neben den Kaufpreisvereinbarungen i.e.S. (betragsmäßig fester, vorläufiger oder variabler Kaufpreis) auch Vereinbarungen den Zahlungszeitpunkt (sofortige oder zeitlich verzögerte Zahlung) und die der Akquisitionswährung (Zahlung in bar oder z.B. mit eigenen Aktien) betreffend. Vgl. hierzu ausführlich die folgenden Kapitel 2.3 und 2.5.
[53] Vgl. Böx, I.A. (2004), Rn. 144f; Lips, J./Stratz, R.-C./Rudo, J. (2004), Rn. 564f; Rotthege, G./Wassermann, B. (2002), Rn. 522; Vischer, M. (2002), S. 510.

tungen des Verkäufers müssen dabei in adäquatem Verhältnis zum Wert der Gegenleistungen des Käufers stehen.[54] Sowohl die Risikoreduktion für den Käufer durch die Verbesserung seines Informationsstands vor Vertragsabschluss als auch die vertragliche Risikoverteilung mit dem Ineinandergreifen von Leistungen und Gegenleistungen, bestehend aus Gewährleistungen, gegenseitigen Besicherungen und variablen Kaufpreisen, sind Teile des Risikomanagements im Rahmen einer Unternehmensakquisition.[55]

2.3 Kaufpreisvereinbarungen

2.3.1 Abgrenzung verschiedener Kaufpreisvereinbarungen

In der M&A[56]-Praxis wird zwischen festen und variablen Kaufpreisen unterschieden, wobei die Vereinbarung eines festen Kaufpreises die Regel ist. Beim Signing[57] ist dieser entweder betragsmäßig oder durch eine Berechnungsformel[58] konkret bestimmt[59]. In letzterem Fall wird der zunächst vorläufige Kaufpreis im Rahmen einer vergangenheitsorientierten Kaufpreisanpassung auf den Zeitpunkt des Closings[60] betragsmäßig konkret bestimmt. Bei der Vereinbarung eines Earnouts erfolgt eine zukunftsorientierte Kaufpreisanpassung des zunächst variablen Kaufpreises. Dieser kann auch zum Zeitpunkt des Closings nicht abschließend ermittelt werden[61], da er sich teilweise nach der künftigen Entwicklung des Zielunternehmens innerhalb eines bestimmten Zeitraumes bestimmt.[62] In Abhängigkeit davon, ob der Kaufpreis für die gesamten oder nur für einen noch zu übertragenden Teil der Anteile am Zielunternehmen variabel ist, kann zwischen dem

---

[54] Vgl. Lips, J./Stratz, R.-C./Rudo, J. (2004), Rn. 565; Holzapfel, H.-J./Pöllath, R. (2006), Rn. 711-728; Beisel, W./Klumpp, H.-H. (2006), Kapitel 11 Rn. 5; Rotthege, G./Wassermann, B. (2002), Rn. 1218; Müller, W. (2001), Rn. 15.
[55] Vgl. Holzapfel, H.-J./Pöllath, R. (2006), Rn. 730.
[56] Abkürzung für ‚Mergers and Acquisitions', was übersetzt ‚Unternehmenskäufe und -zusammenschlüsse' bedeutet.
[57] Das Signing bezeichnet den Zeitpunkt der Vertragsunterzeichnung. Es entspricht schuldrechtlich einem Verpflichtungsgeschäft, in dem sich der Verkäufer verpflichtet, das Eigentum am Unternehmen gegen Zahlung des Kaufpreises an den Käufer zu übertragen. Vgl. Böx, I.A. (2004), Rn. 34; Borgman, M./Kalnbach, P. (2007), S. 227.
[58] Auch als Bilanzausgleichsformel bezeichnet. Vgl. Rotthege, G./Wassermann, B. (2002), Rn. 536 und Holzapfel, H.-J./Pöllath, R. (2006), Rn. 470.
[59] Ein fester Kaufpreis, der keinerlei Anpassungen unterliegt (d.h. ein bereits zum Signing betragsmäßig konkret bestimmter Kaufpreis), wird nur in Ausnahmefällen vereinbart, z.B. bei Management Buy-Outs (Management kann den Kaufpreis i.d.R. genau bestimmen). Vgl. Schüppen, B./Walz, S. (2005), S. 52 sowie ausführlicher Bruski, J. (2005), S. 19; Modlich, J. (2003), S. 438.
[60] Zur Definition dieses Begriffs vgl. Fußnote 38.
[61] Zur Trennung zwischen festen und variablen Kaufpreisen ist demnach auf den Zeitpunkt des Closings abzustellen. Vgl. Bruckner, V. (2007), S. 2.
[62] Vgl. Borgman, M./Kalnbach, P. (2007), S. 228; Baums, T. (1993), S. 1273; Lips, J./Stratz, R.-C./Rudo, J. (2004), Rn. 566; Eßers, C. (2006), S. 46.

Besserungsoptions-Modell und der zweistufigen Unternehmensakquisition unterschieden werden. Abbildung 3 gibt einen Überblick über die genannten Kaufpreisvereinbarungen, die im Folgenden detailliert erläutert werden.

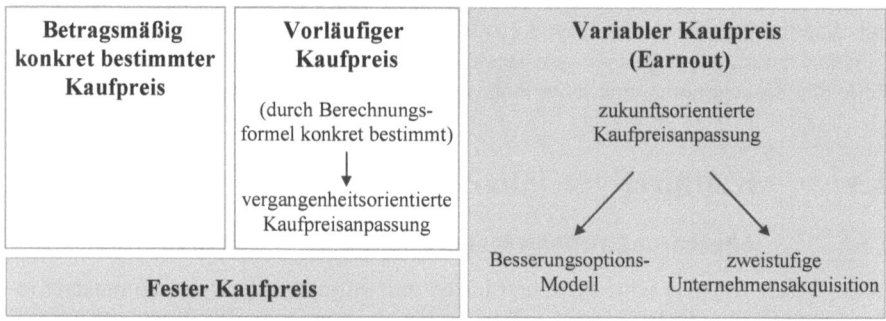

Abbildung 3:   Arten von Kaufpreisvereinbarungen

2.3.2   Fester Kaufpreis

2.3.2.1   Betragsmäßig konkret bestimmter Kaufpreis

Ist der Kaufpreis bereits beim Signing betragsmäßig konkret bestimmt, so werden Chancen und Risiken der Transaktion auf einen Zeitpunkt vor dem Signing festgeschrieben. Das bedeutet, dass der Käufer das wirtschaftliche Risiko trägt, dass sich die kaufpreisrelevanten Parameter bis zum Closing im Rahmen seiner Annahmen bewegen. Im Fall einer Unterschreitung seiner Annahmen, d.h. im Fall einer negativen Geschäftsentwicklung, bezahlt der Käufer einen überhöhten Kaufpreis. Umgekehrt kann der Verkäufer an einer entsprechenden Unternehmenswertsteigerung nicht partizipieren, falls seine Annahmen übertroffen werden.[63]

2.3.2.2   Vorläufiger Kaufpreis

2.3.2.2.1   Begriff und Funktion

Liegt bei Abschluss des Kaufvertrags der letzte Jahresabschluss des Zielunternehmens bereits einige Zeit zurück, haben die Vertragsparteien meist das Interesse, zwischenzeitlich eingetretene bilanzielle Wertänderungen im Kaufpreis zu berücksichtigen.[64] Fallen Signing und Closing zeitlich auseinander, bedingt beispielsweise durch kartellrechtliche Genehmigungsverfahren, sollten auch eventu-

---

[63]   Vgl. Henkel, U./Bartosch, M. (2007), S. 286.
[64]   Vgl. Streyl, A. (2001), Rn. 69; Bruski, J. (2005), S. 20.

elle Wertänderungen in diesem Zeitraum Berücksichtigung finden. Aus diesem Grund wird eine Kaufpreisvereinbarung getroffen, nach der ein zunächst vorläufiger Kaufpreis eine Anpassung an die maßgeblichen Verhältnisse zum Übergangsstichtag erfährt.[65] Auf diesem Wege werden Risiken, die vom Verkäufer zu verantworten sind, auch diesem zugerechnet und so das Risikopotential des Käufers bis zum Closing minimiert.[66] Solche vertraglichen Vereinbarungen zur vergangenheitsorientierten Kaufpreisanpassung sind die häufigste Art der Kaufpreisanpassung und finden sich in nahezu allen Unternehmenskaufverträgen.[67]

2.3.2.2.2.2 Kaufpreisanpassung um Wertänderungen bestimmter Bilanzposten

2.3.2.2.2.1 Einfluss bilanzieller Wertänderungen auf den Unternehmenswert

Die Bedeutung bilanzieller Bestandswerte für den Unternehmenswert ist davon abhängig, ob es dem Käufer beim Erwerb des Zielunternehmens um dessen Substanz oder um dessen Ertragskraft geht. Ist Letzteres der Fall, basiert der Kaufpreis vor allem auf der Einschätzung der zukünftigen Geschäftsentwicklung, und die Attraktivität vertraglich zugesicherter Bestandswerte ist entsprechend gering.[68] Andererseits beruhen das Ertragspotenzial und damit der Wert des Unternehmens auf der Kombination einzelner Produktionsfaktoren. Insofern fließt die vom Käufer beim Signing angenommene Faktorkombination in den Kaufpreis ein. Dabei kommt allgemein dem Eigenkapital eine große Bedeutung zu, aber auch der Bestand an Anlage- oder Umlaufvermögen kann je nach Branche wichtig sein. Durch eine Anpassung des Kaufpreises an den tatsächlichen Wert der entsprechenden Posten zum Übergangsstichtag wird der Käufer gegen Veränderungen der Vermögenssubstanz und gegen sich hieraus ergebende negative Wirkungen auf das Ertragspotential abgesichert. Eine ähnliche Wirkung kann durch die vertragliche Zusicherung eines konkreten Bestandswerts erreicht werden.[69] In der Praxis kommt man daher zu vernünftigen Näherungswerten, wenn der Kaufpreis als Äquivalent zur Summe aus ertragswertbezogenem Unternehmenswert und Wert der Vermögenssubstanz oder auch einer entscheidenden speziellen Vermögensposition verstanden wird. Dennoch liegt hierin eine gewisse Inkonsequenz gegenüber der Unternehmensbewertung allein auf der Basis von Zukunftserfolgswerten.[70]

---

[65] Vgl. Borgman, M./Kalnbach, P. (2007), S. 227; Semler, F.J. (2002), Rn. 99; Rödder, T./Hötzel, O./Mueller-Thuns, T. (2003), § 8 Rn. 5; Vischer, M. (2002), S. 516.
[66] Vgl. Borgman, M./Kalnbach, P. (2007), S. 227f.
[67] Vgl. Bruski, J. (2005), S. 25; Hölters, W. (2002), Rn. 96.
[68] Vgl. Borgman, M./Kalnbach, P. (2007), S. 229; Rödder, T./Hötzel, O./Mueller-Thuns, T. (2003), § 10 Rn. 26f.
[69] Vgl. Borgman, M./Kalnbach, P. (2007), S. 230.
[70] Vgl. Semler, F.J. (2002), Rn. 101.

Zur Ermittlung der für die endgültige Kaufpreisbestimmung maßgeblichen Parameter ist zum Übergangsstichtag eine so genannte Abrechnungsbilanz aufzustellen. Da es sich um ein internes Abrechnungsinstrument handelt, sind die bei der Aufstellung zu befolgenden Bilanzierungs- und Bewertungsgrundsätze zwischen den Parteien frei vereinbar und müssen nicht den gesetzlichen Rechnungslegungsnormen entsprechen. Die bisherige Bilanzierungspraxis sollte jedoch grundsätzlich beibehalten werden, da hierauf die für die Preisvorstellung maßgeblichen Bilanzen basieren. Die Festlegung dieser so genannten Special Accounting Principles ist für die Vertragsparteien von entscheidender Bedeutung. Dies liegt daran, dass ihre Gestaltung erheblichen Einfluss auf die Abrechnungsbilanz, folglich auf die Parameter zur Kaufpreisanpassung und damit letztendlich auf den Kaufpreis hat.[71] Welche Parameter für eine Anpassung des vorläufigen Kaufpreises in der Praxis vorgesehen sein können, wird im Folgenden erläutert.

2.3.2.2.2.2.2 Net Asset Adjustment

Bei der Vereinbarung eines Net Asset Adjustments[72] wird der Kaufpreis an das tatsächliche Eigenkapital des Zielunternehmens zum Übergangsstichtag angepasst. Dies ist die in der deutschen Vertragspraxis überwiegend vereinbarte Kaufpreisanpassungsklausel.[73] Der endgültige Kaufpreis ermittelt sich als Summe aus einem vereinbarten Fixbetrag, der den ertragswertbezogenen Unternehmenswert abbildet, und dem Wert der Vermögenssubstanz.[74]

---

[71] Vgl. Kästle, F./Oberbracht, D. (2005), S. 85; Rödder, T./Hötzel, O./Mueller-Thuns, T. (2003), § 8 Rn. 17; Semler, F.J. (2002), Rn. 100; Streyl, A. (2001), Rn. 71f; Modlich, J. (2003), S. 439f; Günther, W. (2004), S. 418; Henkel, U./Bartosch, M. (2007), S. 286.
[72] Die Net Assets (Nettovermögen) sind als Differenz zwischen bilanziertem Betriebsvermögen und Schulden definiert. Dieser Betrag entspricht dem Eigenkapital. Daher kann diese Art der Kaufpreisanpassung auch als Net Equity Adjustment bezeichnet werden. Vgl. Bruski, J. (2005), S. 26; Picot, G. (2004), Rn. 69.
[73] Vgl. Bruski, J. (2005), S. 26.
[74] Vgl. Semler, F.J. (2002), Rn. 101; Rödder, T./Hötzel, O./Mueller-Thuns, T. (2003), § 8 Rn. 4.

2.3 Kaufpreisvereinbarungen

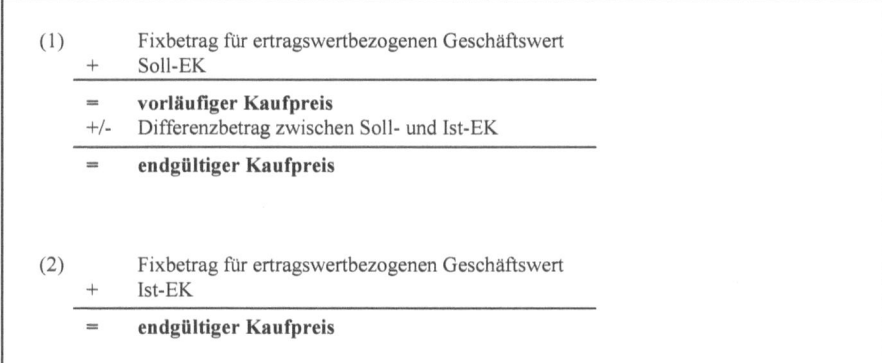

Abbildung 4: Berechnung des endgültigen Kaufpreises bei Vereinbarung eines Net Asset Adjustments [75]

Entsprechend Formel (1) in Abbildung 4 wird als Wert der zu verschaffenden Vermögenssubstanz das Eigenkapital (EK) des letzten Jahresabschlusses oder ein Zielwert vereinbart (Soll-EK). Aus dem Reinvermögenssaldo der Abrechnungsbilanz ergibt sich der zum Stichtag tatsächlich verschaffte Wert des bilanzfähigen Vermögens (Ist-EK). Weicht dieser nun vom vertraglich vereinbarten Wert des Eigenkapitals ab, erfolgt eine Kaufpreisanpassung in Höhe dieser Differenz.[76] Eine solche Kaufpreisanpassungsklausel kann folgendermaßen formuliert sein:

> „Soweit das Eigenkapital der Zielgesellschaft ausweislich der testierten Stichtagsbilanz, die nach den in § 5 dieses Vertrages festgeschriebenen Bewertungsregeln zu erstellen ist, von dem bei der Bemessung des Kaufpreises zugrunde gelegten Eigenkapital in Höhe von € ...... abweicht, ermäßigt oder erhöht sich der in § 3 dieses Vertrages vereinbarte Kaufpreis entsprechend um diesen Betrag."[77]

Im Falle der Berechnung des endgültigen Kaufpreises nach Formel (2) ist vorgesehen, dass vertraglich zunächst nur ein Betrag für den ertragswertbezogenen Unternehmenswert festgelegt wird. Der für die Vermögenssubstanz zu zahlende Kaufpreisanteil bleibt vorerst noch offen und bestimmt sich dann zum späteren

---

[75] In Anlehnung an Rotthege, G./Wassermann, B. (2002), Rn. 538.
[76] Vgl. Günther, W. (2004), S. 408, 423f. Es könnte aber auch vereinbart werden, dass die Eigenkapitalabweichung entsprechend dem Verhältnis von ursprünglichem Kaufpreis zu Soll-EK durchschlagen soll. Vgl. Semler, F.J. (2002), Rn. 102, 186.
[77] Rotthege, G./Wassermann, B. (2002), S. 486.

Übergangsstichtag aus dem Eigenkapital der Abrechnungsbilanz. Grundsätzlich führen beide Vorgehensweisen zum selben Ergebnis.[78] Ein wirtschaftlich ähnliches Resultat kann erzielt werden, indem der Verkäufer, ähnlich wie in untenstehender Klausel, einen bestimmten Eigenkapitalstand zusichert, also eine Eigenkapitalgarantie stellt. Im Unterschied zu einem Kaufpreisanpassungsmechanismus, der häufig auch die Möglichkeit einer Erhöhung des Kaufpreises zulässt, begründet eine Garantie lediglich Ansprüche des Käufers.[79]

> „Die Verkäufer garantieren zum 30.06.2005 ein bilanzielles Eigenkapital in Höhe von 3 Mio € (in Worten: drei Millionen Euro). Dem Begriff Eigenkapital in diesem Sinne liegt die Definition von §§ 272, 266 Abs 3a) HGB zu Grunde. ... Liegt das bilanzielle Eigenkapital unter 3 Mio €, wird der Kaufpreis für die Verkäufer ... um diesen Minderbetrag gekürzt."[80]

Weil sich das Eigenkapital als Residualgröße aus der Differenz zwischen bilanzierten Vermögenswerten und Schulden berechnet, wirkt sich jede Bilanzveränderung, sei sie auf der Aktiv- oder der Passivseite, auf das Eigenkapital und somit auf den Kaufpreis aus. Diese Variante der Kaufpreisanpassung ist daher die umfassendste.[81]

2.3.2.2.2.3 Net Working Capital Adjustment

Häufig können sich die involvierten Parteien nicht auf derart umfängliche Vereinbarungen wie die dargestellte eigenkapitalbezogene Kaufpreisanpassung einigen. Daher haben sich in der Praxis auch andere Klauseln etabliert, wie beispielsweise die Vereinbarung eines Net Working Capital Adjustments, d.h. einer Kaufpreisanpassung an das tatsächliche Netto-Umlaufvermögen des Zielunternehmens zum Übergangsstichtag[82]. Das Net Working Capital errechnet sich aus der Differenz zwischen dem Umlaufvermögen (Current Assets) und den kurzfristigen Verbind-

---

[78] Vgl. Rödder, T./Hötzel, O./Mueller-Thuns, T. (2003), § 8 Rn. 4; Günther, W. (2004), S. 497; Rotthege, G./Wassermann, B. (2002), Rn. 536-538; Holzapfel, H.-J./Pöllath, R. (2006), Rn. 741-743.
[79] Vgl. Semler, F.J. (2002), Rn. 102; Kästle, F./Oberbracht, D. (2005), S. 141.
[80] Beisel, W./Klumpp, H.-H. (2006), S. 395.
[81] Vgl. Henkel, U./Bartosch, M. (2007), S. 285; Borgman, M./Kalnbach, P. (2007), S. 228; Bruski, J. (2005), S. 27.
[82] Kaufpreisanpassungen um Wertänderungen des Netto-Umlaufvermögens werden vor allem bei Unternehmenskäufen durch angelsächsische Finanzinvestoren vereinbart. Vgl. Borgman, M./Kalnbach, P. (2007), S. 229; Bruski, J. (2005), S. 26.

lichkeiten (Current Liabilities).[83] Eine Kaufpreisanpassung um Veränderungen dieser Größe bezieht sich per Definition lediglich auf die Entwicklung ausgewählter Bilanzposten und ist somit weniger weit reichend. Hierdurch kann sich der Käufer eines Unternehmens mit umfangreichem und/oder stark schwankendem operativen Vermögen – wie dies z.b. in der Konsumgüterindustrie oft der Fall ist – gegen resultierende Wertschwankungen absichern.[84] Eine entsprechende Klausel kann wie folgt formuliert sein:

> „Der Kaufpreis erhöht/vermindert sich um den Betrag, um den das konsolidierte Nettoumlaufvermögen der Gruppengesellschaften zum Stichtag den Betrag von EUR [___] unterschreitet/überschreitet. Das Nettoumlaufvermögen errechnet sich wie folgt:
>
> Die Summe aus (i) Vorräten nach IAS 2.6, (ii) Forderungen aus Lieferungen und Leistungen, (iii) Forderungen gegenüber dem Verkäufer oder verbundenen Unternehmen des Verkäufers
>
> abzüglich
>
> der Summe aus (i) erhaltenen Anzahlungen auf Bestellungen, (ii) Verbindlichkeiten aus Lieferungen und Leistungen nach IAS 37.11(a), (iii) Verbindlichkeiten gegenüber verbundenen Unternehmen des Verkäufers."[85]

Bei Unternehmenstransaktionen in kapitalintensiven Branchen ist auch die Vereinbarung einer Kaufpreisanpassung um Wertänderungen des Anlagevermögens (Property, Plant and Equipment Adjustment) denkbar. Sowohl die Kaufpreisanpassungen an das Netto-Umlaufvermögen als auch die an das Anlagevermögen zum Übergangsstichtag erfolgen rechnerisch analog zur bereits dargestellten Anpassung des Kaufpreises an das tatsächliche Eigenkapital.[86]

---

[83] Das Net Working Capital (Netto-Umlaufvermögen) ist die Summe aus Vorratsvermögen, Forderungen und Barmitteln abzüglich der kurzfristigen Verbindlichkeiten. In der Literatur werden diese Kennzahl und die einzubeziehenden Bilanzposten teilweise unterschiedlich definiert. Unter anderem werden die Begriffe Net Working Capital und Working Capital oft synonym verwendet. Vgl. hierzu ausführlich Bruski, J. (2005), S. 21f. Um in der Praxis Unstimmigkeiten zu vermeiden, sollte klar geregelt werden, welche Posten einzubeziehen sind.
[84] Vgl. Borgman, M./Kalnbach, P. (2007), S. 229f.
[85] Henkel, U./Bartosch, M. (2007), S. 284f.
[86] Vgl. Bruski, J. (2005), S. 26; Kästle, F./Oberbracht, D. (2005), S. 66; Zu Berechnung des Kaufpreises bei einem vereinbarten Net Asset Adjustment vgl. Kapitel 2.3.2.2.2.2.

2.3.2.2.3 Kaufpreisanpassung um Änderungen von Berechnungsgrößen der Discounted-Cashflow-Methode

Mit dem Vordringen der Discounted-Cashflow-Bewertung werden zunehmend auch Kaufpreisanpassungsmechanismen vereinbart, die an den Berechnungsgrößen dieser Methode ansetzen.[87]

```
(1)    Ausgangsbetrag (Base Amount): Entity Value
    -  Finanzverbindlichkeiten (Financial Debt) ⎤
    +  Barmittel (Cash)                          ⎦ Netto-Finanzverbindlichkeiten (Net Debt)
    =  Equity Value


(2)    Ausgangsbetrag (Base Amount): vertraglich angenommener Equity Value
    +/- Differenz Netto-Finanzverbindlichkeiten (Net Debt)
    =  tatsächlicher Equity Value zum Stichtag
```

Abbildung 5:   Kaufpreisanpassung um Änderungen von Berechnungsgrößen der Discounted-Cashflow-Methode

Wie Formel (1) in Abbildung 5 zeigt, ist der Ausgangsbetrag der Berechnung (Base Amount) der Kaufpreis, auf den sich die Parteien unter der Prämisse verständigt haben, dass das Zielunternehmen weder über Barmittel (Cash) noch Finanzverbindlichkeiten (Financial Debt) verfügt. Dieser Zustand wird als ‚cash-free/debt-free' bezeichnet. Der Betrag[88] entspricht folglich dem Wert bzw. Kaufpreis des fiktiv schuldenfreien Unternehmens (Entity Value). Zur Festsetzung des tatsächlichen Kaufpreises ist die Art der Finanzierung am Übergangsstichtag zu berücksichtigen und der Wert des Eigenkapitals (Equity Value) zu ermitteln. Hierzu sind vom Ausgangsbetrag die Finanzverbindlichkeiten zu subtrahieren und die Barmittel zu addieren.[89] Der Saldo aus diesen Größen ergibt die Netto-Finanzverbindlichkeiten (Net Debt). Die beschriebene Art der Kaufpreisanpassung

---

[87] Vgl. Kästle, F./Oberbracht, D. (2005), S. 57; Bruski, J. (2005), S. 25.
[88] Der Weg, auf dem die Parteien zu diesem Ausgangsbetrag gelangen, ist häufig intransparent. Im Idealfall liegt eine sorgfältige DCF-Bewertung des Zielunternehmens zugrunde. Der Ausgangsbetrag wäre dann der sich aus dem Brutto-Ansatz ergebende Unternehmenswert. Vgl. Kästle, F./Oberbracht, D. (2005), S. 58.
[89] Dieses Anpassungsverfahren fasst zwei Merkmale des Brutto-Ansatzes der DCF-Bewertung zusammen: Subtraktion des Barwertes der Fremdverbindlichkeiten und Addition des Wertes des nicht betriebsnotwendigen Vermögens (hier unter der Annahme, dass dieses nur aus Barmitteln besteht). Vgl. Bruski, J. (2005), S. 25.

2.3 Kaufpreisvereinbarungen

wird daher als Net Debt Adjustment bezeichnet.[90] Eine derartige Klausel kann wie folgt lauten:

> „Purchase Price. The total purchase price for the Shares and the Shareholders Loans (the „Purchase Price") shall bet the sum of:
> (i) € [......] (in words Euro [......]) (the „Base Amount");
> (ii) minus the consolidated Financial Debt of the Group Entities as of the Closing Date (the „Closing Date Financial Debt");
> (iii) plus the consolidated Cash of the Group Entities as of the Closing Date (the „Closing Date Cash");
> (iv) minus [or plus] the amount by which the consolidated Net Working Capital of the Group Entities as of the Closing Date (the „Closing Date Net Working Capital") falls short of [or exceeds] € [......] (in words Euro [......]);
> (v) ..."[91]

Stattdessen kann als Ausgangsbetrag bzw. vorläufiger Kaufpreis auch der Equity Value des Unternehmens unter der Annahme eines bestimmten Net Debts festgelegt werden. Es erfolgt dann zum Stichtag eine Kaufpreisanpassung um Abweichungen des anhand der Abrechnungsbilanz ermittelten tatsächlichen Net Debts vom vereinbarten Betrag. Diese Berechnungsvariante zeigt Formel (2). Grundsätzlich führen beide Vorgehensweisen zum selben Ergebnis.[92]

In einem weiteren Schritt kann vertraglich vorgesehen sein, dass der Kaufpreis um wertmäßige Veränderungen des Net Working Capital[93] anzupassen ist. Darüber hinaus können weitere Anpassungen vereinbart werden, wie z.B. an die Net Assets.[94]

---

[90] Vgl. Kästle, F./Oberbracht, D. (2005), S. 57f, 65f; Henkel, U./Bartosch, M. (2007), S. 284; Picot, G. (2004), Rn. 69; Bruski, J. (2005), S. 25.
[91] Kästle, F./Oberbracht, D. (2005), S. 43.
[92] Vgl. Kästle, F./Oberbracht, D. (2005), S. 265; Henkel, U./Bartosch, M. (2007), S. 284; Bruski, J. (2005), S. 25.
[93] Dies ist ein notwendiges Korrektiv zur Berücksichtigung von Finanzverbindlichkeiten und Barmitteln, ohne die für den Käufer insbesondere bei hinausgeschobenem Stichtag das Risiko bestünde, dass der Verkäufer das Netto-Umlaufvermögen absenkt (z.B. durch schnelles Eintreiben von Forderungen, verzögertes Bezahlen von Rechnungen, etc.), um so die liquiden Mittel und folglich den Kaufpreis ansteigen zu lassen.
[94] Vgl. Kästle, F./Oberbracht, D. (2005), S. 66; Henkel, U./Bartosch, M. (2007), S. 284; Picot, G. (2004), Rn. 69; Zu Net Asset- und Net Working Capital Adjustment vgl. die Kapitel 2.3.2.2.2.2 und 2.3.2.2.2.3.

2.3.3 Variabler Kaufpreis

2.3.3.1 Earnout in Form des Besserungsoptions-Modells

2.3.3.1.1 Begriff und Funktionen

Oft bestehen zwischen den Transaktionspartnern stark divergierende Erwartungen hinsichtlich der zukünftigen Entwicklung des Zielunternehmens. Dies ist insbesondere der Fall, wenn eine bedeutende unternehmensspezifische Unsicherheit besteht, die großen Einfluss auf die künftige Ertragslage haben kann. Dies gilt z.B. für Unternehmen, die von einem oder nur wenigen Kunden abhängig sind oder auch für junge Unternehmen, die mit neuen Produkten, Technologien oder noch nicht umgesetzten Patenten auftreten, deren Markterfolg noch nicht absehbar ist.[95] In all diesen Fällen ist die Abschätzung des weiteren Unternehmensverlaufs und damit die Bestimmung eines Zukunftserfolgswertes schwierig. Dies gilt insbesondere für den Käufer, für den die Unsicherheit bezüglich der künftigen Unternehmensentwicklung regelmäßig durch bestehende Informationsasymmetrien[96] verschärft wird. Vereinbaren die Parteien in einem solchen Fall einen festen Kaufpreis, trägt der Käufer das insbesondere für ihn sehr hohe Risiko der künftigen Unternehmensentwicklung alleine, was er bei der Kalkulation seines Grenzpreises durch einen entsprechenden Risikoabschlag berücksichtigen wird. Dies kann dazu führen, dass die Unternehmensakquisition infolge von unvereinbaren Preisvorstellungen scheitert.[97]

Indem die Parteien einen variablen Kaufpreis vereinbaren, können sie sich das Risiko der künftigen Unternehmensentwicklung teilen.[98] Die Flexibilisierung des Kaufpreises wird als Earnout[99] bezeichnet. Bei solch einer Vereinbarung geht das Unternehmen zum Zeitpunkt des Closings vollständig auf den Käufer über. Dieser bezahlt zunächst nur einen fixen Kaufpreisanteil, der unter der Kaufpreisforderung des Verkäufers liegt, hat aber innerhalb eines definierten Zeitraums, der Earnout-Periode, die Verpflichtung, zusätzliche Zahlungen zu leisten. Deren Höhe ist variabel und bestimmt sich nach der künftigen wirtschaftlichen Entwicklung des Zielunternehmens. Die Earnout-Zahlungen erhöhen demnach den Gesamtkaufpreis, weswegen auch von zukunftsorientierten Kaufpreisanpassungen gesprochen wird. Sie sind entweder vom Eintreten bestimmter Ereignisse, wie z.B. der Erteilung

---

[95] Vgl. Sherman, S.J./Janatka, D.A. (1992), S. 31; Schulz, S. (2004), S. 42; Streyl, A. (2001), Rn. 78; Bruner, R. (2004), S. 615f; ausführlich hierzu Meuli, H.M. (1996b), S. 72-79.
[96] Vgl. hierzu Kapitel 2.2.1.2.
[97] Vgl. Küting, K./Wirth, J. (2001), S. 1193; Weiser, M.F. (2004), S. 512; v. Braunschweig, P. (2002), S. 1818; Blough, S. u.a. (2007), S. 26.
[98] Vgl. Schulz, S. (2004), S. 43; Lacher, J./Poppe, H. (1988), S. 1763; Labbé, M. (2004), S. 117; Behringer, S. (2004), S. 249.
[99] Lacher, J./Poppe, H. (1988), S. 1761 spricht in diesem Zusammenhang von der ‚Methode des realisierten Ertragswerts', Helbling, C. (2004), Rn. 615, 622 von der ‚Methode der verzögerten Kaufpreisbestimmung' oder ‚Nachbewertung' und Rotthege, G./Wassermann, B. (2002), Rn. 540 von ‚Contingent Price Deal'.

eines Patents an das Zielunternehmen oder der Markteinführung eines sich noch in der Entwicklung befindlichen Produktes oder aber häufiger vom erzielten Unternehmenserfolg, abhängig.[100] Dieses Recht des Verkäufers auf zusätzliche Kaufpreiszahlungen bei entsprechender Unternehmensentwicklung stellt aus dessen Sicht eine Besserungsoption[101] auf den Transaktionspreis dar. Bei einer so gestalteten Earnout-Vereinbarung wird daher in Abgrenzung zur zweistufigen Unternehmensakquisition[102] auch vom Besserungsoptions-Modell gesprochen.[103]

Der ursprünglich zu niedrige Grenzpreis des Käufers kann unter Berücksichtigung des Wertes der Earnout-Zahlungen[104] über dem Grenzpreis des Verkäufers liegen, was Voraussetzung für einen Vertragsabschluss ist. Eine Earnout-Vereinbarung kann daher als Mechanismus zur Kaufpreisfestsetzung bei divergierenden Kaufpreisvorstellungen dienen. Durch sie kann eine Preislücke geschlossen, also ein Einigungsbereich geschaffen und hierdurch ein Scheitern der Transaktion abgewendet werden.[105] Darüber hinaus kann die Zustimmung des Verkäufers zu einer Earnout-Vereinbarung als Signal interpretiert werden, dass seine Angaben zum Unternehmen und dessen Erfolgsaussichten glaubwürdig sind. Er zeigt, dass er selbst so stark von einer erfolgreichen Geschäftsentwicklung überzeugt ist, dass er sogar bereit ist, seinen Kaufpreis von deren Realisierung abhängig zu machen. Dies wird die Erwartungen des Käufers positiv beeinflussen und den Kaufpreis deshalb tendenziell steigern.[106]

---

[100] Vgl. Behringer, S. (2004), S. 246.
[101] Nach Delcker, M. (1992), S. 2453 gibt „Eine Besserungsoption .. dem Verkäufer ... das Recht ... eine nachträgliche Korrektur des Kaufpreises zu verlangen, wenn die Unternehmensentwicklung sich außerhalb einer bestimmten Bandbreite bewegt." Sie ist nicht zu verwechseln mit einem Besserungsschein. Zur genaueren Unterscheidung der Begrifflichkeiten vgl. ebenfalls Delcker, M. (1992), S. 2453. In der Literatur findet sich keine klare Trennung der Begrifflichkeiten: Ernst, D./Thümmel, R.C. (2000), S. 671, Dill, C./Vigelius, C. (2004), S. 52 und Bruski, J. (2005), S. 27 sprechen in diesem Zusammenhang von einem Besserungsschein. Ragotzky, S. (2003), S. 176 und Bruski, J. (2005), S. 27 setzen beide Begrifflichkeiten sogar gleich. Eine Besserungsoption kann grundsätzlich auch dem Käufer eingeräumt werden, so dass der variable Kaufpreis nachträglich vermindert wird (der Verkäufer also Rückzahlungen zu leisten hat), sofern das Unternehmen bestimmte Ziele nicht erreicht. Vgl. Ernst, D./Häcker, J. (2002), S. 101; Weiser, M.F. (2004), S. 513; Ernst, D./Thümmel, R.C. (2000), S. 671; Rödder, T./Hötzel, O./Mueller-Thuns, T. (2003), § 8 Rn. 35f. Dill, C./Vigelius, C. (2004), S. 52 sprechen in diesem Zusammenhang von einem ‚Reverse Earnout'. Da diese Gestaltungsvariante in der Praxis selten ist (vgl. Ragotzky, S. (2003), S. 176; Ballwieser, W. (2005), S. 87; Weiser, M.F. (2005), S. 271; Heuser, P./Theile, C. (2007), Rn. 3225), und auch in der einschlägigen Literatur zur Rechnungslegung keine Beachtung findet, wird sie im Folgenden außer Acht gelassen.
[102] Zur zweistufigen Unternehmensakquisition vgl. Kapitel 2.3.3.2.
[103] Vgl. Weiser, M.F. (2004), S. 512f; Ragotzky, S. (2003), S. 176.
[104] Zur Bewertung eines Earnouts in Form des Besserungsoptions-Modells vgl. Kapitel 2.4.3.
[105] Vgl. Schulz, S. (2004), S. 42; Weiser, M.F. (2004), S. 513; Ragotzky, S. (2003), S. 176f; Delcker, M. (1992), S. 2454; Vischer, M. (2002), S. 509.
[106] Vgl. Behringer, S. (2004), S. 248f; Blough, S. u.a. (2007), S. 26. Der Umfang der Due Diligence sendet ein ähnliches Signal: Je tiefer die hierbei gewährten Einblicke, desto größer ist die unterstellte Qualität des Unternehmens. Das Angebot einer Gewährleistung kann ebenfalls als Qualitätssignal interpretiert werden. Vgl. Ragotzky, S. (2003), S. 160, 183.

In der Earnout-Periode haben die Vertragsparteien gegenläufige Interessen: Während der Verkäufer das Ziel hat, seinen Kaufpreis durch den Erhalt höchstmöglicher Zusatzzahlungen zu maximieren, will der Käufer diese möglichst gering halten. Um hieraus resultierendes Konfliktpotential und Anreize zu strategischem Verhalten weitestgehend zu vermeiden, ist für den Erfolg jeder Earnout-Vereinbarung die sorgfältige Strukturierung und Ausarbeitung der vertraglichen Regelungen, der so genannten Earnout-Klauseln, entscheidend. Die hierbei zu beachtenden Aspekte werden im Folgenden detailliert dargestellt. Sie umfassen Vereinbarungen bezüglich der Unternehmensführung, der Wahl einer geeigneten Bezugsgröße, der Dauer der Bemessungsperiode sowie der Ermittlung der Kaufpreiszahlungen.[107]

2.3.3.1.2 Regelung der Geschäftsführung

Eine weitere Einbeziehung des Alteigentümers, z.B. als Geschäftsführer in das Unternehmensmanagement während der Earnout-Periode, ist aus Käufersicht wichtig, wenn die Person des Verkäufers für den künftigen Erfolg des Zielunternehmens eine entscheidende Rolle spielt. Dies ist beispielsweise bei der Akquisition von Dienstleistungsunternehmen häufig der Fall.[108] Sinnvoll kann eine Mitarbeit des Verkäufers aber auch sein, um den Übergang auf den neuen Eigentümer zu erleichtern. Während der Earnout-Periode kann die Kontinuität der Führung sichergestellt werden und der Käufer kann sich Wissen, Erfahrung und Managementfähigkeiten des Verkäufers zu Nutze machen. Der Verkäufer ist durch die noch ausstehenden Zusatzzahlungen ebenfalls an einer weiteren positiven Geschäftsentwicklung interessiert und wird den Käufer dahingehend unterstützen. Ihm werden also durch die Vereinbarung eines Earnouts bei gleichzeitiger Einbindung als Geschäftsführer Anreiz und Möglichkeit gegeben, zu einer seinen Ertragserwartungen entsprechenden Kaufpreiszahlung zu gelangen.[109] Ein Earnout kann somit auch die Funktion haben, den Verkäufer weiterhin an das Unternehmen zu binden und zu motivieren.[110] Aus Sicht des Verkäufers ist eine weitere Einbindung als Geschäftsführer meist Voraussetzung für die Vereinbarung eines Earnouts, weil er in diesem Falle den Geschäftsverlauf und damit das Erreichen bzw. die Höhe der Earnout-Zahlungen beeinflussen kann.[111] Andernfalls müsste er

---

[107] Vgl. Sherman, S.J./Janatka, D.A. (1992), S. 27; Beyer, S./Ihlau, S./Haubold, U. (2006), S. 34; Baums, T. (1993), S. 1274; Schulz, S. (2004), S. 42f; v. Drygalski, A./Graßl, B. (2007), S. 2f.
[108] Vgl. Baums, T. (1993), S. 1273; Datar, S./Frankel, R./Wolfson, M. (2001), S. 212.
[109] Vgl. Weiser, M.F. (2005), S. 271; Baums, T. (1993), S. 1275f; Mittendorfer, R. (2007), S. 139; Meuli, H.M. (1996b), S. 47; Weiser, M.F. (2004), S. 516; Ernst, D./Häcker, J. (2002), S. 102; Schulz, S. (2004), S. 43.
[110] Vgl. Bruner, R. (2004), S. 610; Kohers, N./Ang, J. (2000), S. 445; Craig, B./Smith, A. (2003), S. 46; Sherman, S.J./Janatka, D.A. (1992), S. 26; Del Roccili, J.A./Fuhr, J.P. (2001), S. 89.
[111] Vgl. Schulz, S. (2004), S. 42; Helbling, C. (2004), Rn. 619; Vischer, M. (2002), S. 512; Del Roccili, J.A./Fuhr, J.P. (2001), S. 88f; Meissner, M.H. (2005), S. 752; Günther, W. (2004), S. 498.

die Höhe seines Kaufpreises von einer Leistung abhängig machen, die nicht er, sondern der Käufer erbringt.[112]

Um den Verkäufer vor Manipulationen durch den Käufer und vor einer Fehlberechnung des endgültigen Kaufpreises zu schützen, sind die Einflussmöglichkeiten des Verkäufers vertraglich abzusichern. Hierzu sind Regelungen zu treffen, die eine Einschränkung seines Wirkungskreises erschweren[113]. Darüber hinaus muss der Verkäufer auch gegen kaufpreisschädliche Weisungen oder andere Maßnahmen des Käufers, die die Berechnungsbasis verändern,[114] abgesichert werden.[115] Wie bereits erwähnt, werden die unternehmerischen Entscheidungen des Verkäufers als Geschäftsführer tendenziell darauf abzielen, die zusätzlichen Zahlungen zu erreichen bzw. zu maximieren. Das Verfolgen dieser eher kurzfristigen Zielsetzung kann sich jedoch negativ auf die nachhaltige Unternehmensentwicklung auswirken und der mittel- bis langfristigen Zielsetzung des Käufers widersprechen. Dementsprechend müssen auch die Interessen des Käufers vertraglich geschützt werden. Hierbei darf jedoch der Gestaltungsspielraum des geschäftsführenden Verkäufers nicht so eng begrenzt werden, dass dieser eine seinen Erwartungen entsprechende Unternehmensentwicklung nicht erreichen kann.[116]

Der Umfang der Einflussnahme oder Kontrolle des Verkäufers kann je nach vertraglicher Regelung grundsätzlich variieren. Es ist beispielsweise auch möglich, dass der Verkäufer gänzlich aus dem Unternehmen ausscheidet und ihm vertraglich lediglich Mitsprache- und Kontrollrechte bezüglich bestimmter Punkte zugesichert werden.[117] In der Praxis findet sich diese Gestaltung aus den genannten Gründen eher selten,[118] weshalb hiervon im Folgenden nicht ausgegangen wird.

---

[112] Vgl. Lacher, J./Poppe, H. (1988), S. 1763.
[113] Dies kann z.B. durch folgende Vereinbarungen erreicht werden: Mindestlaufzeit des Dienstvertrags, Einzelvertretungsberechtigung, keine Änderung in der Geschäftsführungsstruktur, Katalog zustimmungsbedürftiger Geschäfte, etc..
[114] Vgl. hierzu die Erläuterungen zur Berechnung der Bezugsgröße in Kapitel 2.3.3.1.3.
[115] Vgl. Ernst, D./Häcker, J. (2002), S. 104; Ernst, D. (2002), S. 630f; v. Braunschweig, P. (2002), S. 1817.
[116] Vgl. Weiser, M.F. (2004), S. 517; Baums, T. (1993), S. 1276.
[117] Vgl. Bruski, J. (2005), S. 27f; Rotthege, G./Wassermann, B. (2002), Rn. 545. In der Literatur wird überwiegend die Meinung vertreten, dass grundsätzlich eine Geschäftsführung durch Käufer oder Verkäufer möglich ist (vgl. u.a. Baums, T. (1993), S. 1274f). Nach v. Braunschweig, P. (2002), S. 1817 und Schulz, S. (2004), S. 42 ist die Geschäftsführung durch den Verkäufer jedoch notwendige Voraussetzung für die Vereinbarung eines Earnouts. Nach v. Schlabrendorff, F. (2001), Rn. 36 und Ragotzky, S. (2003), S. 178 jedoch wird die Geschäftsführung normalerweise durch den Käufer übernommen.
[118] Vgl. Bruner, R. (2004), S. 612.

2.3.3.1.3 Bezugsgröße zur Berechnung der Earnout-Zahlungen

Als Bezugsgröße[119] zur Ermittlung des Unternehmenserfolgs und folglich der Earnout-Zahlungen können Umsatz, Ergebniskennzahlen (Betriebsergebnis, Jahresüberschuss, EBIT(DA)[120]) oder Cashflowgrößen der Zielgesellschaft herangezogen werden. Bezugsgrößen unterliegen dem Risiko, entweder im Rahmen der Bilanzierung oder durch geschäftspolitische Maßnahmen einseitig zugunsten der jeweiligen Partei beeinflusst zu werden.[121] Es sollte deshalb eine für strategisches Verhalten am wenigsten anfällige Bezugsgröße gewählt werden. Grundsätzlich gilt hierbei, dass Kennziffern ‚unten' in der Gewinn und Verlustrechnung tendenziell mehr bilanz- und geschäftspolitische Möglichkeiten zur Ergebnisgestaltung bieten als Kennziffern ‚oben' in der Erfolgsrechnung.[122] Wird z.B. eine Gewinngröße gewählt, so könnte für den Verkäufer, um diese zu maximieren, beispielsweise der Anreiz bestehen, Erhaltungs-, Forschungs- und Entwicklungs- oder sonstige Aufwendungen in der Earnout-Periode zu unterlassen. Der Käufer würde diese Ausgaben eher vorziehen.[123] Insofern müssen abhängig von der gewählten Bezugsgröße Umstände geregelt werden, bei denen sich geschäftspolitischer Manipulationsspielraum ergeben kann. Zur Sicherung beidseitiger Interessen können beispielsweise ein Forschungs- und Entwicklungsbudget, Investitionsgrundsätze sowie bestimmte Maßnahmen festgelegt werden, die einer beidseitigen Zustimmung bedürfen.[124]

Die Berechnung der Zusatzzahlungen setzt voraus, dass die Ergebnisse weiterhin vergleichbar bleiben. Deswegen sind Faktoren festzulegen, die sich nicht auf die Bezugsgröße auswirken sollen.[125] Hierunter fallen z.B. Effekte aus dem Kauf oder Verkauf von Unternehmensteilen sowie Änderungen der bisherigen Unternehmensorganisation oder Geschäftspolitik. Akzeptiert ein Käufer dahingehende vertragliche Beschränkungen nicht, müssen anderweitige vertragliche Lösungsmechanismen wie beispielsweise besondere Berechnungsvorschriften vereinbart

---

[119] In Schulz, S. (2004), S. 43 auch als ‚Performance-Kennziffer' oder in Beyer, S./Ihlau, S./Haubold, U. (2006), S. 34 als ‚Erfolgsindikator' bezeichnet.
[120] Abkürzung für: Earnings before Interest and Taxes bzw. Earnings before Interest, Taxes, Depreciation and Amortization.
[121] Vgl. Schulz, S. (2004), S. 43; Weiser, M.F. (2004), S. 513; Beyer, S./Ihlau, S./Haubold, U. (2006), S. 34.
[122] Vgl. Schulz, S. (2004), S. 43. Als Bezugsgröße wird nach v. Drygalski, A./Graßl, B. (2007), S. 2 oft die Kennzahl EBIT(DA) herangezogen, da sie ein Erfolgsmaßstab ist, der Zinsen und Steuern (sowie Abschreibungen) ausklammert. Dies sind Positionen, die von der Finanzierung des Unternehmenskaufs, der Besteuerung sowie der Abschreibungspolitik des Käufers abhängig sind. Als wenig steuerungsfähige Kennzahl gilt daneben auch der Cashflow, da Aufwendungen und Erträge, hinter denen Zahlungsvorgänge stehen, objektivierte Größen sind. Vgl. Behringer, S. (2004), S. 247; Küting, K./Wirth, J. (2001), S. 1193.
[123] Vgl. Weiser, M.F. (2004), S. 517; Mittendorfer, R. (2007), S. 139; Bruski, J. (2005), S. 28; Baums, T. (1993), S. 1274; Beyer, S./Ihlau, S./Haubold, U. (2006), S. 34.
[124] Vgl. Lacher, J./Poppe, H. (1988), S. 1764; Baums, T. (1993), S. 1276. Zu den Manipulationsmöglichkeiten weiterer Bezugsgrößen vgl. ausführlich Meuli, H.M. (1996b), S. 90-103.
[125] Vgl. Streyl, A. (2001), Rn. 81; Lacher, J./Poppe, H. (1988), S. 1763.

werden, so dass hieraus resultierende Ergebnisauswirkungen für Zwecke der Ermittlung der Earnout-Zahlungen unberücksichtigt bleiben. Gleiches gilt für Effekte aus Synergien, die sich im Anschluss an die der Unternehmensakquisition ergeben.[126] Häufig wird außerdem vereinbart, dass sich Ergebnisbelastungen aus der Transaktion, wie erhöhte Finanzierungskosten des Zielunternehmens wegen eines größeren Verschuldungsgrads, nicht auf die Bezugsgröße auswirken dürfen. Gleiches gilt für Ergebnisbelastungen, die durch die Geschäftspolitik des Käufers entstehen, wie z.B. verdeckte Vermögensauszahlungen zu Lasten des Zielunternehmens in Form von Konzernumlagen. Durch derartige vertragliche Regelungen wird der auf der Verkäuferleistung beruhende Anteil an der Unternehmensperformance klar abgegrenzt und der Spielraum für strategisches Verhalten des Käufers verringert.[127]

Bei der Ermittlung des Betrags der Bezugsgröße sind Interpretationsspielräume als potentieller Anlass für Auseinandersetzungen möglichst zu vermeiden. Die gewählte Bezugsgröße ist daher vertraglich genau zu definieren. Es muss festgelegt werden, nach welchen Rechnungslegungsnormen sie zu ermitteln und wie in diesem Zusammenhang mit Ansatz- und Bewertungswahlrechten umzugehen ist.[128] Aus Gründen der Vergleichbarkeit sollte die bisherige Bilanzpolitik in der Earnout-Periode grundsätzlich beibehalten werden.[129] Außerdem müssen die Ergebnisse klar messbar und überprüfbar sein, weshalb das Zielunternehmen während dieser Zeit über ein klar abgegrenztes Rechnungswesen zum Käuferunternehmen verfügen muss.[130] Die speziellen Regelungen zur Berechnung der Bezugsgröße führen oft dazu, dass ein weiterer Abschluss – speziell für Zwecke der Earnout-Berechnung – aus dem nach den gesetzlichen Vorschriften aufgestellten Jahresabschluss des Zielunternehmens abgeleitet werden muss.[131]

2.3.3.1.4 Earnout-Periode

Wird ein zu kurzer Bemessungszeitraum für die Earnout-Zahlungen festgelegt, besteht für beide Seiten das Risiko, dass die gewählte Bezugsgröße durch eine kurzfristige, nicht nachhaltige Geschäftsentwicklung beeinflusst wird. Außerdem lässt sich ein einmaliges Jahresergebnis verhältnismäßig leicht von beiden Parteien manipulieren. Bei einem längeren Zeitraum wird eine solche Handlungsweise

---
[126] Vgl. Bruski, J. (2005), S. 28; Kästle, F./Oberbracht, D. (2005), S. 78f; Mittendorfer, R. (2007), S. 139; Vischer, M. (2002), S. 512; Weiser, M.F. (2004), S. 515; Ernst, D./Häcker, J. (2002), S. 104.
[127] Vgl. Kästle, F./Oberbracht, D. (2005), S. 78; Baums, T. (1993), S. 1274f.
[128] Vgl. Schulz, S. (2004), S. 43.
[129] Vgl. Helbling, C. (2004), Rn. 621; Lacher, J./Poppe, H. (1988), S. 1763; v. Drygalski, A./Graßl, B. (2007), S. 3.
[130] Vgl. Baums, T. (1993), S. 1274; Schulz, S. (2004), S. 42; Helbling, C. (2004), Rn. 619.
[131] Vgl. Lacher, J./Poppe, H. (1988), S. 1764; Bruckner, V. (2007), S. 5.

zumindest deutlich erschwert und die Zusatzzahlungen entsprechen eher der tatsächlichen Entwicklung des Zielunternehmens. Andererseits ist jedoch zu berücksichtigen, dass lange Zeiträume einen erheblichen Abwicklungsaufwand und speziell für den Käufer eine Einschränkung der wirtschaftlichen Dispositionsbefugnis bezüglich des erworbenen Unternehmens bedeuten.[132] In der Praxis werden daher üblicherweise Earnout-Perioden zwischen zwei bis fünf Jahren vereinbart.[133]

2.3.3.1.5 Ermittlung des Kaufpreises

2.3.3.1.5.1 Konventionelle Berechnungsmethode

Berechnung des Gesamtkaufpreises:

(1) $KP = KP_F + KP_V$

Berechnung des fixen Basispreises:

(2) $KP_F = \sum_{t=1}^{n} \frac{S_t}{(1+i)^t} + \frac{S_n}{i} \Big/ (1+i)^n$

Berechnung des variablen Zusatzpreises:

- bei einmaliger Earnout-Zahlung in t_n:

(3a) $KP_V = \frac{EOZ_n}{(1+i)^n}$

(3b) $EOZ_n = Max\left(\sum_{t=1}^{n}(B_t - S_t) \times a; 0\right)$

- bei jährlichen Earnout-Zahlungen in t_1 bis t_n:

(4a) $KP_V = \sum_{t=1}^{n} \frac{EOZ_t}{(1+i)^t}$

(4b) $EOZ_t = Max((B_t - S_t) \times a; 0)$

Berechnung einer möglichen Ausgleichszahlung in t_n:

(5) $KP_A = \frac{\sum_{t=1}^{n}(B_t - S_t)/n \times a}{i} \Big/ (1+i)^n$

KP : Gesamtkaufpreis
KP_F : fixer Basispreis
KP_V : variabler Zusatzpreis
KP_A : Ausgleichszahlung
EOZ_t : Earnout-Zahlung
B_t : Gesamtbetrag der Bezugsgröße ($\triangleq$ tatsächliches Ergebnis)
S_t : Schwellenwert für die Bezugsgröße ($\triangleq$ prognostiziertes Ergebnis zur Ermittlung KP_F)
$(B_t - S_t)$: Bemessungsgrundlage
a : prozentualer Anteil an der Bemessungsgrundlage; $0 \geq a \geq 1$
t : Zeit in Jahren
n : Dauer der Earnout-Periode
i : Kapitalisierungszinssatz

Abbildung 6: Konventionelle Berechnungsmethode [134]

Bei der Vereinbarung eines Earnouts ist nach der in Abbildung 6 dargestellten Berechnungsmethode zunächst ein Basispreis zu bestimmen. Dieser bildet den

---

[132] Vgl. Behringer, S. (2004), S. 246.
[133] Vgl. Streyl, A. (2001), Rn. 81; Bruckner, V. (2007), S. 5; Bruski, J. (2005), S. 28; Baums, T. (1993), S. 174; Schulz, S. (2004), S. 43; v. Drygalski, A./Graßl, B. (2007), S. 2.
[134] In Anlehnung an Meuli, H.M. (1996b), S. 57f; Behringer, S. (2004), S. 245; Beyer, S./Ihlau, S./Haubold, U. (2006), S. 35.

2.3 Kaufpreisvereinbarungen

fixen Teil des Kaufpreises und reflektiert den Teil des Unternehmenswerts, bezüglich dessen sich die Wert- bzw. Kaufpreisvorstellungen der Parteien decken.[135] Dies kann ein Substanzwert oder auch ein nach Formel (2) ermittelter Zukunftserfolgswert sein. Die Differenz zwischen den Preisvorstellungen wird zum Gegenstand der Vereinbarungen bezüglich des variablen Anteils gemacht.[136] Der Zusatzpreis bildet den variablen Teil des Kaufpreises. Sehen die Earnout-Klauseln vor, dass dieser von einem bestimmten Ereignis abhängig ist, erhält der Verkäufer eine feste Earnout-Zahlung, sobald das Ereignis eingetreten ist.[137] Wurde vereinbart, dass sich die Höhe des variablen Zusatzpreises nach dem tatsächlich erzielten Unternehmenserfolg bestimmen soll, ermittelt er sich bei jährlicher Berechnung der Earnout-Zahlungen entsprechend Formel (4a). Der variable Zusatzpreis ergibt sich somit aus der Summe der Barwerte der im Bemessungszeitraum angefallenen Zahlungen.[138] Diese wiederum errechnen sich entsprechend Formel (4b) aus einem bestimmten prozentualen Anteil an der Bemessungsgrundlage. Letztere ergibt sich aus dem Betrag der Bezugsgröße, die einen festgelegten Schwellenwert übersteigt.[139] In Abhängigkeit von der Festlegung des fixen Basispreises ist für jedes Jahr der Earnout-Periode ein solcher Schwellenwert zu vereinbaren. Liegt dem Basispreis z.B. eine Ertragswertberechnung zugrunde, so entsprechen die Schwellenwerte den hierbei angenommenen Ertragserwartungen und die übersteigenden Beträge bilden folglich die jährliche Bemessungsgrundlage der Zusatzzahlungen.[140] Statt jährlichen Berechnungen der Earnout-Zahlungen kann entsprechend der Formeln (3a) und (3b) auch eine einmalige Berechnung am Ende der Earnout-Periode vorgesehen sein.[141] Auf diese Weise wird auf die Gesamtleistung des Targets innerhalb der Earnout-Periode abgestellt und jährliche Schwankungen der Bezugsgröße finden keine Berücksichtigung. Die Bemessungsgrundlage für die Zusatzzahlung ergibt sich dann aus der Differenz der Summe der Schwellenwerte und der Summe der tatsächlich erzielten Ergebnisse während der Earnout-Periode.[142] Wenn sich die Höhe der Earnout-Zahlungen aus einem bestimmten

---

[135] Dieser Betrag dürfte sich also regelmäßig an den Kaufpreisvorstellungen des Käufers orientieren.
[136] Vgl. Bruner, R. (2004), S. 614; Kohers, N./Ang, J. (2000), S. 447; Beyer, S./Ihlau, S./Haubold, U. (2006), S. 36.
[137] Vgl. Ernst, D./Häcker, J. (2002), S. 103; Ernst, D. (2002), S. 630; v. Drygalski, A./Graßl, B. (2007), S. 2.
[138] Vgl. Labbé, M. (2004), S. 118; Streyl, A. (2001), Rn. 81.
[139] Dies gilt bei der Vereinbarung eines variablen Kaufpreisanteils. Selten ist der gesamte Kaufpreis variabel (d.h. er definiert sich ausschließlich über Earnout-Zahlungen). In diesem Fall wäre der gesamte Betrag der Bezugsgröße als Bemessungsgrundlage für die Earnout-Zahlungen heranzuziehen. Vgl. Vischer, M. (2002), S. 510; Labbé, M. (2004), S. 119.
[140] Vgl. Meuli, H.M. (1996b), S. 59f; Weiser, M.F. (2004), S. 513. In anderen Worten ist die Bemessungsgrundlage der Teil des Unternehmenserfolgs, der noch nicht durch den Basispreis entschädigt wurde. Vgl. Labbé, M. (2004), S. 118f. Insofern wird ein Gleichlauf mit der zur Bestimmung des Basispreises angewandten Methode der Unternehmensbewertung, den hierbei zugrunde gelegten Erwartungen und der Bemessungsgrundlage zur Ermittlung der Zusatzzahlung hergestellt. Vgl. Bruckner, V. (2007), S. 5.
[141] Vgl. Ragotzky, S. (2003), S. 176.
[142] Für die Schwellenwerte wird an Stelle eines festen ein so genannter kumulativer Standard vereinbart. Vgl. Labbé, M. (2004), S. 120; Weiser, M.F. (2004), S. 514; Meuli, H.M. (1996b), S. 65-67, 107-118.

prozentualen Anteil der Bemessungsgrundlage ergibt, profitieren nicht nur der Verkäufer, sondern auch der Käufer von einer Überschreitung des Schwellenwerts. Die Einigung auf eine betragsmäßig fixe Earnout-Zahlung bei Erreichen des Schwellenwertes[143] ist hingegen nicht empfehlenswert, da der gesamte Betrag mit Überschreitung fällig wäre und für beide Parteien gleichermaßen ein sehr großer Anreiz bestehen würde, das Ergebnis im eigenen Interesse zu manipulieren.[144] Da mit der Gewährung einer Besserungsoption an den Verkäufer nur Kaufpreiserhöhungen bewirkt werden sollen[145], dürfen die Earnout-Zahlungen in logischer Konsequenz nicht negativ sein. In Jahren, in denen der Schwellenwert unterschritten wird, kommt es folglich zu keiner Zahlung. Gleiches gilt für den Fall der einmaligen Berechnung der Earnout-Zahlung, wenn am Ende der Earnout-Periode die Summe der Schwellenwerte unterschritten wird. In Anhang 1 findet sich ein Berechnungsbeispiel, anhand dessen die Ermittlung der Gesamtkaufpreise für verschiedene Szenarien der Unternehmensentwicklung nach der hier dargestellten konventionellen Berechnungsmethode nachvollzogen werden kann.

Besteht bezüglich der künftigen Unternehmensentwicklung eine große Unsicherheit, so scheint die Idee, den Kaufpreis von der künftigen Unternehmensentwicklung abhängig zu machen, durchaus sinnvoll. Hierdurch können die Skepsis des Käufers und der Optimismus des Verkäufers auf einen Nenner gebracht werden. Es stellt sich allerdings die Frage nach der Zweckmäßigkeit der hier dargestellten konventionellen Berechnungsmethode zur Bestimmung der Earnout-Zahlungen und des Gesamtkaufpreises bzw. der Umsetzung dieser Idee. Beruht der Basispreis auf den pessimistischeren Ertragserwartungen des Käufers, dürfte der Verkäufer – auch unter Berücksichtigung der zusätzlichen Zahlungen nach dieser Methode und entsprechend zahlreicher Berechnungsbeispiele in der Literatur[146] – keinen Kaufpreis erhalten, der der tatsächlichen Performance des Zielunternehmens entspricht. Dies gilt meines Erachtens sogar dann, wenn sich die Erwartungen des Verkäufers gänzlich erfüllen und vereinfachend davon ausgegangen wird, dass nur er von einer besseren als der zugrunde gelegten Performance profitiert.[147] Unter der Prämisse, der Ermittlung des Basispreises liegt eine Ertragswertermittlung entsprechend Formel (2) zugrunde, lässt sich dies folgendermaßen erklären: Die Unternehmenserfolge im Anschluss an die Earnout-Periode werden im Rahmen des

---

[143] Beispiel: Wenn der Gewinn 5.000 Geldeinheiten (GE) übersteigt, hat der Käufer bei der Vereinbarung einer variablen Zusatzzahlung 50 % des Mehrgewinns, bei Vereinbarung einer fixen Zusatzzahlung hingegen pauschal 500 GE an den Verkäufer zu zahlen.
[144] Vgl. Streyl, A. (2001), Rn. 81; Baums, T. (1993), S. 1274; Schulz, S. (2004), S. 43; v. Drygalski, A./Graßl, B. (2007), S. 2; Del Roccili, J.A./Fuhr, J.P. (2001), S. 91.
[145] Vgl. hierzu die Ausführungen in Kapitel 2.3.3.1 und Fußnote 101.
[146] Vgl. u.a. Meuli, H.M. (1996a), S. 942-945; Meuli, H.M. (1996b), S. 57-71; Weiser, M.F. (2004), S. 514f; Labbé, M. (2004), S. 119-121.
[147] Vgl. hierzu Szenario 1 des Berechnungsbeispiels in Anhang 1.

fixen Basispreises durch Ansatz eines Terminal Values[148] berücksichtigt. Dessen Höhe bestimmt sich nach den eher vorsichtigen Erwartungen des Käufers. Durch die Earnout-Zahlungen findet eine Kaufpreisanpassung an die tatsächliche Besser-Performance[149] des Zielunternehmens während der Earnout-Periode statt. Eine Besser-Performance des Unternehmens im Zeitraum danach wird jedoch nicht berücksichtigt. Die Unternehmenserfolge im Anschluss an die Earnout-Periode sind im Gesamtkaufpreis folglich nur in Höhe der ursprünglichen Erwartungen des Käufers zum Zeitpunkt des Vertragsschlusses abgebildet. Hat das Unternehmen aber in diesem Zeitraum bewiesen, dass es die vom Verkäufer prognostizierten Erfolge tatsächlich erwirtschaften kann – weil sich beispielsweise eine neue Technologie am Markt seinen Erwartungen entsprechend erfolgreich durchgesetzt hat – ist es meines Erachtens nicht schlüssig, warum dieser Erfolg für die kommenden Jahre nicht als nachhaltig angesehen wird und rechnerisch entsprechende Berücksichtigung findet.[150] Die nach der konventionellen Berechnungsmethode ermittelten Earnout-Zahlungen dürften aus Sicht des Verkäufers als Ausgleich dafür, dass er zunächst einen unter seinen Erwartungen liegenden Kaufpreis akzeptiert, also ungeeignet sein. Zu diesem Ergebnis müsste auch die Bewertung der Vereinbarung anhand der häufig beschriebenen, komplexen Optionsbewertungsverfahren[151] führen. Entsprechend fraglich ist deshalb, ob sich ein Verkäufer in der Praxis auf die Vereinbarung einer solchen Berechnung überhaupt einlassen würde. Anderes mag gelten, wenn die Parteien ähnliche Erwartungen bezüglich der Unternehmensentwicklung haben, durch eine Earnout-Vereinbarung also keine Preislücke geschlossen, sondern lediglich der Alteigentümer an das Unternehmen gebunden und motiviert werden soll. Die nach der dargestellten Berechnungsmethode ermittelten Earnout-Zahlungen könnten für den Verkäufer demnach allenfalls die Bedeutung eines zusätzlichen ‚Incentives' haben.

Das Ziel, unterschiedliche Wert- und damit Preisvorstellungen zu nivellieren, könnte durch die Vereinbarung einer zusätzlichen Ausgleichszahlung am Ende der Earnout-Periode erreicht werden. Hierzu wäre zunächst der Terminal Value aus

---

[148] Der Terminal Value (auch: End- oder Residualwert) repräsentiert den Wertbeitrag der nach dem Detailprognosezeitraum bzw. nach der Earnout-Periode anfallenden Erfolge. Hierbei wird von einer detaillierten Berechnung abgewichen und es werden vereinfachend konstante oder mit einer festen Rate wachsende Zukunftserfolge unterstellt.

[149] Überschreitet die tatsächliche Performance die vereinbarten Schwellenwerte (also die der Ermittlung des Basispreises zugrunde gelegten, erwarteten Erfolge), wird dies als ‚Besser-Performance' bezeichnet. Werden die Schwellenwerte nicht erreicht, wird entsprechend von einer ‚Schlechter-Performance' gesprochen.

[150] Es finden sich in der Literatur Hinweise, nach denen anhand der dargestellten Berechnungsmethode sogar die Ermittlung eines gänzlich variablen Kaufpreises (bestehend nur aus Earnout-Zahlungen) möglich sein soll. Vgl. Behringer, S. (2004), S. 245; Meuli, H.M. (1996a), S. 942; Labbé, M. (2004), S. 119. Der Kaufpreis bestünde in diesem Fall lediglich aus einem Teil des tatsächlich erwirtschafteten Ergebnisses innerhalb der Earnout-Periode und dürfte demnach nicht annäherungsweise den Kaufpreisvorstellungen des Verkäufers entsprechen.

[151] Zur Bewertung einer Besserungsoption vgl. Kapitel 2.4.3.

dem Betrag, um den das Zielunternehmen im Durchschnitt den erwarteten Erfolg übertroffen hat, zu bestimmen. Ein bestimmter prozentualer Anteil dieses Betrags ergäbe nach Formel (5) die Höhe der Ausgleichszahlung. Hierdurch würde der Unternehmenserfolg des Zielunternehmens nach der Earnout-Periode in Höhe des innerhalb der Earnout-Periode tatsächlich erzielten Erfolgsniveaus im Gesamtkaufpreis Berücksichtigung finden. Eine in der Literatur[152] erwähnte weitere Berechnungsvariante sieht vor, die Earnout-Zahlungen als x-fachen Betrag des Anteils am Mehrergebnis zu ermitteln. Zu ebenfalls adäquaten Resultaten dürfte auch eine Vereinbarung der nachstehend beschriebenen alternativen Berechnungsmethode führen.

2.3.3.1.5.2 Alternative Berechnungsmethode

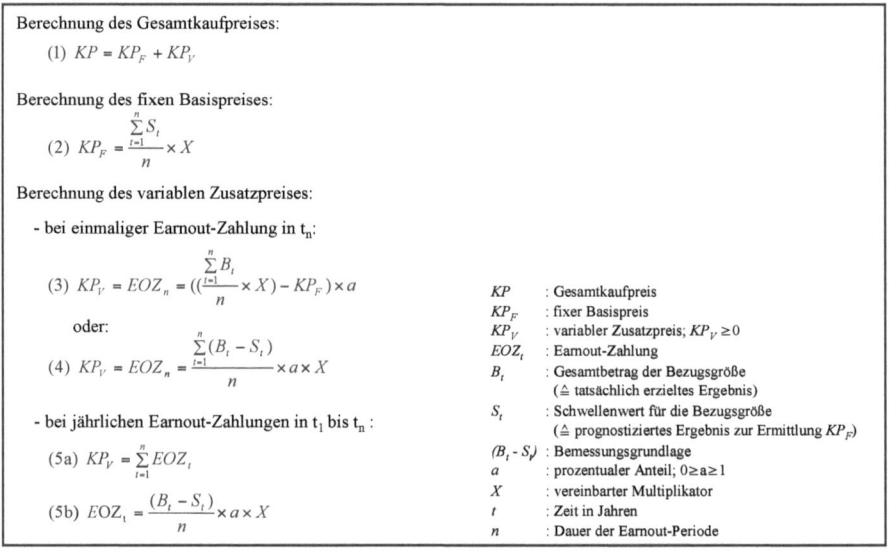

Berechnung des Gesamtkaufpreises:

(1) $KP = KP_F + KP_V$

Berechnung des fixen Basispreises:

(2) $KP_F = \frac{\sum_{t=1}^{n} S_t}{n} \times X$

Berechnung des variablen Zusatzpreises:

- bei einmaliger Earnout-Zahlung in t_n:

(3) $KP_V = EOZ_n = ((\frac{\sum_{t=1}^{n} B_t}{n} \times X) - KP_F) \times a$

oder:

(4) $KP_V = EOZ_n = \frac{\sum_{t=1}^{n}(B_t - S_t)}{n} \times a \times X$

- bei jährlichen Earnout-Zahlungen in t_1 bis t_n:

(5a) $KP_V = \sum_{t=1}^{n} EOZ_t$

(5b) $EOZ_t = \frac{(B_t - S_t)}{n} \times a \times X$

KP : Gesamtkaufpreis
KP_F : fixer Basispreis
KP_V : variabler Zusatzpreis; $KP_V \geq 0$
EOZ_t : Earnout-Zahlung
B_t : Gesamtbetrag der Bezugsgröße
(≙ tatsächlich erzieltes Ergebnis)
S_t : Schwellenwert für die Bezugsgröße
(≙ prognostiziertes Ergebnis zur Ermittlung KP_F)
$(B_t - S_t)$: Bemessungsgrundlage
a : prozentualer Anteil; $0 \geq a \geq 1$
X : vereinbarter Multiplikator
t : Zeit in Jahren
n : Dauer der Earnout-Periode

Abbildung 7: Alternative Berechnungsmethode

Auch bei der Vereinbarung der in Abbildung 7 dargestellten Berechnungsmethode legen die Parteien der Bestimmung des fixen Basispreises eine Erfolgsprognose zugrunde, die eher den Erwartungen des Käufers entspricht. Der Basispreis lässt sich gemäß Formel (2) ermitteln, indem auf den Durchschnitt der prognostizierten

---

[152] Vgl. Wirth, J. (2005), S. 133; Günther, W. (2004), S. 498; Frankel, M. (2005), S. 23.

Ergebnisse[153] innerhalb der Earnout-Periode ein Multiplikator angewendet wird, der von den jeweiligen Marktgegebenheiten abhängig ist. Die Höhe des variablen Zusatzpreises bestimmt sich nach Formel (3) aus dem durchschnittlichen, tatsächlich erzielten Ergebnis innerhalb der Earnout-Periode[154] multipliziert mit dem vereinbarten Faktor. Hierauf kommt der bereits gezahlte Basispreis zur Anrechnung. Das Ergebnis (bzw. ein Anteil hiervon) ist der Betrag, der am Ende der Earnout-Periode an den Verkäufer zu zahlen ist. Wie Gleichung (4) zeigt, lässt sich der variable Zusatzpreis auch direkt errechnen. Hierzu wird auf die durchschnittliche jährliche Differenz zwischen tatsächlich erzieltem und prognostiziertem Ergebnis (bzw. auf einen Teil davon) der Multiplikator angewendet.[155] Soll der variable Zusatzpreis durch jährliche Earnout-Zahlungen abgegolten werden, so ist nach den Formeln (5a) und (5b) die jährliche Differenz von tatsächlich erzieltem und angenommenem Ergebnis durch die Dauer der Earnout-Periode zu dividieren, um den vereinbarten Multiplikator in einem nächsten Schritt auf diesen Betrag (bzw. einen Teil davon) anzuwenden. Im bereits erwähnten Berechnungsbeispiel in Anhang 1 sind die sich nach dieser alternativen Berechnungsmethode ergebenden Kaufpreiszahlungen dargestellt und mit den Zahlungen verglichen, die sich nach der konventionellen Berechnungsmethode ergeben.

Nach der alternativen Berechnungsmethode wird folglich bei der Ermittlung des Gesamtkaufpreises das durchschnittliche Ergebnis innerhalb der Earnout-Periode als nachhaltiges Zukunftsergebnis angenommen und zur Kaufpreisermittlung kapitalisiert. Sie führt die Parteien ein Stück näher an den tatsächlichen Unternehmenswert heran. Da die Earnout-Periode nicht die gesamte Zukunft des Unternehmens darstellt, liegt dem Kaufpreis auch hier letztendlich eine Prognose zugrunde, und zwar die, dass die Ergebnisse der Referenzjahre nachhaltig sind. Allerdings fällt die Prognose realistischer aus, insbesondere dann, wenn das Unternehmen in diesem Zeitraum die unternehmensspezifische Unsicherheit bewältigen konnte.[156]

Bei durchgängiger Besser- oder Schlechter-Performance und bei Anwendung der gleichen Berechnungsmethode (konventionell bzw. alternativ) führt sowohl die Berechnung der jährlichen als auch die der einmaligen Earnout-Zahlung zu gleich hohen Gesamtzahlungen. Allein im Fall einer nur teilweisen Schlechter-Performance innerhalb der Earnout-Periode ergibt sich aus der Berechnung jährlicher Earnout-Zahlungen eine höhere Gesamtzahlung. Da es per Definition nicht zu tatsächlichen Kaufpreisrückzahlungen kommen darf, werden die Jahre der

---

[153] Typischerweise gemessen anhand der Bezugsgröße EBIT(DA).
[154] Hierbei kann entweder ein einfacher oder ein gewichteter Durchschnitt gebildet werden. Letzterer kann den Ergebnissen aktueller Geschäftsjahre ein größeres Gewicht beimessen.
[155] Zu diesen drei Sätzen vgl. Ernst, D. (2002), S. 630; Ernst, D./Häcker, J. (2002), S. 103; Lacher, J./Poppe, H. (1988), S. 1762.
[156] Zu diesen vier Sätzen vgl. Lacher, J./Poppe, H. (1988), S. 1762, 1764.

Schlechter-Performance bei der Berechnung der jährlichen Earnout-Zahlungen nicht berücksichtigt. Anders liegt der Fall bei der Berechnung einer Einmalzahlung: Wird eine teilweise Unterschreitung der vereinbarten Schwellenwerte durch eine Überschreitung in anderen Jahren überkompensiert, kommt es zu einer Zahlung am Ende der Earnout-Periode. In dieser sind die Jahre der Schlechter-Performance jedoch rechnerisch implizit berücksichtigt, so dass die Earnout-Zahlung sozusagen fiktive Kaufpreisrückzahlungen in diesen Jahren beinhaltet. Aus dieser unterschiedlichen Berücksichtigung der Jahre der Schlechter-Performance ergeben sich Gesamtzahlungen in unterschiedlicher Höhe.[157] Grundsätzlich widersprechen die fiktiven Kaufpreisrückzahlungen dem Besserungsoptions-Gedanken, der eine Teilhabe des Verkäufers an der Besser- nicht jedoch an der Schlechter-Performance vorsieht. Eine naheliegende Lösung des Problems scheint eine Nichtberücksichtigung der Ergebnisse aus Jahren der Schlechter-Performance zu sein – auch bei der Berechnung einer einmaligen Earnout-Zahlung. Nach beiden Methoden würde auf diese Weise die Berechnung der jährlichen und die der einmaligen Earnout-Zahlung absolut gesehen zu gleich hohen Gesamtzahlungen führen. Ein solches Vorgehen wäre im Rahmen der konventionellen Berechnungsmethode relativ unbedenklich. Bei Anwendung der alternativen Berechnungsmethode wäre jedoch Folgendes zu bedenken: Ein Ausblenden der Jahre der Schlechter-Performance würde zu einer Anhebung des durchschnittlich erzielten Erfolgs führen. Im Unterschied zur konventionellen Berechnungsmethode würde hierfür jedoch Nachhaltigkeit unterstellt. Am Beispiel eines akquirierten Unternehmens, das in drei von vier Earnout-Jahren die vereinbarten Schwellenwerte signifikant unterschreitet, wird deutlich, dass eine Nichtberücksichtigung der Jahre der Schlechter-Performance zu inakzeptablen Ergebnissen führen dürfte. Dieser Schluss wäre dann nicht nur für die Berechnung einer einmaligen Zahlung ohne Berücksichtigung der Jahre der Schlechter-Performance zu ziehen, sondern auch für die Berechnung der jährlichen Earnout-Zahlungen.

Zusammenfassend liegen die Schwächen der in Kapitel 2.3.3.1.5.1 beschriebenen konventionellen Berechnungsmethode meines Erachtens in einer unangemessen geringen Beteiligung des Verkäufers an einer Besser-Performance. Durch die Anwendung der in diesem Kapitel erläuterten alternativen Berechnungsmethode könnte dieses Problem grundsätzlich gelöst werden. Hierbei ist jedoch zu beachten, dass diese Methode im Fall einer teilweisen Schlechter-Performance innerhalb der Earnout-Periode zu zweifelhaften Ergebnissen führen kann: Bei unveränderter Berechnung einer einmaligen Earnout-Zahlung kommt es zu fiktiven Kaufpreisrückzahlungen. Bei einer modifizierten Berechnung käme es – wie bei der Berechnung jährlicher Earnout-Zahlungen – zu unangemessen hohen Earnout-

---

[157] Diese Zusammenhänge sind im Berechnungsbeispiel in Anhang 1 dargestellt. Vgl. zu diesem Sachverhalt insbesondere Szenario 3.

Zahlungen im Verhältnis zur tatsächlichen Unternehmensperformance. Da der Berechnung des fixen Basispreises die eher verhaltenen Erwartungen des Käufers zugrunde gelegt werden, sollten die in diesem Zusammenhang gesetzten Schwellenwerte mit großer Wahrscheinlichkeit erreichbar sein. Eine durchgängige oder teilweise Schlechter-Performance innerhalb der Earnout-Periode wäre entsprechend als relativ unwahrscheinlich zu beurteilen. Vor diesem Hintergrund dürfte die beschriebene Problematik ohnehin verhältnismäßig selten auftreten. Wäre in diesem Fall die Berechnung einer einmaligen Earnout-Zahlung vereinbart, dürfte ein angemessenes Berechnungsresultat gewährleistet sein. Dies gilt trotz fiktiver Kaufpreisrückzahlungen, da auch bei der Berechnung einer einmaligen Earnout-Zahlung eine tatsächliche Kaufpreisrückzahlung ausgeschlossen ist. Insofern bleibt der Besserungsoptions-Gedanke zumindest in der Gesamtsicht gewahrt.

2.3.3.1.6 Abgrenzung zur Ergebnisgarantie

Durch die Übernahme einer Ergebnisgarantie durch den Verkäufer können wirtschaftliche Resultate erzielt werden, die mit denen einer Earnout-Vereinbarung vergleichbar sind. Hierbei sichert der Verkäufer dem Käufer die Mindesterreichung bestimmter Ziele (z.B. Umsätze oder Erträge) oder den Eintritt eines bestimmten Ereignisses in den nachfolgenden Jahren zu. Der Käufer wird dadurch gegen eine schlechtere als die vom Verkäufer zugesicherte Performance ‚versichert'. Der Kaufpreisfindung können daher die optimistischeren Erwartungen des Verkäufers hinsichtlich der Unternehmensentwicklung zugrunde gelegt werden. Der Käufer ist bereit, einen höheren Preis zu bezahlen, da er für die ‚versicherten Risiken' keinen Risikoabschlag vornehmen muss.[158] Bei einer Earnout-Vereinbarung dagegen werden der Bestimmung des Basispreises zunächst die pessimistischeren Erwartungen des Käufers zugrunde gelegt und der Verkäufer akzeptiert anfänglich einen unter seinen Erwartungen liegenden Kaufpreis.[159] Abbildung 8 vergleicht die Kaufpreiswirkungen beider Vertragsklauseln für den Fall, dass die tatsächliche Unternehmensperformance zwar die Erwartungen des Käufers übertrifft, die des Verkäufers jedoch unterschreitet.

---

[158] Alternativ könnte die gestiegene Zahlungsbereitschaft auch dadurch erklärt werden, dass der Käufer für die Versicherung gewissermaßen eine Versicherungsprämie bezahlt.
[159] Vgl. Baums, T. (1993), S. 1273, 1276; Ragotzky, S. (2003), S. 188.

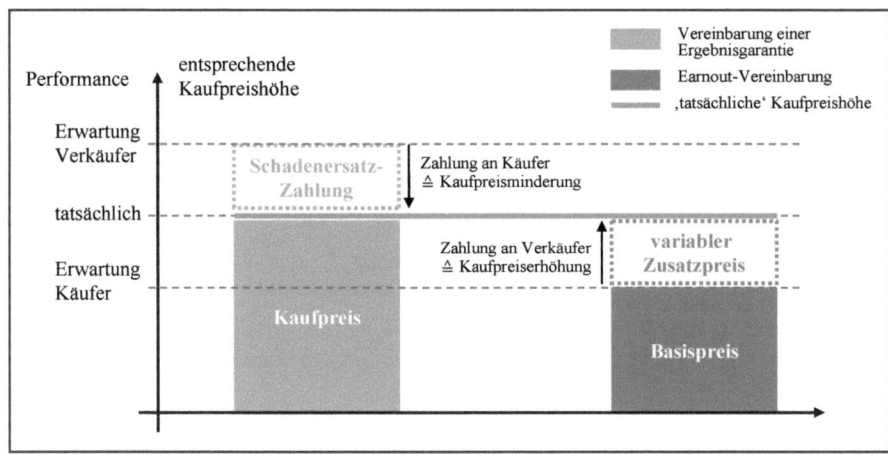

Abbildung 8:   Kaufpreiswirkungen einer Ergebnisgarantie im Vergleich zu einer Earnout-Vereinbarung

Wurde eine Ergebnisgarantie vereinbart, tritt der Garantiefall ein, da sich die zugesicherten Erwartungen nicht erfüllt haben. Soweit die zugesicherten Erwartungen unterschritten wurden, ist der Verkäufer dem Käufer zu Schadenersatz verpflichtet. Diese Zahlung an den Käufer kann als nachträgliche Kaufpreisminderung interpretiert werden. Wurde eine Earnout-Vereinbarung getroffen, hat der Käufer einen Zusatzpreis zu entrichten, da die bei der Ermittlung des Basispreises angenommene Performance übertroffen wird. Diese Zahlung an den Verkäufer entspricht einer nachträglichen Kaufpreiserhöhung.[160] Unter der Voraussetzung, dass sich sowohl die Schadenersatz- als auch die Earnout-Zahlung auf dieselbe Weise bestimmen, dürften beide Vereinbarungen zu einem tatsächlichen Kaufpreis in gleicher Höhe führen. Bei derartigen Umsatz- und Ertragsgarantien bestehen dieselben Manipulationsgefahren wie bei einem Earnout. Folglich sind die erforderlichen Vertragsregelungen ähnlich komplex.[161]

2.3.3.1.7   Vor- und Nachteile

Die Vereinbarung eines Earnouts ist für beide Parteien mit Vorteilen verbunden: Für den Verkäufer ermöglicht sie häufig überhaupt erst das Zustandekommen der Transaktion. Dies gilt insbesondere beim Verkauf von Unternehmen, die kurz vor dem Durchbruch stehen, bei denen also die bisherige Performance die mögliche,

---

[160] Vgl. Vischer, M. (2002), S. 511; Rotthege, G./Wassermann, B. (2002), Rn. 540.
[161] Zu diesem Satz vgl. Bruckner, V. (2007), S. 10.

künftige (vom Verkäufer erwartete) Performance weit unterscheitet.[162] Indem er zunächst einen unter seinen Erwartungen liegenden, festen Kaufpreisanteil akzeptiert, hat der Verkäufer durch die zusätzlichen Earnout-Zahlungen die Chance, einen seinen Erwartungen entsprechenden Kaufpreis zu erzielen, sofern sich diese Erwartungen erfüllen[163]. Er kann einen besseren Preis erzielen, da er keine Risikoabschläge hinnehmen muss, die der vorsichtige Käufer ohne eine Earnout-Vereinbarung vorgenommen hätte.[164] Der schlechter informierte Käufer zahlt zunächst lediglich einen Preis, der seiner Risikoeinschätzung entsprechend gerechtfertigt ist. Da sich die Höhe des variablen Kaufpreisanteils nach der tatsächlichen Entwicklung des Targets richtet, kommt nur dann zu einer Nachzahlung, wenn seine Erwartungen übertroffen werden. Der Käufer erreicht somit eine höhere Sicherheit über die Angemessenheit des gezahlten Preises bzw. kann das Risiko der Bezahlung eines zu hohen Kaufpreises[165] reduzieren.[166] Zudem sind die Earnout-Zahlungen erst in den Folgejahren zu entrichten. Idealerweise lassen sie sich sogar gänzlich durch die erwirtschafteten Cashflows des Targets bedienen – insofern kommt der Vereinbarung eines Earnouts auch eine Finanzierungsfunktion[167] zu.[168]

Dem stehen jedoch auch einige nachteilige Aspekte gegenüber: Der Käufer ist in seiner Bewegungsfreiheit hinsichtlich des übernommenen Unternehmens während der Earnout-Periode erheblich eingeschränkt: Er hat beispielsweise dem Verkäufer die eingeräumten Möglichkeiten zur Einflussnahme und Kontrolle zu gewähren und ist selbst möglicherweise nur eingeschränkt weisungsberechtigt. Da eine trennscharfe Ermittlung der Bezugsgröße eine separate Führung des Zielunternehmens erfordert, muss zunächst von einer vollständigen Integration des Targets abgesehen werden. Dies kann sogar dazu führen, dass bestimmte Vorteile aus der Akquisition – insbesondere Synergien – vorerst nicht realisiert werden können.[169] Für den Verkäufer bedeutet ein Earnout, dass er sich des Unternehmens noch nicht

---

[162] Vgl. v. Braunschweig, P. (2002), S. 1818; Beyer, S./Ihlau, S./Haubold, U. (2006), S. 37.
[163] Wie die vorangehenden Ausführungen des Kapitels 2.3.3.1.5 gezeigt haben, ist dies allerdings nur unter der Voraussetzung einer entsprechenden Berechnung der Earnout-Zahlungen der Fall.
[164] Vgl. Bruski, J. (2005), S. 27; Weiser, M.F. (2004), S. 516; Schulz, S. (2004), S. 42; Bruckner, V. (2007), S. 2; Bruner, R. (2004), S. 613; Lacher, J./Poppe, H. (1988), S. 1763.
[165] Die Regelungen nach IFRS sehen vor, dass der Unternehmenskäufer jährlich den Wert des erworbenen Goodwills ermitteln und einen eventuellen Wertverfall in voller Höhe aufwandswirksam verbuchen muss. Dies verstärkt das Bestreben des Käufers, Überzahlungen zu vermeiden. Vgl. Schulz, S. (2004), S. 42; Dahl, C./Richmond, S. (2003).
[166] Vgl. Ragotzky, S. (2003), S. 177, 188.
[167] Soll lediglich die finanzielle Belastung des Käufers zeitlich gestreckt werden, stehen andere, einfachere Verfahren zur Verfügung, wie z.B. der Unternehmensverkauf auf Rentenbasis, bei dem der Kaufpreis bei Vertragsabschluss feststeht. Vgl. Labbé, M. (2004), S. 117.
[168] Vgl. Labbé, M. (2004), S. 121; Bruski, J. (2005), S. 27; Bruckner, V. (2007), S. 2; Beyer, S./Ihlau, S./Haubold, U. (2006), S. 33.
[169] Vgl. Baums, T. (1993), S. 1275; Weiser, M.F. (2004), S. 517; v. Braunschweig, P. (2002), S. 1817; v. Drygalski, A./Graßl, B. (2007), S. 2; Beyer, S./Ihlau, S./Haubold, U. (2006), S. 37; Harris, R. (2002).

endgültig entäußert hat. In Abhängigkeit von den ihm gewährten Einfluss- und Kontrollmöglichkeiten muss er die Unternehmensentwicklung weiterhin aktiv steuern oder zumindest beobachten und begleiten.[170] Er übernimmt einen Teil des unternehmerischen Risikos über den Zeitpunkt des Unternehmensverkaufs hinaus. Der Verkäufer läuft Gefahr, dass er keine Zusatzzahlungen erhält und sein Unternehmen zu einem Preis verkauft hat, der nicht seiner ursprünglichen Wertvorstellung entspricht. Hat das verkaufte Unternehmen Earnout-Zahlungen erwirtschaftet, unterliegt der Verkäufer dem Risiko, dass der Käufer diese nicht auszahlt.[171] Allgemein sind mit einem Earnout ein enormer Regelungs- und Abwicklungsaufwand und dementsprechend erhebliche interne und externe Kosten verbunden. Trotz sorgfältiger Vertragsgestaltung können Manipulationsrisiken und das hieraus folgende Risiko späterer Streitigkeiten nicht gänzlich ausgeschlossen werden.[172]

2.3.3.1.8 Earnout-Vereinbarungen in der Praxis

Analysen durchgeführter M&A-Transaktionen[173], bei denen Earnouts vereinbart wurden, ergaben Folgendes: Einerseits wurde als Grund für die Vereinbarung die Risikoreduzierung für den Käufer genannt, falls beim Kauf eines Unternehmens und bei dessen Bewertung besondere Unsicherheit und/oder große Informationsasymmetrie bestand. Andererseits wurde die Bindung und Motivation des bisherigen Managements genannt. Vor dem Hintergrund dieser beiden Funktionen des Earnouts lassen sich die Eigenschaften der Unternehmen erklären, bei deren Kauf verstärkt Earnout-Vereinbarungen getroffen wurden. In einer Vielzahl der Fälle sind dies Unternehmen der Hightech-Industrie, die mit ungetesteten Technologien oder Produkten auftreten. Infolge hoher Forschungs- und Entwicklungskosten in der Vergangenheit weisen diese Unternehmen tendenziell hohe unbilanzierte, immaterielle Vermögenswerte auf, deren Bewertung für den Käufer mit großen Unsicherheiten behaftet ist. Oft stammen die Zielunternehmen darüber hinaus aus einem anderen Industriezweig oder einem anderen Land als das Käuferunternehmen, was einen weiteren Risikofaktor in der Bewertung darstellt. Earnouts werden insbesondere beim Kauf nicht börsennotierter Unternehmen oder auch Geschäftsbereichen börsennotierter Gesellschaften vereinbart. Für diese Targets liegen weder geprüfte Jahresabschlüsse vor, noch sind Börsenkurse gegeben, wodurch sich für den Käufer ein besonderer Informationsnachteil gegenüber dem Verkäufer

---

[170] Vgl. Baums, T. (1993), S. 1275; Ballwieser, W. (2005), S. 88.
[171] Vgl. Del Roccili, J.A./Fuhr, J.P. (2001), S. 90; Beyer, S./Ihlau, S./Haubold, U. (2006), S. 36.
[172] Vgl. Bruckner, V. (2007), S. 3, 11; Ballwieser, W. (2005), S. 88.
[173] Im Rahmen der Studie von Kohers, N./Ang, J. (2000) wurden 938 Transaktionen von 1984-1996 untersucht, bei denen Earnout-Vereinbarungen getroffen wurden. Die Studien von Datar, S./Frankel, R./Wolfson, M. (2001) (117 Earnout-Transaktionen, 1996-1997) und Reuer, J.J./Shenkar, O./Ragozzino, R. (2003) (53 Earnout-Transaktionen, 1995-1998) kamen weitgehend zu denselben Ergebnissen.

ergibt. Zudem werden Earnout-Vereinbarungen verstärkt bei Unternehmen aus dem Dienstleistungssektor eingesetzt, deren Wert häufig vom bestehenden Management abhängt. Dieses kann durch eine Earnout-Vereinbarung an das Unternehmen gebunden und motiviert werden. In knapp 70 Prozent der Fälle verblieb das bisherige Management im Zielunternehmen. Im Gegensatz zu den Akquisitionen, bei denen ein Managementwechsel stattfand, wurden hier regelmäßig signifikant höhere Erträge erwirtschaftet. In der Regel beträgt die Earnout-Periode zwischen zwei und fünf Jahren, in denen das Target meist als Tochterunternehmen geführt wird. Als Bezugsgröße zur Ermittlung der Zusatzzahlungen werden zumeist Ertragsgrößen vereinbart.[174]

Earnout-Vereinbarungen wurden in der Vergangenheit in durchschnittlich rund fünf Prozent[175] aller M&A-Transaktionen getroffen. Sie werden, wie vorstehend erläutert, vor allem bei Akquisitionen von kleinen, nicht börsennotierten Unternehmen vereinbart. Da Informationen über solche Transaktionen zumeist nicht öffentlich bekannt gegeben werden, ist davon auszugehen, dass die genannten Zahlen den tatsächlichen Verbreitungsgrad eher unterschätzen.[176]

Earnout-Vereinbarungen werden auch verstärkt bei Käufen durch Private-Equity-Gesellschaften vereinbart. Diese investieren hauptsächlich in junge, nicht börsennotierte, technologieorientierte Unternehmen mit dem Ziel, durch aktive Zusammenarbeit mit dem bisherigen Management eine Wertsteigerung innerhalb von fünf bis sieben Jahren zu erzielen, die über einen anschließenden Verkauf realisiert wird.[177] Beim Verkauf eines Venture-Capital-finanzierten Unternehmens werden ebenfalls verstärkt Earnouts vereinbart. Der Verkauf erfolgt zu einem Zeitpunkt, zu dem die risikoreiche Anlaufphase beendet ist und das Unternehmen kurz vor dem wirtschaftlichen Durchbruch steht.[178]

---

[174] Vgl. Datar, S./Frankel, R./Wolfson, M. (2001), S. 209-212; Kohers, N./Ang, J. (2000), S. 475f.
[175] Die wenigen verfügbaren Angaben differenzieren in Abhängigkeit des zugrunde liegenden Zeitraums und des Sitzes des Unternehmens. Reuer, J.J./Shenkar, O./Ragozzino, R. (2003), S. 24: 1,7 % (1995-1998, US-Käufer, internationale Targets); Datar, S./Frankel, R./Wolfson, M. (2001), S. 218: 4,1 % (1990-1997, US-Käufer, internationale Targets); Chatterjee, R./Erickson, M./Weber, J.P. (2004), S. 9: 5,9 % (1998-3/2003, UK-Käufer, internationale Targets).
[176] Vgl. Ragotzky, S. (2003), S. 177; Weiser, M.F. (2004), S. 515. Beispiele sind die Privatisierung der Tank & Rast AG (1998) und der Bundesdruckerei (2000) an von Apax Partners beratene Beteiligungsfonds. In Anhang 2 findet sich eine Zusammenstellung aktueller Unternehmensakquisitionen, im Rahmen derer Earnout-Vereinbarungen getroffen wurden.
[177] Vgl. Meissner, M.H. (2005), S. 752; Beyer, S./Ihlau, S./Haubold, U. (2006), S. 37.
[178] Sikora, M. (2006), S. 20 beruft sich hierbei auf Daten der Anwaltskanzlei WilmerHale, die in den Jahren 2004 und 2005 für 24 % bzw. 15 % aller Verkäufe von Venture-Capital finanzierten Unternehmen Earnout-Vereinbarungen trafen.

2.3.3.2 Earnout in Form der zweistufigen Unternehmensakquisition

Eine alternative Earnout-Gestaltung ist die zweistufige Unternehmensakquisition[179]. Hier werden im Unterschied zum bereits beschriebenen Besserungsoptions-Modell nicht die gesamten Anteile am Zielunternehmen verkauft, sondern der Käufer erwirbt zunächst nur eine Mehrheitsbeteiligung[180].[181] Im Rahmen des Kaufvertrags werden zugleich Regelungen bezüglich des Übergangs und der späteren Bestimmung des Preises der verbleibenden Anteile getroffen.[182]

Der *Übergang der Minderheitsbeteiligung* kann am Ende der Earnout-Periode automatisch erfolgen (unbedingtes Termingeschäft). Stattdessen können aber auch Optionsrechte[183] auf die verbleibende Minderheitsbeteiligung gewährt werden, so dass der Übergang am Ende der Earnout-Periode nur im Fall der Optionsausübung erfolgt (bedingtes Termingeschäft). In diesem Zusammenhang räumt der Verkäufer dem Käufer eine Call-Option ein, die diesen berechtigt, die restlichen Anteile am Zielunternehmen zu erwerben. Übt der Käufer seine Option nicht aus, läuft der Verkäufer Gefahr, dauerhaft Minderheitsgesellschafter zu bleiben. Eine Call-Option wird der Verkäufer daher im Allgemeinen nur dann gewähren, wenn er seinerseits ebenfalls das Recht hat, dem Käufer die noch gehaltenen Anteile zu verkaufen (Put-Option). Werden die Optionsregelungen kombiniert, so können

---

[179] Diese Earnout-Gestaltung wird auch als ‚Earnout in Gestalt der kombinierten Call/Put Option' (vgl. Rock, H. (2001), S. 51), ‚Earnout bei Teilverkauf des Targets' (vgl. Ernst, D./Häcker, J. (2002), S. 101; Ernst, D. (2002), S. 629) oder ‚mehrstufiger Unternehmens(ver)kauf' (vgl. Ragotzky, S. (2003), S. 178; Weiser, M.F. (2004), S. 513) bezeichnet. Im Folgenden wird vereinfachend von einem Übergang der Anteile in zwei Schritten ausgegangen, weshalb der Begriff ‚zweistufige Unternehmensakquisition' verwendet wird. Obwohl die bilanzielle Behandlung der zweistufigen Unternehmensakquisition nicht Gegenstand dieser Arbeit ist, sei an dieser Stelle auf folgende Beiträge hingewiesen, die sich mit dieser Thematik auseinandersetzen: Krügel, R./Blasin, S. (2006), S. 886-894; Hachmeister, D./Hanschmann, M. (2007), S. 163-172; KPMG (2006), S. 57-69; Senger, T. u.a. (2006), Rn. 106-110; PricewaterhouseCoopers (2006), Rn. 24.132-24.134; Ernst & Young (2006), S. 521-535; KPMG IFRG Limited (2006); KPMG (2007), S. 81-89; Zu den geplanten Änderungen des ED IFRS 3 in diesem Zusammenhang vgl. Lüdenbach, N./Hoffmann, W.-D. (2005), S. 1805-1811; Brücks, M./Richter, M. (2005), S. 410f; Erdmann, M.-K./Wünsch, M./Meyer, U. (2006), S. 391-393; Andrejewski, K.C./Fladung, H.-D./Kühn, S. (2006), S. 87f; Kühne, M./Schwedler, K. (2005), S. 336f.

[180] Im ersten Schritt könnte zunächst auch nur eine Minderheitsbeteiligung erworben werden. Vgl. hierzu Ziegler, A./Birkholz, C. (2005), S. 490.

[181] Vgl. Ernst, D./Häcker, J. (2002), S. 105; Ernst, D. (2002), S. 631; Weiser, M.F. (2004), S. 512f; Ragotzky, S. (2003), S. 178. Nach Bruckner, V. (2007), S. 10 sind Optionen auf Restanteile (ebenso wie Umsatz- oder Ertragsgarantien) nicht als Earnout-Variante, sondern als Alternativen hierzu zu sehen.

[182] Vgl. Ernst, D./Häcker, J. (2002), S. 106; Ernst, D. (2002), S. 631f; Günther, W. (2004), S. 499.

[183] Durch eine Option erhält der Optionsberechtigte das Recht, zu einem bestimmten Zeitpunkt (hier: am Ende der Earnout-Periode) eine bestimmte Menge eines Gutes (Basiswert – hier: Minderheitsbeteiligung) zu einem bestimmten Preis (Ausübungspreis – hier: variabel) zu kaufen (Call) oder zu verkaufen (Put). Der Optionsberechtigte zahlt für dieses Recht ein Entgelt (Optionsprämie – hier ist i.d.R. kein Entgelt zu bezahlen). Vgl. Ziegler, A./Birkholz, C. (2005), S. 493.

2.3 Kaufpreisvereinbarungen

beide Seiten die Veräußerung erwirken, möglicherweise aber zu unterschiedlichen Preisen.[184]

Hinsichtlich der *Ermittlung des Kaufpreises für den Minderheitsanteil* sind vertraglich die gleichen Aspekte zu regeln, wie sie bereits im Zusammenhang mit dem Besserungsoptions-Modell[185] dargestellt wurden. Neben der Wahl einer geeigneten Bezugsgröße und deren Ermittlung zählt hierzu auch die Vereinbarung einer geeigneten Berechnungsmethode.[186] Der Käufer erwirbt die Mehrheitsbeteiligung zu einem festen Preis. Nur der Kaufpreis für die Minderheitsbeteiligung ist von der künftigen Performance des (noch nicht vollständig) verkauften Targets abhängig und somit variabel. Daher gilt die zweistufige Unternehmensakquisition neben dem Besserungsoptions-Modell als weitere Earnout-Variante[187]. Ist ein insgesamt variabler Kaufpreis für die Minderheitsbeteiligung vereinbart, bestimmt sich dieser vollständig nach der tatsächlichen Entwicklung des Zielunternehmens. Zur Ermittlung des Preises wird auf den durchschnittlichen Unternehmenserfolg innerhalb der Earnout-Periode ein vereinbarter Multiplikator angewendet. Das Ergebnis wird auf die Größenordnung der verbleibenden Minderheitsbeteiligung heruntergerechnet.[188] Wurde ein teilweise variabler Kaufpreis vereinbart, setzt er sich aus einem festen und einem variablen Kaufpreisanteil zusammen. In diesem Fall erfolgt die Berechnung des Preises dann analog der in Abbildung 7 des Kapitels 2.3.3.1.5.2 erläuterten Formel (3), bezogen wiederum auf den entsprechenden Minderheitsanteil.[189]

Bei der Vereinbarung einer Besserungsoption bezahlt der Käufer zum Zeitpunkt des Übergangs aller Anteile zunächst einen fixen Kaufpreisanteil. Wurde eine einmalige Earnout-Zahlung vereinbart, so hat der Käufer in Abhängigkeit vom tatsächlichen Unternehmenserfolg eine weitere Zahlung am Ende der Earnout-Periode zu erbringen. Der fixe Kaufpreisanteil hat demnach den Charakter einer Kaufpreiszahlung vorab sowie die Funktion einer Kaufpreisbegrenzung nach unten. Der variable Kaufpreisanteil bewirkt eine spätere Anpassung des Kaufpreises. Bei einer zweistufigen Unternehmensakquisition fallen zum Zeitpunkt des Übergangs des Minderheitsanteils (bei Optionsausübung am Ende der Earnout-Periode) die Bezahlung des fixen und des variablen Kaufpreisanteils zeitlich zusammen.

---

[184] Vgl. Ernst, D. (2002), S. 631; Ernst, D./Häcker, J. (2002), S. 105f; Ziegler, A./Birkholz, C. (2005), S. 491; Ragotzky, S. (2003), S. 179.
[185] Vgl. hierzu Kapitel 2.3.3.1.3 und 2.3.3.1.5.
[186] Vgl. Ziegler, A./Birkholz, C. (2005), S. 495; Günther, W. (2004), S. 500.
[187] Es gibt auch vertragliche Vereinbarungen, nach denen die Option auf den Minderheitsanteil zu einem festen Kaufpreis ausgeübt werden kann. Diese sind dementsprechend per Definition nicht zu den Earnout-Vereinbarungen zu zählen.
[188] Vgl. Ernst, D./Häcker, J. (2002), S. 105f; Ernst, D. (2002), S. 629, 631; Rock, H. (2001), S. 51, 53.
[189] In diesem Zusammenhang ist zu regeln, ob eine Anteilsentwertung zu einem negativen variablen Zusatzpreis und somit einer Minderung des Gesamtkaufpreises oder lediglich zu dessen Wegfall führt. Vgl. Günther, W. (2004), S. 500.

Der Käufer hat in jedem Fall für den Erwerb des Minderheitsanteils nur eine einzige Zahlung zu leisten. Folglich kann dem fixen Kaufpreisanteil nur die Funktion einer Kaufpreisbegrenzung nach unten zukommen. Im *Unterschied zum Besserungsoptions-Modell* liegt die Earnout-Periode nicht nach, sondern vor dem Anteilsübergang. Zu diesem Zeitpunkt ist der variable Kaufpreisanteil bereits bestimmbar und der Gesamtkaufpreis kann abschließend ermittelt werden. Insofern könnte argumentiert werden, dass bei der zweistufigen Unternehmensakquisition der variable Kaufpreisanteil zwar eine erfolgsabhängige, aber eher vergangenheitsorientierte Kaufpreisanpassung darstellt. Würde vertraglich vereinbart, dass auch ein negativer variabler Kaufpreisanteil Berücksichtigung finden soll, käme es bei der zweistufigen Unternehmensakquisition im Unterschied zum Besserungsoptionsmodell nicht zu einer nachträglichen Kaufpreisrückzahlung, sondern zu einer Zahlungsminderung zum Zeitpunkt des Übergangs des Minderheitenanteils.

Da der Verkäufer bei einer zweistufigen Unternehmensakquisition innerhalb der Earnout-Periode am Zielunternehmen beteiligt bleibt, behält er Einfluss als Minderheitsgesellschafter. Darüber hinaus verbleibt er meist in der *Geschäftsführung*. Hierdurch hat er Einfluss auf den Geschäftsverlauf und damit auf den Preis für die restlichen Anteile. Zudem sprechen aus Käufer- und Verkäufersicht die bereits im Zusammenhang mit dem Besserungsoptions-Modell genannten Punkte für eine Geschäftsführung durch den Verkäufer.[190]. Auch hier bedarf es entsprechender vertraglicher Regelungen, um einer Manipulation der Bezugsgröße durch die Parteien vorzubeugen.[191]

Die *Vor- und Nachteile*, die sich für die Parteien aus der Vereinbarung einer zweistufigen Unternehmensakquisition ergeben, sind denen einer Besserungsoptions-Vereinbarung[192] ähnlich: Der Käufer trägt zunächst nur für die sofort erworbenen Anteile das wirtschaftliche Risiko – d.h. die Parteien teilen sich ihrer Beteiligungsquote entsprechend bis zur Optionsausübung das Risiko der künftigen Entwicklung des gesamten Unternehmens.[193] Durch die Vereinbarung eines variablen Kaufpreises, der sich ganz (oder teilweise) nach der künftigen Unternehmensentwicklung bestimmt, werden in Bezug auf die restlichen Anteile für den Verkäufer die Chancen künftiger Wertsteigerungen gewahrt und für den Käufer die Risiken künftiger Wertminderungen vermieden (bzw. begrenzt).[194] Wie beim Besserungsoptions-Modell ist auch hier ein wesentlicher Vorteil aus Käufersicht die höhere Sicherheit über die Angemessenheit des Kaufpreises – zumindest den Minderheitsanteil betreffend. Darüber hinaus hat der Käufer die Möglichkeit, die Gesell-

---

[190] Vgl. hierzu Kapitel 2.3.3.1.2.
[191] Vgl. Rock, H. (2001), S. 51; Rock, H. (2001), S. 268; Ernst, D./Häcker, J. (2002), S. 105; Ernst, D. (2002), S. 631; Ziegler, A./Birkholz, C. (2005), S. 495; Günther, W. (2004), S. 500.
[192] Vgl. Kapitel 2.3.3.1.7.
[193] Vgl. Ragotzky, S. (2003), S. 178; Weiser, M.F. (2004), S. 513.
[194] Vgl. Günther, W. (2004), S. 500.

schaft detailliert zu prüfen, bevor er sich zum Kauf der restlichen Anteile entscheidet. Er kann die Anteile stufenweise finanzieren und vor dem Kauf durch einen Konkurrenten sichern. Wie im Fall der vollständigen Veräußerung des Targets bei gleichzeitiger Vereinbarung einer Besserungsoption hat der Käufer zunächst nicht die alleinige unternehmerische Entscheidungsgewalt und muss mit dem Verkäufer kooperieren.[195]

2.3.4 Koordination der Kaufpreisvereinbarungen mit sonstigen Vertragsklauseln

Sämtliche Vertragsklauseln, die wie Kaufpreisvereinbarungen direkt oder mindestens vom wirtschaftlichen Resultat her (z.b. Garantien) einen Einfluss auf den Kaufpreis haben, müssen koordiniert werden.[196]

Unter der Voraussetzung, dass der Eintritt eines Risikos und die Höhe der hieraus zu erwartenden aufwands- oder abwertungsbedingten Ergebnisminderung hinreichend bestimmbar sind, kann das Risiko in der Abrechnungsbilanz berücksichtigt werden. Beispiele hierfür sind die Bildung von Rückstellungen für Gewährleistungsverpflichtungen oder die Abwertung zweifelhafter Forderungen. Diese Maßnahmen wirken sich auf das Eigenkapital zum Übergangsstichtag aus. Falls ein Net Asset Adjustment[197] vereinbart wurde, kommt es hierdurch zu einer Reduzierung des Kaufpreises bzw. zu einer Belastung des Verkäufers. Soweit Risiken in der Abrechnungsbilanz erfasst wurden, bedarf es keiner weitergehenden vertraglichen Zusicherung des Verkäufers. Insofern führt eine Umsetzung von Risiken in bilanzielle Wertungen – bei gleichzeitiger Vereinbarung einer *vergangenheitsorientierten Kaufpreisanpassung* um Wertänderungen des Eigenkapitals – zu einer wesentlichen Reduzierung des Umfangs der ebenfalls *bestandssichernden Garantien*.[198]

Für hinreichend konkretisierte Risiken kann auch ein *Kaufpreisabschlag* vereinbart werden. Wurden solche Risiken, wie z.B. drohende Verluste aus schwebenden Geschäften bereits durch die Bildung von (Pflicht-)Rückstellungen berücksichtigt, sind diese aus der Abrechnungsbilanz zu entfernen, um eine weitere Belastung des Verkäufers durch eine *vergangenheitsorientierte Kaufpreisanpassung* zu vermeiden.[199]

Gegen noch nicht hinreichend konkretisierte Risiken kann der Käufer durch *Gewährleistungen* des Verkäufers abgesichert werden. Der Verkäufer kann beispiels-

---
[195] Vgl. Ziegler, A./Birkholz, C. (2005), S. 492.
[196] Vgl. Vischer, M. (2002), S. 516.
[197] Vgl. hierzu Kapitel 2.3.2.2.2.2.
[198] Vgl. Beisel, W./Klumpp, H.-H. (2006), Kapitel 16 Rn. 70f, 76, Kapitel 11 Rn. 40; Günther, W. (2004), S. 433.
[199] Vgl. Günther, W. (2004), S. 411, 418, 434; Kästle, F./Oberbracht, D. (2005), S. 68.

weise zusichern, dass alle vor dem Übergangsstichtag verkauften Produkte mangelfrei sind und hieraus keine Produkthaftungsansprüche entstehen. Wurden hierfür bereits (Pflicht-)Rückstellungen[200] gebildet, sind diese in der Abrechnungsbilanz und infolgedessen im Rahmen einer *vergangenheitsorientierten Kaufpreisanpassung* nicht zu berücksichtigen. Ist eine Berücksichtigung dennoch erfolgt, sollten Gewährleistungsansprüche im Umfang der erfolgten Berücksichtigung ausgeschlossen sein. Auch in diesem Fall gilt es, eine Doppelbelastung des Verkäufers zu vermeiden.[201]

Trotz des Fokus der *vergangenheitsorientierten Kaufpreisanpassungsklauseln* auf den Zeitpunkt des Vollzugs und der *Earnout-Klauseln* auf einen Zeitraum danach besteht Koordinationsbedarf. Es gilt zu verhindern, dass ein im Zeitpunkt des Vollzugs bestehendes Risiko zu einer Reduktion des Kaufpreises aufgrund einer vergangenheitsorientierten Kaufpreisanpassung und zu einer weiteren Reduktion des Kaufpreises aufgrund einer zukunftsorientierten Kaufpreisanpassung (Earnout-Klausel) führt. In der Praxis wird dem Problem dadurch begegnet, dass der vergangenheitsorientierten Kaufpreisanpassung Substanzwertüberlegungen und der Earnout-Klausel Ertragswertüberlegungen zugrunde gelegt werden.[202]

Realisiert sich ein Risiko, für das der Verkäufer eine *Garantie* übernommen hat, so ist er zum Schadenersatz verpflichtet. Hierdurch wird der Kaufpreis indirekt gemindert. Wurde zugleich eine *Earnout-Vereinbarung* getroffen und hat der Eintritt des Risikos zu aufwands- oder abwertungsbedingten Ergebnisminderungen und somit zu einer Verminderung der Bezugsgröße geführt, ist eine zusätzliche Reduktion der Earnout-Zahlungen zu vermeiden. Dies bedeutet im Umkehrschluss, dass unter der Voraussetzung einer getroffenen Earnout-Vereinbarung auf Garantien für Risiken verzichtet werden kann, deren Realisation ergebniswirksam ist. Die Risikorealisierung wirkt sich dann direkt auf die Höhe des Kaufpreises aus.[203]

---

[200] Nach IAS 37.14 ist für den Teil des Risikos eine Rückstellung zu bilden, der zu einem wahrscheinlichen Ressourcenabfluss führt und der in seiner Höhe zuverlässig schätzbar ist. Vgl. Heuser, P./Theile, C. (2007), Rn. 2310-2331.
[201] Vgl. Holzapfel, H.-J./Pöllath, R. (2006), Rn. 735; Kästle, F./Oberbracht, D. (2005), S. 116, 162; Günther, W. (2004), S. 434.
[202] Vgl. Vischer, M. (2002), S. 516.
[203] Vgl. Vischer, M. (2002), S. 516; Kästle, F./Oberbracht, D. (2005), S. 116; Bruckner, V. (2007), S. 3.

2.4 Wert der Vertragsklauseln

2.4.1 Bewertungsmethode und Wirkung auf den Kaufpreis

Wie bereits in Kapitel 2.2.2.2 angesprochen, hängt der Wert einer Transaktion nicht nur vom Wert des Zielunternehmens selbst, sondern auch von den im Kaufvertrag getroffenen Vereinbarungen ab. Durch bestimmte Klauseln[204] lassen sich vertragliche Optionen (Transaktionsoptionen) schaffen, die für eine Partei einen zusätzlichen Wert verkörpern, ohne dass sie gleichzeitig für die andere Partei Kosten in vergleichbarer Höhe verursachen. Hierdurch können die jeweiligen Transaktionswerte (Summe aus dem Wert des Unternehmens und dem der Transaktionsoptionen) und infolgedessen die Grenzpreise nachhaltig beeinflusst werden. Insofern lassen sich Transaktionsoptionen gezielt einsetzen, um bei asymmetrischer Information den Einigungsbereich zu vergrößern oder überhaupt erst zu schaffen.[205] Diese Wirkung wird im Folgenden für die Fälle der Vereinbarung einer Garantie und einer Besserungsoption konkretisiert.

Die finanzielle Bewertung von Vertragsklauseln in Unternehmenskaufverträgen hat sowohl in der Forschung als auch in der Praxis bislang wenig Aufmerksamkeit erfahren.[206] Die ökonomisch korrekte Bewertung erfolgt anhand des Realoptionsansatzes, der die Methoden und Techniken zur Bewertung von Finanzoptionen[207] auf Realoptionen überträgt.[208]

---

[204] Hierunter fallen sowohl bedingte Klauseln, die Entscheidungsrechte der Parteien begründen (z.B. Kauf- oder Verkaufsoptionen), als auch unbedingte Klauseln, die Pflichten der Parteien begründen (z.B. Earnout-Vereinbarungen, Kaufpreisanpassungen oder auch Garantien, Gewährleistungen und Freistellungen).

[205] Vgl. Ragotzky, S. (2003), S. 41, 173, 183; Schwetzler, B. (2006), S. 12f.

[206] Vgl. Hilpisch, Y. (2006), S. 2. Chelma, G./Habib, M./Ljungqvist, A.P. (2002) analysieren und erklären in ihrer Arbeit den ökonomischen Nutzen solcher Klauseln modellbasiert. Kaplan, S.N./Strömberg, P. (2003) analysieren in einem Research-Paper Venture-Capital-Investitionen im Hinblick auf die zur Anwendung gelangten Vertragsklauseln. Die Arbeit von Cossin, D./Leleux, B./Saliasi, E. (2002) ist eine der wenigen, die sich explizit mit der Bewertung dieser Klauseln befasst. Die Bewertung von Realoptionen, die im Zielunternehmen bereits vorhanden sind, ist in der Literatur hingegen ausführlich behandelt. Vgl. hierzu u.a. Bruner, R. (2004), S. 424-453; Ernst, D./Häcker, J. (2002), S. 37-60; Hommel, U./Lehmann, H. (2001), S. 121-126; Leithner, S./Liebler, H. (2001), S. 131-154; Rausch, R. (1999). Hierbei geht es darum, den zusätzlichen Wert von Handlungsflexibilitäten im Unternehmen zu erfassen, die von klassischen Bewertungsmethoden ignoriert werden. Der Unterschied zu den Transaktionsoptionen besteht darin, dass diese erst mit der beabsichtigten Unternehmensakquisition entstehen und nicht bereits im Unternehmen angelegt sind.

[207] Die Bewertung erfolgt anhand von Optionspreismodellen. Hierzu zählen analytische Verfahren, wie z.B. das Black-Scholes-Modell, und numerische Verfahren, wie z.B. das Binomial-Modell von Cox, Ross, Rubinstein.

[208] Vgl. Ragotzky, S. (2003), S. 41, 174; Hilpisch, Y. (2006), S. 3, 8.

2.4.2 Garantie

Eine Garantie stellt eine Versicherung des Käufers durch den Verkäufer gegen ein bewertungsrelevantes Risiko dar. Aus Käufersicht kann eine Garantie als Put-Option auf dieses Risiko interpretiert werden. Der schlechter informierte und skeptischere Käufer wird das Risiko größer einschätzen und somit der Garantie durch den Verkäufer bzw. der Put-Option einen höheren Wert beimessen, als der besser informierte und optimistischere Verkäufer. Dieser kann bestimmte Risiken besser einschätzen und beherrschen als der Käufer, weil er unter anderem rechtliche und wirtschaftliche Verhältnisse des Zielunternehmens genau kennt[209]. Die Grenzpreise der Parteien steigen um den Wert, den sie der Put-Option jeweils beimessen.[210] Besteht, wie in folgender Abbildung 9 dargestellt, zwischen den Preisvorstellungen der Parteien beispielsweise eine negative Differenz in Höhe von 20 Geldeinheiten (GE), könnte durch die Vereinbarung einer Garantie ein positiver Einigungsbereich geschaffen werden. In diesem Fall wäre der Käufer bereit, einen um 40 GE höheren Kaufpreis zu bezahlen. Der Verkäufer würde seinerseits hierfür jedoch nur 10 GE mehr verlangen. Zwischen den Wertvorstellungen die Transaktionsoption betreffend bestünde eine Differenz in Höhe von 30 GE. Um diesen Betrag würde sich der Einigungsbereich ändern. Durch vertragliche Zuweisung eines Risikos an die Partei, die es mit geringerem Aufwand vermeiden, versichern oder anderweitig beherrschen kann, wird demzufolge ein gemeinsamer Nutzenzuwachs erreicht. Wäre hingegen die Option für beide Parteien beispielsweise 30 GE und somit gleich viel wert, käme es lediglich zu einer Verschiebung des Einigungsbereiches.[211]

---

[209] Vgl. hierzu die Ausführungen zur Informationsasymmetrie zwischen Käufer und Verkäufer in Kapitel 2.2.1.1.
[210] Die Zahlungsbereitschaft des Käufers steigt, da er durch die Garantie einem geringeren Risiko ausgesetzt ist. Gleichzeitig wird der Verkäufer für deren Gewährung auch einen höheren Kaufpreis verlangen.
[211] Vgl. Ragotzky, S. (2003), S. 41, 173, 183; Schwetzler, B. (2006), S. 12f.

2.4 Wert der Vertragsklauseln

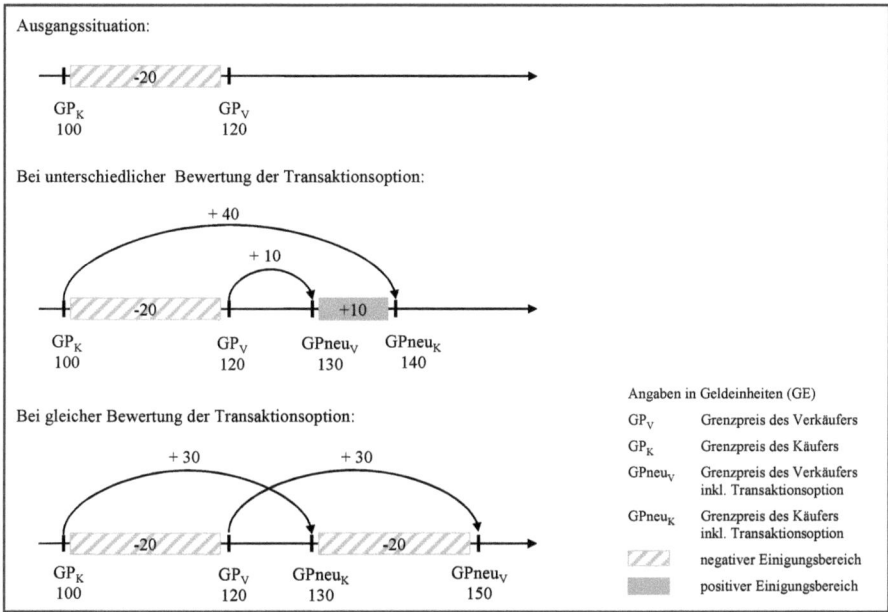

Abbildung 9: *Veränderung des Einigungsbereichs durch Vereinbarung einer Garantie* [212]

2.4.3 Besserungsoption

Eine Besserungsoption kann als Call-Option des Verkäufers auf zukünftige Kaufpreisanpassungen bzw. auf die Teilhabe an künftigen Wertsteigerungen des Unternehmens interpretiert werden.[213] Weil es per Definition nur zu Kaufpreiserhöhungen kommen darf, können die nachträglichen Kaufpreisanpassungen ausschließlich positiv sein. Aus der Besserungsoption resultiert folglich ein asymmetrisch verteiltes Zahlungsstromprofil. Für den Verkäufer ergibt sich das in der folgenden Abbildung 10 dargestellte Chancen-Risikoprofil, welches dem einer Call-Option gleicht. Obwohl kein optionstypisches Ausübungswahlrecht besteht, sind dennoch wirtschaftliche Parallelen zur Ausgestaltung und damit Bewertung einer Option vorhanden: Dem Basisinstrument entspricht die vereinbarte Bezugsgröße zur Ermittlung des Unternehmenserfolgs. Der Basispreis ist mit dem Wert vergleichbar, den die Bezugsgröße annimmt, der Ausübungspreis bestimmt sich durch den vereinbarten Schwellenwert und die Laufzeit der Option entspricht dem

---

[212] In Anlehnung an Schwetzler, B. (2006), S. 12.
[213] Vgl. Ragotzky, S. (2003), S. 177; Rock, H. (2001), S. 272; Weiser, M.F. (2004), S. 518.

Zeitraum bis zur jeweiligen Earnout-Zahlung. Sind z.B. jährliche Earnout-Zahlungen innerhalb einer dreijährigen Earnout-Periode vereinbart, so lässt sich diese Vereinbarung durch drei ein- bis dreijährige Call-Optionen darstellen.[214]

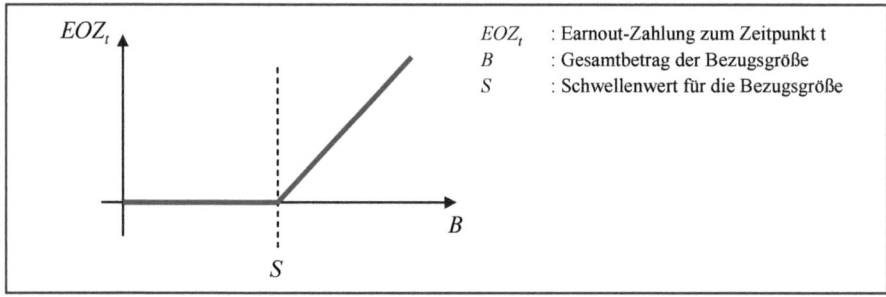

Abbildung 10: Chancen-Risiko-Profil des Verkäufers [215]

Ein so gestaltetes Recht auf zukünftige Zahlungen hat für den Verkäufer einen Wert, der unter Rückgriff auf Optionsbewertungsverfahren ermittelt werden kann. Er ist bereit, seine Kaufpreisvorstellungen um diesen Betrag herabzusetzen[216]. Wie die folgende Abbildung 11 zeigt, kann beispielsweise ein Basispreis in Höhe von 100 GE, der auf den ursprünglich niedrigeren Kaufpreisvorstellungen des Käufers beruht, unter Berücksichtigung des Wertes der Besserungsoption über dem Grenzpreis des Verkäufers in Höhe von 90 GE (120 GE – 30 GE) liegen. Durch die Vereinbarung einer Besserungsoption ist somit ein positiver Einigungsbereich entstanden, der ein Zustandekommen der Transaktion ermöglicht.[217]

---

[214] Vgl. Bruner, R. (2004), S. 616; Beyer, S./Ihlau, S./Haubold, U. (2006), S. 35.
[215] In Anlehnung an Beyer, S./Ihlau, S./Haubold, U. (2006), S. 35.
[216] Der Käufer wird der Einräumung der Besserungsoption ebenfalls einen Wert beimessen, jedoch wird dieser entsprechend seiner pessimistischeren Erfolgserwartungen geringer ausfallen (Voraussetzung für die Schaffung eines Einigungsbereichs). Vgl. Blough, S. u.a. (2007), S. 27; vgl. außerdem die beispielhafte Berechnung des Wertes eines Earnouts in Bruner, R. (2004), S. 624. Seine Zahlungsbereitschaft bzw. sein Grenzpreis würden sich also ebenfalls (wenn auch vergleichsweise weniger) verringern. Von dieser Wirkung auf der Seite des Käufers soll abgesehen werden, da dessen ursprünglicher Grenzpreis als Basispreis herangezogen wird.
[217] Vgl. Beyer, S./Ihlau, S./Haubold, U. (2006), S. 35f; Ragotzky, S. (2003), S. 177.

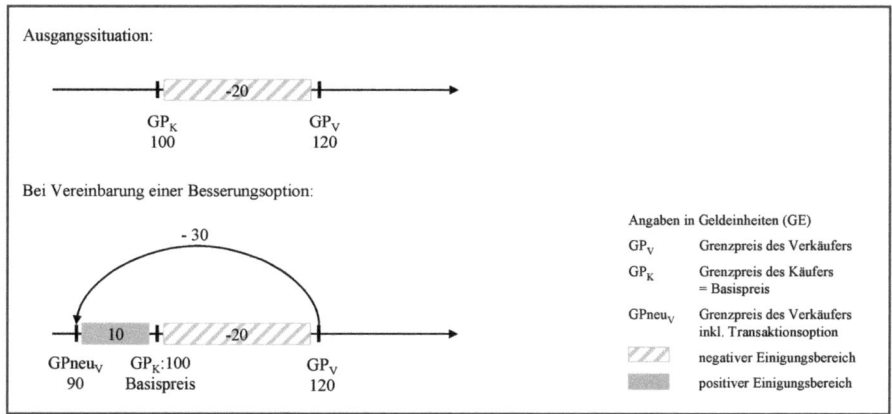

Abbildung 11: Schaffung eines Einigungsbereichs durch Vereinbarung einer Besserungsoption

2.5 Kaufpreiszahlung

2.5.1 Fälligkeitszeitpunkt

Wurde ein vorläufiger Kaufpreis vereinbart, so wird dieser durch mindestens zwei Kaufpreiszahlungen beglichen, von denen die erste in Höhe des vorläufigen Kaufpreises am Übergangsstichtag fällig ist. Die Höhe der zweiten Zahlung hängt vom Ergebnis der Abrechnungsbilanz ab und ist nach deren Erstellung fällig.[218] Ist ein variabler Kaufpreis vereinbart, wird es zu einer Zahlung des Kaufpreises in zwei oder mehr Raten[219] kommen: Die Zahlung des fixen Basispreises erfolgt dabei zum Übergangsstichtag, während die variablen Earnout-Zahlungen zu den vertraglich vereinbarten späteren Zeitpunkten[220] stattfinden. Selbst wenn keine Kaufpreisanpassungen vorgesehen sind, wird der Kaufpreis nur selten vollständig an den Verkäufer ausgezahlt. Dies liegt daran, dass der Käufer einen Teil des Kaufpreises zur Sicherung seiner Gewährleistungsansprüche zurückbehalten will. Daher wird ein bestimmter Teil des Kaufpreises entweder auf ein Treuhandkonto (Escrow Ac-

---

[218] Vgl. Günther, W. (2004), S. 502; Beisel, W./Klumpp, H.-H. (2006), Kapitel 11 Rn. 12; Lips, J./Stratz, R.-C./ Rudo, J. (2004), Rn. 606.

[219] Hinweis: Nach Beisel, W./Klumpp, H.-H. (2006), Kapitel 11 Rn. 13 sind unter Kaufpreisraten i.e.S. betragsmäßig festgelegte Zahlungen mit bestimmter Fälligkeit zu verstehen. Ihre Höhe ist nicht von künftigen Ereignissen abhängig. Insofern kann im Zusammenhang mit Earnout-Zahlungen eigentlich nicht von Raten gesprochen werden, da ihre Höhe bei Vertragsschluss noch nicht feststeht.

[220] Die Zahlungen erfolgen notwendigerweise nach der Aufstellung des entsprechend den vertraglichen Vereinbarungen modifizierten Jahresabschlusses, da aus diesem die Bezugsgröße zur Festsetzung der Höhe der jeweiligen Earnout-Zahlungen ermittelt wird.

count) eingezahlt oder vom Käufer einbehalten[221] (Hold-back). Diese Beträge werden erst nach Ablauf der Gewährleistungsfristen an den Verkäufer ausgezahlt, sofern und soweit keine Gewährleistungsansprüche geltend gemacht wurden.[222] Die Vereinbarung von Ratenzahlungen[223], um dem Käufer die Finanzierung zu erleichtern, ist in der Praxis hingegen die Ausnahme. In der Summe würde sich das Risiko für beide Parteien erhöhen: Im Unterschied zur Vereinbarung eines variablen Kaufpreises würde sich das unternehmerische Risiko des Käufers nicht verringern und der Verkäufer würde das zusätzliche Risiko eines möglichen Forderungsausfalls tragen.[224] Ist der Kaufpreis nicht sofort in voller Höhe zu bezahlen, so wird meist eine angemessene Verzinsung vereinbart.[225]

2.5.2 Akquisitionswährung

Zur Begleichung der Kaufpreiszahlungen kommen verschiedene Akquisitionswährungen in Frage. Neben Barmitteln können auch Gesellschaftsanteile (z.B. Aktien), Fremdkapitaltitel (z.B. Anleihen) oder eine Kombination hieraus eingesetzt werden. Die einfachste Art der Kaufpreisbegleichung ist die Barzahlung. Häufig präferieren Verkäufer diese Zahlungsform, da sie, abgesehen vom Währungsrisiko bei Bezahlung in ausländischer Währung, keinen weiteren Risiken ausgesetzt sind. Eine Alternative bzw. Ergänzung zur Barzahlung ist die Bezahlung mit eigenen Aktien. Hierunter ist die Erbringung der Gegenleistung durch Übertragung von Anteilen am Käuferunternehmen[226] zu verstehen. Der Käufer schont dadurch die eigene Liquidität[227] und verlagert die aus der Informationsasymmetrie resultierenden Risiken und Chancen der Akquisition teilweise auf den Verkäufer. Denn im Gegensatz zum stabilen Barpreis hat dieser an der Entwicklung des Käuferunternehmens teil. Er ist in Höhe seiner Beteiligung am Käuferunternehmen am Risiko beteiligt, dass die erwarteten und in der Akquisitionsprämie berücksichtigten Synergien nicht eintreten. Wenn der Verkäufer sich verpflichtet, die Aktien einen bestimmten Zeitraum zu halten, trägt er ein Kurs- und gegebe-

---

[221] Der Kaufpreiseinbehalt entspricht einer Stundung und spielt in der Praxis wegen des Risikos für den Verkäufer, insbesondere der Gefahr eines Forderungsausfalls, eine eher untergeordnete Rolle.
[222] Vgl. Streyl, A. (2001), Rn. 83-86; v. Schlabrendorff, F. (2001), Rn. 29f; Holzapfel, H.-J./Pöllath, R. (2006), Rn. 527, 787f; Rödder, T./Hötzel, O./Mueller-Thuns, T. (2003), § 8 Rn. 47, 58f; Rotthege, G./Wassermann, B. (2002), Rn. 547-549.
[223] Zu den verschiedenen Formen der Ratenzahlung vgl. Meuli, H.M. (1996b), S. 35-38.
[224] Vgl. Lips, J./Stratz, R.-C./Rudo, J. (2004), Rn. 606; Holzapfel, H.-J./Pöllath, R. (2006), Rn. 776.
[225] Vgl. Beisel, W./Klumpp, H.-H. (2006), Kapitel 11 Rn. 17, 22.
[226] Hierzu kann der Käufer entweder neu geschaffene oder zurückgekaufte eigene Aktien verwenden. Zu den detaillierten Voraussetzungen und rechtlichen Grundlagen zur Schaffung neuer Aktien durch ordentliche oder genehmigte Sachkapitalerhöhungen bzw. Rückkauf eigener Aktien vgl. ausführlich Holzapfel, H.-J./Pöllath, R. (2006), Rn. 298-327; Rotthege, G./Wassermann, B. (2002), Rn. 554-574; Picot, G. (2004), Rn. 68.
[227] Vor allem bei großvolumigen Transaktionen hat die Aktie die monetäre Akquisitionswährung überholt. Diese Zahlungsform ermöglicht Übernahmen, die mit Barmitteln schwerlich finanzierbar wären und ist insbesondere im angelsächsischen Raum üblich. Vgl. Picot, G. (2004), Rn. 68.

nenfalls ein zusätzliches Währungsrisiko, was durchaus zu einem Verfall seiner ‚Kaufwährung' führen kann. Das erhöhte Risiko, das der Verkäufer bei einer Bezahlung mit Aktien auf sich nimmt, schlägt sich in einer höheren Kaufpreisforderung seinerseits nieder und geht daher in der Regel mit der Zahlung einer höheren Akquisitionsprämie einher. Akzeptiert der Verkäufer eine Zahlung in Aktien, so signalisiert er hierdurch Vertrauen in die positive Entwicklung seines Unternehmens, da sich diese auf den Wert der Aktien des Käuferunternehmens auswirken wird.[228]

Durch die Vereinbarung einer Wertsicherungsklausel[229] kann der Verkäufer gegen Risiken abgesichert werden, die in der Wertentwicklung der empfangenen Aktien liegen. Hierdurch garantiert der Käufer für einen bestimmten Zeitraum den Wert der hingegebenen Wertpapiere. Unterschreitet der tatsächliche den vertraglich garantierten Wert zu einem vereinbarten Zeitpunkt nach Erwerb des Zielunternehmens, ist der Käufer zum Ausgleich der Wertdifferenz verpflichtet. Dies kann entweder durch die Ausgabe weiterer Aktien oder durch einen Barausgleich erfolgen. Durch eine solche Vereinbarung ist der Verkäufer bei einer Bezahlung des Kaufpreises mit Wertpapieren im Vergleich zu einer Barzahlung nicht schlechter gestellt. Eine solche Wertsicherungsklausel kann nicht nur für ausgegebene Eigen-, sondern auch Fremdkapitalinstrumente vereinbart werden.[230]

Nicht nur aus der Wertentwicklung der Aktien nach deren Übertragung, sondern auch aus der Wertentwicklung zwischen der Vereinbarung des Kaufpreises und dessen Fälligkeit können sich für den Verkäufer Risiken ergeben. Ist dieser Zeitraum von längerer Dauer, kann sich der Aktienkurs signifikant ändern. Bei der Vereinbarung einer festen Anzahl auszugebender Aktien würde sich dies direkt auf den Kaufpreis auswirken. Dies ist jedoch vermeidbar, indem der Betrag der zu erbringenden Gegenleistung vertraglich fixiert wird und die Anzahl der hierfür auszugebenden Aktien sich nach dem Börsenkurs zum Zeitpunkt der Beendigung des Unternehmenszusammenschlusses bestimmt.[231] Ein ähnliches Resultat kann dadurch erzielt werden, dass die Anzahl der auszugebenden Aktien zwar fixiert, deren Kurs zum Erwerbszeitpunkt durch den Käufer aber gleichzeitig garantiert wird. Hierdurch ist dieser verpflichtet, eine eventuelle Wertdifferenz durch Ausgabe weiterer Anteile oder eine Barzahlung auszugleichen.[232]

---

[228] Vgl. Broda, B.M./Krings, U. (2002), S. 880f; Müller, W. (2001), Rn. 5f; Jung, W. (1993), S. 325; Ernst, D./Häcker, J. (2002), S. 108; Bruner, R. (2004), S. 576; Holzapfel, H.-J./Pöllath, R. (2006), Rn. 298; Rödder, T./Hötzel, O./Mueller-Thuns, T. (2003), § 8 Rn. 46.
[229] Auch als Wertsicherungsgarantie bezeichnet.
[230] Vgl. Wirth, J. (2005), S. 138f; Zelger, H. (2005), S. 125; Küting, K./Wirth, J. (2001), S. 1194.
[231] Vgl. Küting, K./Wirth, J. (2001), S. 1195.
[232] Vgl. hierzu Lüdenbach, N. (2007), Rn. 49 Beispiel Fall A.

3 Bilanzielle Behandlung von Kaufpreisvereinbarungen nach IFRS

3.1 Bilanzierung einer Unternehmensakquisition

Eine Unternehmensakquisition durch Anteilserwerb (Share Deal) gilt als Unternehmenszusammenschluss[233] im Sinne des IFRS 3 ‚Business Combinations' und ist daher entsprechend dessen Regelungen bilanziell abzubilden. Im Rahmen der Erstkonsolidierung ist nach IFRS 3.14 hierzu die Erwerbsmethode (Purchase Method) anzuwenden.[234] Zum Erwerbszeitpunkt sind insbesondere folgende Schritte vorzunehmen:[235]

- Bestimmung der Anschaffungskosten des Unternehmenszusammenschlusses[236]
- Verteilung der Anschaffungskosten auf die erworbenen Vermögenswerte und übernommenen Schulden im Rahmen der Kaufpreisallokation (Purchase Price Allocation)[237]
  - Vollständige Neubewertung und Ansatz der identifizierbaren Vermögenswerte und Schulden[238]
  - Behandlung des Unterschiedsbetrages zwischen den Anschaffungskosten und dem anteiligen, neubewerteten Nettovermögen[239]

Der Erwerbsmethode liegt nach IFRS 3.15 die Annahme zugrunde, dass der Käufer alle Vermögenswerte und Schulden einzeln erworben hat[240] (Einzelerwerbsfiktion). Im Konzernabschluss ist nicht die erworbene Beteiligung des Mutterunternehmens am Tochterunternehmen, sondern stattdessen sind die einzelnen erworbenen Vermögenswerte und Schulden auszuweisen. Alle identifizierbaren Vermögenswerte und Schulden des erworbenen Unternehmens, die die Ansatz-

---

[233] Ein Unternehmenszusammenschluss (Business Combination) ist nach IFRS 3.App.A die Zusammenführung von getrennten Unternehmen zu einem berichtenden Unternehmen. Neben dem Share Deal sind weitere, nach IFRS 3 zu bilanzierende Formen von Unternehmenszusammenschlüssen der Erwerb des Reinvermögens eines anderen Unternehmens (Asset Deal) sowie die Verschmelzung durch Aufnahme oder durch Neugründung. Vgl. IFRS 3.4-3.7; Baetge, J./Hayn, S./Ströher, T. (2006), Rn. 13-20. Wie eingangs erwähnt, wird auf diese Formen im Rahmen dieser Arbeit jedoch nicht eingegangen.
[234] Vgl. Schmidbauer, R. (2005), S. 122.
[235] Zur folgenden Aufzählung vgl. Kühne, M./Schwedler, K. (2005), S. 331; Heuser, P./Theile, C. (2007), Rn. 3214; Baetge, J./Hayn, S./Ströher, T. (2006), Rn. 73; Lüdenbach, N. (2007), Rn. 17; Küting, K./Wirth, J. (2004).
[236] Vgl. IFRS 3.16(b) i.V.m. 3.24-3.35.
[237] Vgl. IFRS 3.16(c) i.V.m. 3.36-3.65.
[238] Vgl. IFRS 3.36 i.V.m. 3.37-3.50.
[239] Vgl. IFRS 3.36 i.V.m. 3.51-3.57.
[240] Für die Zwecke des Konzernabschlusses wird sozusagen ein Asset Deal fingiert.

kriterien des IFRS 3.37 erfüllen, sind bilanzierungspflichtig – dies gilt unabhängig davon, ob sie bereits vom akquirierten Unternehmen bilanziert wurden. Sie sind im Konzernabschluss jeweils in Höhe ihres Fair Values[241] auszuweisen. Hierbei sind im Rahmen der vollständigen Neubewertung stille Reserven und Lasten unabhängig von der Beteiligungsquote des Mutterunternehmens in voller Höhe aufzudecken.[242]

Aus dem zum Fair Value angesetzten Vermögen und den Schulden des akquirierten Unternehmens ergibt sich dessen neubewertetes Eigenkapital respektive Nettovermögen.[243] Da dieses unabhängig von einem eventuell bestehenden Minderheitsanteil in voller Höhe im Konzernabschluss abzubilden ist, muss ein entsprechender Ausgleichsposten in Höhe dieses Anteils passiviert werden.[244]

Den Anschaffungskosten der Beteiligung ist, sofern das Mutterunternehmen nur eine Mehrheitsbeteiligung erworben hat, das anteilige, neubewertete Nettovermögen gegenüberzustellen. Bei einem Erwerb aller Anteile – wovon im Rahmen dieser Arbeit ausgegangen wird – erfolgt eine Gegenüberstellung des vollständigen, neubewerteten Nettovermögens.[245] Hieraus ergibt sich entweder ein positiver Unterschiedsbetrag, der als Geschäfts- oder Firmenwert (Goodwill) zu aktivieren ist, oder ein negativer Unterschiedsbetrag, der erfolgswirksam zu erfassen ist.[246] In jedem Fall wird der Unterschiedsbetrag nur auf den Anteil der Mehrheitsgesellschafter bezogen ermittelt.[247]

Das neubewertete Nettovermögen entspricht dem Substanzwert des Unternehmens. Der Gesamtkaufpreis reflektiert dagegen vor allem den erwarteten künftigen Erfolg des akquirierten Tochterunternehmens.[248] Die hieraus ermittelten Anschaffungskosten entsprechen dem Fair Value des Gesamtunternehmens. Im Regelfall übersteigen sie die Summe der Fair Values der einzelnen Vermögenswerte und Schulden, woraus der Ansatz eines Goodwills resultiert.[249] Im Folgenden wird

---

[241] Der Fair Value (beizulegender Zeitwert) ist gemäß IFRS 3.App.A der Betrag, zu dem zwischen sachverständigen, vertragswilligen und voneinander unabhängigen Geschäftspartnern unter marktüblichen Bedingungen ein Vermögenswert getauscht oder eine Schuld beglichen werden könnte.
[242] Vgl. Baetge, J./Hayn, S./Ströher, T. (2006), Rn. 69, 187; Glaum, M./Vogel, S. (2004), S. 46f; Heuser, P./ Theile, C. (2007), Rn. 3230; Schmidbauer, R. (2005), S. 122.
[243] Vgl. Heuser, P./Theile, C. (2007), Rn. 3230.
[244] Vgl. IFRS 3.40; Schmidbauer, R. (2005), S. 122.
[245] Vgl. Baetge, J./Hayn, S./Ströher, T. (2006), Rn. 189, 197.
[246] Vgl. IFRS 3.51(a), 3.56(b); Lüdenbach, N./Völkner, B. (2006), S. 1435; Schmidbauer, R. (2005), S.122; Gros, S.E. (2005), S. 780.
[247] Vgl. Glaum, M./Vogel, S. (2004), S. 47.
[248] Vgl. Kapitel 2.1.
[249] Vgl. Heuser, P./Theile, C. (2007), Rn. 3210. Ökonomisch betrachtet stellt der Goodwill die Zusammenfassung von im Kaufpreis abgegoltenen Erwartungen bezüglich künftiger Erfolge des akquirierten Unternehmens sowie durch die Akquisition erzielbare Synergien dar, die sich nicht ausreichend spezifizieren lassen, um die bilanziellen Ansatzkriterien zu erfüllen. Vgl. Glaum, M./Vogel, S. (2004), S. 48.

vereinfachend angenommen, dass aus dem Unternehmenszusammenschluss ein positiver oder kein Goodwill resultiert.

Neben dem neubewerteten Nettovermögen determinieren insbesondere die Anschaffungskosten die Höhe des Goodwills. Im Rahmen der Bilanzierung von Unternehmenszusammenschlüssen spielt daher die Bestimmung der Anschaffungskosten – neben dem Ansatz und der Bewertung der erworbenen Vermögenswerte und Schulden – eine zentrale Rolle.[250] Die Vorgehensweise bei der Ermittlung der Anschaffungskosten ist Gegenstand der folgenden Kapitel. Hierbei wird insbesondere darauf eingegangen, welche Positionen in die Anschaffungskosten einzubeziehen sind und mit welchem Wert diese Einbeziehung erfolgt. Darüber hinaus wird dargestellt, wie die Verpflichtungen aus den getroffenen Kaufpreisvereinbarungen in der Bilanz des Käufers zu behandeln sind.

3.2 Anschaffungskosten

3.2.1 Bestandteile der Anschaffungskosten

Wie in der nachstehenden Abbildung 12 dargestellt, entsprechen die Anschaffungskosten eines Unternehmenszusammenschlusses nach IFRS 3.24 dem Wert aller vom Käufer für den Erwerb des Unternehmens gewährten Gegenleistungen, zuzüglich der Anschaffungsnebenkosten. Die Gegenleistung[251] kann durch die Übertragung von Vermögenswerten, wie Zahlungsmittel[252], Eigenkapitalinstrumente (z.B. Aktien), Fremdkapitalinstrumente (z.B. Anleihen) oder sonstige Vermögenswerte erbracht werden. Die Übernahme von Schulden des Verkäufers[253] ist eine weitere Form der Gegenleistung.[254]

---

[250] Vgl. Gros, S.E. (2005), S. 779f.
[251] Im Folgenden wird der in IFRS 3 verwendete Begriff ‚Consideration' mit ‚Gegenleistung' oder auch ‚Kaufpreiszahlung' übersetzt. Der ebenfalls in IFRS 3 verwendete Begriff ‚Cost of a Business Combination' wird mit ‚Anschaffungskosten (des Unternehmenszusammenschlusses)' übersetzt. Insbesondere in der deutschen Literatur (z.B. in Hachmeister, D. (2005), Rn. 42-45 und Zelger, H. (2005), S. 124f) wird zwischen ‚Gegenleistung' und ‚Anschaffungskosten' nicht immer klar unterschieden, was insbesondere im Zusammenhang mit den in Kapitel 3.5 erläuterten Contingent Considerations zu Unklarheiten führen kann.
[252] Zahlungsmittel umfassen nach IAS 7.6 Barmittel und Sichteinlagen.
[253] Es ist zwischen Schulden des Verkäufers und Schulden des Zielunternehmens zu unterscheiden. Letztere erhöhen nicht die Anschaffungskosten, sondern werden nur im Rahmen der Kaufpreisallokation berücksichtigt.
[254] Vgl. Baetge, J./Hayn, S./Ströher, T. (2006), Rn. 101; PricewaterhouseCoopers (2006), Rn. 25.110f. Zu den verschiedenen Akquisitionswährungen vgl. Kapitel 2.5.2.

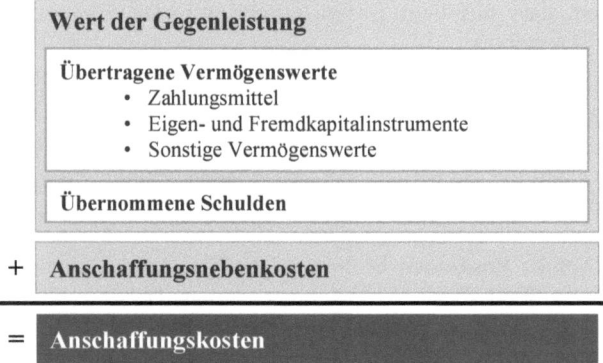

Abbildung 12: Bestandteile der Anschaffungskosten [255]

Im einfachsten Fall wird, wie die folgende Abbildung 13 zeigt, die Gegenleistung für den Erwerb des Unternehmens in Form einer sofortigen Kaufpreiszahlung zum Closing bzw. Erwerbszeitpunkt[256] erbracht. Daneben können sich die Vertragsparteien darauf einigen, dass der Kaufpreis ganz oder teilweise erst nach dem Erwerbszeitpunkt, beispielsweise in Form von Ratenzahlungen, beglichen werden soll. Eine solche, zeitlich verzögerte Zahlung wird auch als Deferred Consideration bezeichnet. Sowohl der Eintritt als auch die Höhe dieser Zahlung sind bereits zum Zeitpunkt der Erstkonsolidierung bekannt – es besteht also keine Unsicherheit bezüglich des endgültigen Kaufpreises und somit der Anschaffungskosten der Beteiligung. Hierin liegt der Unterschied zu einer bedingten Kaufpreiszahlung, der so genannten Contingent Consideration, deren Eintritt und Höhe von künftigen Ereignissen innerhalb eines bestimmten Zeitraums nach dem Erwerbzeitpunkt abhängig ist.[257]

---

[255] In Anlehnung an Zelger, H. (2005), S. 103.
[256] Der Erwerbszeitpunkt (Acquisition Date) ist nach IFRS 3.25 i.V.m. 3.App.A der Zeitpunkt, zu dem der Erwerber die Beherrschung über das erworbene Unternehmen erlangt. Dies ist der Zeitpunkt der Erstkonsolidierung. IFRS 3 stellt mit der Definition des Erwerbszeitpunktes nicht auf die vertragliche, sondern auf die tatsächliche Konstellation ab. Nach IFRS 3.39 ist der rechtliche Abschluss der Transaktion für die Erlangung der Beherrschung nicht notwendig. Demnach könnte der Erwerbszeitpunkt dem Closing durchaus zeitlich vor- oder nachgelagert sein. Vgl. hierzu ausführlich Baetge, J./Hayn, S./Ströher, T. (2006), Rn. 92-98. Im Folgenden ist vom Zusammenfallen beider Zeitpunkte auszugehen.
[257] Vgl. Weiser, M.F. (2005), S. 270; PricewaterhouseCoopers (2006), Rn. 25.148.

3.2 Anschaffungskosten

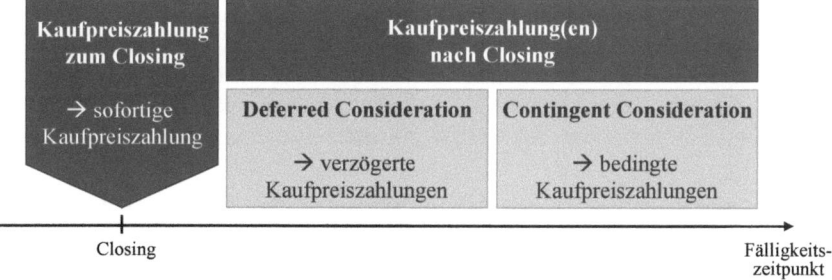

Abbildung 13: Arten von Kaufpreiszahlungen nach ihrer Fälligkeit

Die einzelnen Komponenten der Gegenleistung sind gemäß IFRS 3.24(a) in Höhe ihrer Fair Values zum Tausch- bzw. Erwerbszeitpunkt[258] als Anschaffungskosten anzusetzen.[259] Lediglich bei einer sofortigen Kaufpreiszahlung durch Übertragung von Zahlungsmitteln entspricht der Fair Value dem Nominalwert der abgeführten Zahlungsmittel. Werden zur Begleichung des Kaufpreises andere Vermögenswerte übertragen, erfolgen die Kaufpreiszahlungen dem Erwerbszeitpunkt zeitlich nachgelagert oder sind sie an sich und in ihrer Höhe noch ungewiss, so erfolgt die Bestimmung der Fair Values nach besonderen Bewertungsregeln.[260] Die hierbei nach IFRS[261] zu beachtenden Regelungen werden in den Kapiteln 3.3 bis 3.5 dargestellt.

3.2.2 Anschaffungsnebenkosten

In die Anschaffungskosten des Unternehmenszusammenschlusses sind auch Anschaffungsnebenkosten einzubeziehen.[262] Nach IFRS 3.29 fallen hierunter *alle Kosten, die dem Unternehmenserwerb direkt zurechenbar* sind. Hierzu zählen in

---

[258] Der Tauschzeitpunkt (Date of Exchange) ist nach IFRS 3.25 i.V.m. 3.App.A der Zeitpunkt, zu dem ein Erwerb von Anteilen des Zielunternehmens im Abschluss des Käufers erfasst wird. Erlangt der Käufer erst nach mehreren Erwerbsschritten die Kontrolle über das Zielunternehmen (sukzessiver Anteilserwerb), gibt es mehrere Tauschzeitpunkte, jedoch nur einen Erwerbszeitpunkt. Erlangt der Käufer die Kontrolle in einem einzigen Erwerbsschritt, fallen Tausch- und Erwerbszeitpunkt zusammen. Vgl. Glaum, M./Vogel, S. (2004), S. 46. Da hiervon in dieser Arbeit ausgegangen wird, wird der Zeitpunkt, zu dem die Fair Values zu bestimmen sind, im Folgenden vereinfachend als ,Erwerbszeitpunkt' bezeichnet. Zur detaillierten Abgrenzung und Erläuterung der genannten Begrifflichkeiten vgl. Lüdenbach, N. (2007), Rn. 23-30.
[259] Vgl. Wirth, J. (2005), S. 126; Zelger, H. (2005), S. 102-104.
[260] Vgl. Baetge, J./Hayn, S./Ströher, T. (2006), Rn. 101; Weber, C.-P. (2007), Rn. 27; Senger, T. u.a. (2006), Rn. 43; PricewaterhouseCoopers (2006), Rn. 25.109; Lüdenbach, N. (2007), Rn. 17.
[261] Wie die folgenden Ausführungen zeigen werden, sind zur Bestimmung der Anschaffungskosten die Regelungen des IFRS 3 teilweise nicht ausreichend. Es ist daher in Anwendung der IAS 8.11 und 8.12 auf Standards, die ähnliche Sachverhalte behandeln, wie z.B. die Regelungen des IAS 32 und des IAS 39, oder auf Regelungen anderer Standardsetter zurückzugreifen.
[262] Vgl. IFRS 3.24(b).

erster Linie an Wirtschaftsprüfer, Juristen und andere, in Zusammenhang mit dem Unternehmenserwerb tätigen Berater gezahlte Honorare, beispielsweise für Rechtsberatungen, Unternehmensbewertungen oder die Durchführung der Due Diligence. Sämtliche als Anschaffungsnebenkosten zu qualifizierende Kosten bewirken eine Erhöhung der Anschaffungskosten und hieraus resultierend des Goodwills.[263]

Kosten, die dem Unternehmenserwerb nur indirekt zurechenbar sind, müssen sofort als Aufwand verbucht werden. Hierunter fallen zumeist Kosten, die beim Käufer intern entstanden sind, wie z.B. allgemeine Verwaltungskosten einschließlich des laufenden Unterhalts einer M&A-Abteilung.[264] Inwieweit intern angefallene Einzel- und variable Gemeinkosten, die dem Unternehmenserwerb direkt zugerechnet werden können, zu den Anschaffungsnebenkosten zu zählen sind, ist umstritten.[265] Kosten, die durch die Beauftragung eines Dritten mit der Suche nach einem potentiellen Akquisitionsobjekt entstanden sind, müssen grundsätzlich als Aufwand behandelt werden. Dies gilt nicht, wenn diese Kosten nur in Abhängigkeit eines hieraus resultierenden Unternehmenszusammenschlusses anfallen. In diesem Fall stehen sie im Zusammenhang mit einer speziellen Transaktion und sind daher als Anschaffungsnebenkosten zu qualifizieren.[266]

Ausgenommen von einer Einbeziehung in die Anschaffungsnebenkosten sind sämtliche im Zusammenhang mit der Kapitalbeschaffung zur Finanzierung des Unternehmenserwerbs angefallene Kosten.[267] Hierzu zählen *Kosten der Emission von Eigenkapital- und von Fremdkapitalinstrumenten.*[268] Diese werden auch als Transaktionskosten bezeichnet und umfassen zusätzlich angefallene Kosten, die der Emission eines Finanzinstruments unmittelbar zurechenbar sind. Als Beispiele können in diesem Zusammenhang an Vermittler, Berater, Wertpapierbörsen und

---

[263] Vgl. PricewaterhouseCoopers (2006), Rn. 25.139, 25.141; Lüdenbach, N. (2007), Rn. 33.
[264] Vgl. Senger, T. u.a. (2006), Rn. 47; Lüdenbach, N. (2007), Rn. 32f; Hachmeister, D. (2005), Rn. 37.
[265] Vgl. Hachmeister, D. (2005), Rn. 37. Fraglich ist z.B. die richtige Klassifizierung der Bezüge eines Mitarbeiters einer internen M&A-Abteilung, der innerhalb eines bestimmten Zeitraumes ausschließlich im Rahmen dieses speziellen Unternehmenserwerbs tätig war. Nach Senger, T. u.a. (2006), Rn. 47 und Lüdenbach, N. (2007), Rn. 33 sind diese Kosten als Anschaffungsnebenkosten zu behandeln, da sie, obwohl sie fix sind, direkt zurechenbar sind. KPMG (2007), S. 111 vertritt die Meinung, dass die Kosten einer M&A-Abteilung grundsätzlich als allgemeine Verwaltungskosten zu behandeln und somit nicht in die Anschaffungsnebenkosten einzubeziehen sind. In einer solchen speziellen Situation wird allerdings ein Wahlrecht des Käufers gesehen. Es wird jedoch darauf hingewiesen, dass die Akquisitionskosten i.d.P. erfahrungsgemäß nur externe Kosten reflektieren. Auch Heuser, P./Theile, C. (2007), Rn. 3220 argumentieren, dass diese Problematik kaum praktische Relevanz hat, da interne Kosten im Regelfall nicht ausschließlich für eine bestimmte Akquisition anfallen bzw. nicht wesentlich sind. PricewaterhouseCoopers (2006), Rn. 140, 146 erachten eine Aktivierung intern entstandener Kosten als generell unzulässig.
[266] Vgl. KPMG (2007), S. 111f; Ernst & Young (2006), S. 457. Nach PricewaterhouseCoopers (2006), Rn. 25.144 ist nur der Teil der Gebühren als Anschaffungsnebenkosten zu behandeln, der in direktem Zusammenhang mit dem gekauften Unternehmen steht.
[267] Vgl. Heuser, P./Theile, C. (2007), Rn. 3221; PricewaterhouseCoopers (2006), Rn. 25.134.
[268] Vgl. IFRS 3.30-3.31.

Händler gezahlte Gebühren, Provisionen und Abgaben angeführt werden.[269] Statt als Anschaffungsnebenkosten aktiviert zu werden, verringern Transaktionskosten im Falle eines Eigenkapitalinstruments den Erlös aus der Aktienemission und werden direkt gegen das Eigenkapital (die Kapitalrücklage) gebucht.[270] Handelt es sich bei der Emission um ein Fremdkapitalinstrument, so mindern sie ebenfalls dessen Wertansatz zum Erstbewertungszeitpunkt.[271] Die Höhe dieser Kosten beeinflusst dementsprechend nicht die Höhe der Anschaffungskosten, sondern lediglich den Wertansatz der zum Kauf hingegebenen Finanzinstrumente in der Bilanz des Käufers.[272]

Es ist möglich, dass sich ein *Unternehmen zum Bilanzstichtag im Akquisitions-Prozess* befindet und ihm hieraus bereits Kosten entstanden sind, die einem künftigen Unternehmenserwerb direkt zurechenbar wären. In diesem Fall ist zu prüfen, ob die Ausgaben die Definitionskriterien eines Vermögenswertes[273] erfüllen. Hierbei ist insbesondere die Wahrscheinlichkeit des künftigen Nutzenzuflusses in Form des Erfolges eines bestimmten Unternehmenszusammenschlusses abzuschätzen. Falls zum Abschlussstichtag noch die Wahl zwischen mehreren Akquisitionsalternativen besteht, ist ein solcher als unwahrscheinlich zu beurteilen. In diesem Fall sind die getätigten Ausgaben erfolgswirksam zu erfassen. Steht hingegen ein konkretes Akquisitionsobjekt fest, besteht die Möglichkeit, alle Ausgaben zu aktivieren, die nach dem Zeitpunkt entstanden sind, zu dem ein Zusammenschluss wahrscheinlich wurde. Wenn es im Folgejahr zum Zusammenschluss kommt, so werden die aktivierten Beträge als Anschaffungsnebenkosten umqualifiziert, anderenfalls aufwandswirksam aufgelöst.[274]

Ausgaben, die aus dem Unternehmenszusammenschluss resultieren, sind nicht als Anschaffungsnebenkosten zu erfassen. Dazu gehören beispielsweise Kosten für die Anpassung des Rechnungswesens oder für Bewertungen der erworbenen Vermögenswerte und Schulden in Zusammenhang mit der durchzuführenden Kaufpreisallokation. Derartige Kosten entstehen eher in Verbindung mit der Integration als mit der Akquisition des Zielunternehmens. Sie sind dem Unternehmenszu-

---

[269] Wegen des Verweises in IAS 32.12 hat die Definition der Transaktionskosten des IAS 39.9 in Zusammenhang mit der Emission von Fremdkapitalinstrumenten auch in Zusammenhang mit der Emission von Eigenkapitalinstrumenten Gültigkeit. IAS 39.AG13 gibt weitere konkrete Beispiele für Transaktionskosten. Agio oder Disagio für Schuldinstrumente, Finanzierungskosten sowie interne Verwaltungs- oder Haltekosten sind keine Transaktionskosten.
[270] Vgl. IAS 32.35 i.V.m. 32.37.
[271] Vgl. IAS 39.43 i.V.m. 39.IGE.1.1.
[272] Vgl. Hachmeister, D. (2005), Rn. 38, 41; Senger, T. u.a. (2006), Rn. 49; Clemens, R./Hebestreit, G. (2006), Rn. 31-33; Schulze Osthoff, H.-J./Schulz-Danso, M. (2006), Rn. 54; PricewaterhouseCoopers (2006), Rn. 25.137f; KPMG (2007), S. 111, 355, 569; Ernst & Young (2006), S. 457.
[273] Ein Vermögenswert wird in F.49(a) als Ressource definiert, die aufgrund von Ereignissen der Vergangenheit in der Verfügungsmacht des Unternehmens steht, und von der ein künftiger wirtschaftlicher Nutzen für das Unternehmen erwartet wird.
[274] Vgl. Ernst & Young (2006), S. 458; Baetge, J./Hayn, S./Ströher, T. (2006), Rn. 111.

sammenschluss folglich nicht direkt zurechenbar und daher erfolgswirksam als Aufwand zu erfassen.[275]

3.3 Sofortige Kaufpreiszahlung

Der Wert der Gegenleistung bestimmt sich grundsätzlich nach deren Fair Value zum Erwerbszeitpunkt. Erfolgt die sofortige Zahlung durch *Übertragung von Zahlungsmitteln*, so entspricht der Fair Value der Höhe des entrichteten Betrages.[276]

Erwirbt der Käufer das Zielunternehmen durch *Ausgabe von Eigenkapitalinstrumenten*, wie z.B. eigenen Aktien, so sind zur Ermittlung des Fair Values zum Erwerbszeitpunkt die Vorschriften des IFRS 3.27 – unter Berücksichtigung der konkreteren Regelungen zur Wertermittlung von Eigenkapitalinstrumenten des IAS 39[277] – zu beachten.[278] Grundsätzlich gilt die widerlegbare Vermutung, dass bei börsennotierten Wertpapieren der veröffentlichte Börsenkurs[279] zum Erwerbszeitpunkt der beste Anhaltspunkt zur Ermittlung des Fair Values ist. Der Wert der Gegenleistung ergibt sich dann aus der Anzahl der ausgegebenen Wertpapiere multipliziert mit diesem Börsenkurs.[280]

Von der Bewertung zu Börsenpreisen darf nur abgewichen werden, wenn es an einer Börsennotierung der übertragenen Anteile fehlt oder wenn der Käufer nachweisen kann, dass einerseits der veröffentlichte Börsenkurs kein zuverlässiger Indikator für den Fair Value der hingegebenen Aktien ist, und andererseits andere Indikatoren und Bewertungsmethoden einen verlässlicheren Bewertungsmaßstab darstellen. Ein Börsenkurs gilt nur dann nicht als zuverlässiger Indikator, wenn die notierten Wertpapiere nur in geringem Umfang oder gar nicht gehandelt werden. In diesem Fall reflektiert der Kurs nur eingeschränkt die aktuelle Entwicklung und

---

[275] Vgl. IAS 3.29; KPMG (2007), S. 111; Senger, T. u.a. (2006), Rn. 48; PricewaterhouseCoopers (2006), Rn. 25.145. Kosten der Bewertung des Zielunternehmens im Vorfeld des Unternehmenskaufes können hingegen als Anschaffungsnebenkosten angesetzt werden.
[276] Vgl. Baetge, J./Hayn, S./Ströher, T. (2006), Rn. 101.
[277] Insbesondere IAS 39.48-39.49, IAS 39.AG69-39.AG82. Da IFRS 3.27 ausdrücklich auf die Regelungen des IAS 39 verweist, wird der Ausschluss seiner Anwendung in IAS 39.2(d) auf Eigenkapitalinstrumente umgangen.
[278] Vgl. Hachmeister, D. (2005), Rn. 40; Wirth, J. (2005), S. 128; Baetge, J./Hayn, S./Ströher, T. (2006), Rn. 106; Ernst & Young (2006), S. 457.
[279] IFRS 3.27 selbst macht keine expliziten Angaben, ob hier der höhere Brief-, der niedrigere Geld- oder ein Mittelkurs heranzuziehen ist. Würde der Verkäufer die erhaltenen Aktien sofort verkaufen, so würde er am Markt hierfür nur den Geldkurs erhalten, weswegen er die Aktienanzahl hierauf basierend verhandeln wird. Daher ist gemäß IAS 39.AG72 der Geldkurs zu verwenden. Vgl. KPMG (2007), S. 110; Ernst & Young (2006), S. 456; PricewaterhouseCoopers (2006), Rn. 25.118; Zelger, H. (2005), S. 104.
[280] Vgl. Baetge, J./Hayn, S./Ströher, T. (2006), Rn. 104; Wirth, J. (2005), S. 127.

Performance des Unternehmens, weil er möglicherweise durch die bestehende Marktenge beeinflusst wurde.[281] Sind in einem solchen Fall die Anteile des erworbenen Unternehmens börsennotiert, und deren Wert daher klarer zu ermitteln, kommt alternativ eine umgekehrte Wertermittlung in Frage: Aus dem Börsenwert der gekauften Anteile wird Rückschluss auf den Fair Value der hingegebenen Eigenkapitalinstrumente gezogen.[282] Falls auch für die Anteile des erworbenen Unternehmens kein verlässlicher Börsenkurs gegeben ist, der Fair Value eines der beiden Unternehmen aber anderweitig ermittelbar ist[283], kann folgendermaßen verfahren werden: Der anzusetzende Wert entspricht dann dem durch die ausgegebenen Aktien verkörperten proportionalen Anteil am jeweiligen Unternehmenswert. Die Entscheidung für einen der beiden Werte ist davon abhängig, welcher Wert eindeutiger zu ermitteln ist.[284] Wurde dem Verkäufer des erworbenen Unternehmens als Alternative zur Zahlung des Kaufpreises in Aktien eine Barzahlung angeboten, kann auch aus deren Höhe der beizulegende Zeitwert der Wertpapiere abgeleitet werden.[285] Weitere Anhaltspunkte zur Ermittlung des Fair Values der hingegebenen Aktien sind Kurs-Gewinn-Verhältnisse, Dividendenrenditen und erwartete Wachstumsraten von vergleichbaren Instrumenten ähnlicher, börsennotierter Unternehmen.[286]

Erfolgt der Unternehmenserwerb durch *Übertragung anderer Wertpapiere*, wie z.B. Anleihen oder Optionen, erfolgt die Ermittlung des Fair Values der Gegenleistung wie im Fall des Erwerbs durch Ausgabe von Eigenkapitalinstrumenten. Gibt es für die Wertpapiere einen Marktpreis, so ist auf diesen abzustellen. Sind sie nicht notiert oder ist ihr Marktpreis kein zuverlässiger Indikator zur Ermittlung des Fair Values, so erfolgt ebenfalls eine alternative Bewertung wie vorstehend beschrieben.[287]

---

[281] Vgl. IFRS 3.27; Baetge, J./Hayn, S./Ströher, T. (2006), Rn. 104; Weber, C.-P. (2007), Rn. 28; Epstein, B.J./Jermakowicz, E.K. (2007), S. 405; PricewaterhouseCoopers (2006), Rn. 25.121; Gros, S.E. (2005), S. 780f. Außergewöhnliche Kursschwankungen in der Nähe des Transaktionszeitpunktes sind nach IFRS 3.BC69 entgegen der alten Regelungen des IAS 22 kein Grund mehr, auf eine Durchschnittsbetrachtung auszuweichen. Vgl. PricewaterhouseCoopers (2006), Rn. 25.120; Wirth, J. (2005), S. 128.

[282] Vgl. Hachmeister, D. (2005), Rn. 41; Lüdenbach, N. (2007), Rn. 37; Heuser, P./Theile, C. (2007), Rn. 3220; Zelger, H. (2005), S. 104; Senger, T. u.a. (2006), Rn. 45.

[283] Die Wertermittlung hat gemäß IAS 39.AG74 nach anerkannten Bewertungsmodellen, wie z.B. dem DCF-Verfahren, zu erfolgen. Vgl. Zelger, H. (2005), S. 104; Wirth, J. (2005), S. 129; Hachmeister, D. (2005), Rn. 41.

[284] Vgl. Wirth, J. (2005), S. 128f; Baetge, J./Hayn, S./Ströher, T. (2006), Rn. 106; Weber, C.-P. (2007), Rn. 29; Ernst & Young (2006), S. 456; PricewaterhouseCoopers (2006), Rn. 25.122; Gros, S.E. (2005), S. 781.

[285] Vgl. Baetge, J./Hayn, S./Ströher, T. (2006), Rn. 108; Senger, T. u.a. (2006), Rn. 45, Ernst & Young (2006), S. 456; PricewaterhouseCoopers (2006), Rn. 25.123; Gros, S.E. (2005), S. 781.

[286] Vgl. IFRS 3.B16(b); Zelger, H. (2005), S. 104; PricewaterhouseCoopers (2006), Rn. 25.125; Baetge, J./Hayn, S./Ströher, T. (2006), Rn. 108.

[287] Vgl. PricewaterhouseCoopers (2006), Rn. 25.127.

3.4 Deferred Consideration

3.4.1 Begleichung mit Zahlungsmitteln

Auch eine Kaufpreiszahlung, die zeitlich erst deutlich nach dem Erwerbszeitpunkt zu erbringen ist (Deferred Consideration), muss in Höhe ihres Fair Values zum Erwerbszeitpunkt in die Anschaffungskosten einbezogen werden. Nach IFRS 3.26 ergibt sich dieser, indem die noch ausstehenden Beträge auf den Erwerbszeitpunkt abgezinst werden.[288] Der Standard selbst gibt keine Hinweise bezüglich des hierbei anzuwendenden Diskontierungsfaktors. Da eine Deferred Consideration die Kriterien einer finanziellen Verbindlichkeit[289] erfüllt, ist auf die Regelungen zur Bestimmung der Fair Values finanzieller Verbindlichkeiten zurückzugreifen. In Anwendung von IAS 39.AG77 wäre demnach ein Diskontierungsfaktor zu wählen, der dem aktuellen Marktzins eines ähnlichen Schuldinstrumentes[290] entspricht.[291]

Wurde für die Deferred Consideration vertraglich eine Verzinsung vereinbart und ist diese als marktüblich zu beurteilen, so ergibt sich durch Abzinsung der noch ausstehenden Beträge (künftige Zinszahlung(en) und Kaufpreiszahlung) ein Fair Value, der dem Nominalbetrag der späteren Kaufpreiszahlung entspricht. Ist die Verbindlichkeit nicht oder zu einem marktunüblichen Zinssatz zu verzinsen, so wird der Fair Value vom Nominalbetrag der ausstehenden Kaufpreiszahlung abweichen.[292]

---

[288] Vgl. Senger, T. u.a. (2006), Rn. 52. Liegt der Grund für eine Deferred Consideration darin, dass ein Teil des Kaufpreises zunächst zur Sicherung der Gewährleistungsansprüche des Käufers auf ein Treuhandkonto einbezahlt wird, dürfte die bilanzielle Behandlung davon abhängig sein, welcher Partei die Zinserträge hieraus zustehen. Stehen die Zinserträge dem Verkäufer zu, so dürfte der Betrag der ausstehenden Kaufpreiszahlung bereits zum Erwerbszeitpunkt dem Verkäufer zuzurechnen sein. Die Deferred Consideration wäre m.E. demnach in Höhe ihres Nominalbetrages in die Anschaffungskosten einzubeziehen.
[289] Vgl. IAS 39.8 i.V.m. 32.11.
[290] Ähnlichkeit der Schuldinstrumente sollte in Bezug auf Restlaufzeiten, Währung, Zahlungsströme, Kreditrisiken und Sicherheiten bestehen.
[291] Vgl. Baetge, J./Hayn, S./Ströher, T. (2006), Rn. 103. Ernst & Young (2006), S. 454, PricewaterhouseCoopers (2006), Rn. 25.150 und KPMG (2007), S. 112 gehen mit dieser Vorgehensweise konform, verweisen jedoch in diesem Zusammenhang auf IAS 39.AG79 bzw. 39.AG64. Nach Epstein, B.J./Jermakowicz, E.K. (2007), S. 406 und Weber, C.-P. (2007), Rn. 30 sollte mit dem für den Erwerber geltenden üblichen Zinssatz für die Fremdkapitalaufnahme diskontiert werden. Auch Lüdenbach, N. (2007), Rn. 31 sowie Heuser, P./Theile, C. (2007), Rn. 3219 fordern eine Abzinsung mit den Grenzfremdkapitalkosten des Erwerbers. Hachmeister, D. (2005), Rn. 39 hingegen erachtet die Verwendung eines Zinsfußes für die Fremdkapitalaufnahme als nicht angemessen, weil „ ...eine genaue Zuordnung über die Herkunft der finanziellen Mittel im Allgemeinen nicht möglich ist." Als Diskontierungssatz sollten daher die gewogenen Kapitalkosten des erwerbenden Unternehmens herangezogen werden. Nach IAS 8.11(a) ist zur Ausfüllung von Regelungslücken ausdrücklich auf andere Standards zurückzugreifen. Da Deferred Considerations nicht vom Anwendungsbereich des IAS 39 ausgeschlossen sind, ist m.E. fraglich, ob ein Abweichen von den dortigen Regelungen vertretbar ist. Die Abzinsung mit einem unternehmensspezifischen statt einem marktüblichen Zinssatz würde eine solche Abweichung darstellen.
[292] Vgl. Heuser, P./Theile, C. (2007), Rn. 2137; Baetge, J./Hayn, S./Ströher, T. (2006), Rn. 103; Kuhn, S./Scharpf, P. (2006), Rn. 1250-1254; Pellens, B./Fülbier, R.U./Gassen, J. (2006), S. 517.

Für die Deferred Consideration ist in Höhe ihres Fair Values in der Bilanz des Käufers eine finanzielle Verbindlichkeit anzusetzen. Die Differenz zwischen diesem Betrag, zu dem die Verbindlichkeit zum Erwerbszeitpunkt ausgewiesen wird und dem bei Fälligkeit zahlbaren Betrag stellt Finanzierungsaufwand dar. Er ist über die Zeit bis zur Fälligkeit der ausstehenden Kaufpreiszahlung als Zinsaufwand zu erfassen und der Verbindlichkeit nach der Effektivzinsmethode[293] ratierlich zuzuschreiben.[294]

3.4.2 Begleichung mit eigenen Aktien

Die bilanzielle Behandlung einer verzögerten Kaufpreiszahlung, die durch Übertragung von Aktien beglichen wird, ist in IFRS 3 selbst nicht explizit geregelt und aus dem Anwendungsbereich des IFRS 2 ausgeschlossen[295]. Die vertragliche Verpflichtung stellt ein Finanzinstrument nach IAS 32 dar, dessen Vorschriften entsprechend anzuwenden sind. Entsprechend ist die Bestimmung des Fair Values einer mit Aktien zu begleichenden Deferred Consideration davon abhängig, ob sie als Eigenkapitalinstrument oder finanzielle Verbindlichkeit zu qualifizieren ist.[296]

Ist die noch ausstehende *Kaufpreiszahlung durch eine bestimmte Anzahl von Aktien zu begleichen*, sind die Voraussetzungen für eine Qualifizierung als Eigenkapitalinstrument nach IAS 32.16 erfüllt. Der Käufer unterliegt keiner Verpflichtung, Zahlungsmittel oder andere finanzielle Vermögenswerte zu liefern, sondern er hat Eigenkapitalinstrumente auszugeben. Darüber hinaus ist die Anzahl der zu liefernden Aktien nicht variabel, sondern fest bestimmt.[297] Im Fall einer solchen Verein-

---

[293] Die Effektivzinsmethode ist nach IAS 39.9 eine Methode zur Berechnung der fortgeführten Anschaffungskosten einer finanziellen Verbindlichkeit und der Allokation von Zinsaufwendungen auf die jeweiligen Perioden. Der Effektivzinssatz ist derjenige Kalkulationszinssatz, mit dem die geschätzten künftigen Ein- und Auszahlungen über die erwartete Laufzeit des Finanzinstruments exakt auf den Nettobuchwert der finanziellen Verbindlichkeit abgezinst werden.

[294] Vgl. PricewaterhouseCoopers (2006), Rn. 25.151. Weder im Standard selbst noch in der Literatur finden sich konkrete Angaben, welche Vorschriften hierbei zur Anwendung kommen. Wird die Deferred Consideration nach IAS 39.8 i.V.m. IAS 32.11 als finanzielle Verbindlichkeit qualifiziert, dann ist sie nach IAS 39.43 i.V.m. 39.AG64 zum Fair Value anzusetzen. (Insofern besteht Kongruenz mit den Regelungen des IFRS 3.26, der eine Einbeziehung der Deferred Consideration in die Anschaffungskosten in Höhe des Fair Values der ausstehenden Zahlungen vorsieht). Nach IAS 39.AG74 ist der Fair Value einer Finanzverbindlichkeit, für die kein aktiver Markt vorliegt z.B. nach dem DCF-Verfahren zu ermitteln. Für die Diskontierung ist nach IAS 39.AG77 ein aktueller Marktzins für ein ähnliches Finanzinstrument zu verwenden. Infolgedessen ist die Verbindlichkeit nach IAS 39.47 zu den fortgeführten Anschaffungskosten nach der Effektivzinsmethode zu bewerten. Der Zinsaufwand ist nach IAS 32.35 bzw. IAS 39.56 erfolgswirksam zu erfassen.

[295] Vgl. IFRS 2.5: „... an entity shall not apply this IFRS to transactions in which the entity acquires goods as part of the net assets acquired in a business combination to which IFRS 3 *Business Combinations* applies. Hence, equity instruments issued in a business combination in exchange for control of the acquiree are not within the scope of this IFRS."

[296] Vgl. Ernst & Young (2006), S. 455.

[297] Vgl. IAS 32.16 i.V.m. 32.21. Die Definition eines Eigenkapitalinstrumentes stellt eine Negativabgrenzung zu der Definition einer finanziellen Verbindlichkeit in IAS 32.11 dar.

barung trägt der Verkäufer die Chancen und Risiken aus der Wertentwicklung der Aktien des Käuferunternehmens, also die für eine Eigenkapitalinvestition typischen Risiken. Insofern ist die Deferred Consideration in der Bilanz des Käufers als Eigenkapitalinstrument zu behandeln. Der Fair Value bestimmt sich hier wie im beschriebenen Fall der sofortigen Kaufpreiszahlung mit Aktien[298]. In Höhe dieses Betrages erfolgt eine Einbeziehung in die Anschaffungskosten und ein Ausweis im Eigenkapital, beispielsweise als separater Posten ‚Auszugebende Aktien'.[299] Künftige Änderungen des Fair Values eines Eigenkapitalinstruments sind in der Bilanz nach IAS 32.22 nicht abzubilden. Demnach sind die zu emittierenden Aktien keiner Neubewertung zu unterziehen.[300] Zum Fälligkeitszeitpunkt überträgt der Käufer die vereinbarte Anzahl eigener Aktien. Dieser Vorgang hat keine bilanziellen Auswirkungen.

Ist hingegen die noch ausstehende *Kaufpreiszahlung betragsmäßig fixiert*[301], dann hängt die Anzahl der noch an den Verkäufer zu übertragenden Aktien von deren Preis zum Zeitpunkt der Fälligkeit der Zahlung ab. Da die Aktienanzahl variiert, damit ihr Fair Value einem bestimmten Betrag entspricht, sind die Voraussetzungen zur Qualifikation als Eigenkapitalinstrument nicht erfüllt[302], und die Deferred Consideration ist als finanzielle Verbindlichkeit im Sinne des IAS 32.11 zu behandeln. Der Fair Value bestimmt sich hier wie im beschriebenen Fall der durch Zahlungsmittel zu begleichenden Deferred Consideration[303]. In Höhe dieses Betrages erfolgt eine Einbeziehung in die Anschaffungskosten sowie der Ansatz einer Kaufpreisverbindlichkeit. Zum Fälligkeitszeitpunkt überträgt der Käufer die entsprechende Anzahl eigener Aktien und bucht die bilanzierte Verbindlichkeit gegen das Eigenkapital aus.[304]

---

[298] Vgl. Kapitel 3.3.
[299] Vgl. PricewaterhouseCoopers (2006), Rn. 25.152; Ernst & Young (2006), S. 455f; KPMG (2006), S. 16.
[300] Nach Ernst & Young (2006), S. 464f ist auf diese Weise mit einem Eigenkapitalinstrument zu verfahren, das für eine Verpflichtung aufgrund einer Contingent Consideration angesetzt wurde. Gleiches dürfte m.E. auch in diesem Fall gelten.
[301] Wenn z.B. die vertragliche Vereinbarung besteht, dass der Käufer zwei Jahre nach Übergang des Unternehmens nicht eine bestimmte Stückzahl von Aktien, sondern Aktien im Wert von 1.000 GE zu liefern hat. Vgl. KPMG (2006), S. 15.
[302] Vgl. IAS 32.16 i.V.m. 32.21.
[303] Vgl. Kapitel 3.4.1.
[304] Vgl. PricewaterhouseCoopers (2006), Rn. 25.153; Ernst & Young (2006), S. 455.

3.5 Contingent Consideration

3.5.1 Überblick

Kaufpreisvereinbarungen können nachträgliche Kaufpreisanpassungen[305] durch zusätzliche Zahlungen des Käufers an den Verkäufer vorsehen, die von künftigen Ereignissen innerhalb eines bestimmten Zeitraums nach Erwerb abhängig sind. Nach der folgenden Abbildung 14 können zwei Arten bedingter Gegenleistungen (Contingent Considerations) unterschieden werden: Bei der Vereinbarung eines Earnouts in Form des Besserungsoptions-Modells[306] sind die zusätzlichen Zahlungen von der künftigen Entwicklung des Zielunternehmens abhängig, weshalb sie auch als Performance-based Contingent Considerations bezeichnet werden. Bei der Vereinbarung einer Wertsicherungsklausel sind sie von der Entwicklung des Marktwertes der hingegebenen Eigen- oder Fremdkapitalinstrumente abhängig. In diesem Zusammenhang wird daher von Security Price-based Contingent Considerations gesprochen.[307]

---

[305] Zwischen einer Anpassung des Kaufpreises und einer Korrektur der Anschaffungskosten sollte klar unterschieden werden. Wie die folgenden Ausführungen zeigen, führt die Zahlung einer Contingent Consideration zwar zu einer Anpassung des Kaufpreises aber nicht zwingend auch zu einer Korrektur der Anschaffungskosten. Um Unklarheiten zu vermeiden, sollte m.E. der Terminus ‚Contingent Consideration' mit ‚bedingte Gegenleistung' bzw. ‚Kaufpreiszahlung' und nicht mit ‚bedingte Anschaffungskosten' übersetzt werden. In IFRS 3 selbst werden die Begrifflichkeiten m.E. teilweise nicht eindeutig unterschieden. (vgl. hierzu die folgenden Ausführungen in Fußnote 371). Entsprechend finden sich auch in der Literatur nur selten klare Abgrenzungen der genannten Begrifflichkeiten (z.B. in Senger, T. u.a. (2006), Rn. 53; Weber, C.-P. (2007), Rn. 62-69; Epstein, B.J./Jermakowicz, E.K. (2007), S. 414f). An dieser Stelle sei angemerkt, dass auch der i.d.P. gängige Begriff der Kaufpreisallokation (Purchase Price Allocation) m.E. nicht ganz zutreffend gewählt ist. In IFRS 3.36 wird in diesem Zusammenhang von „ ... allocate the cost of a business combination ...", also einer Allokation der Anschaffungskosten gesprochen. Wie bereits dargestellt wurde, ergeben sich die Anschaffungskosten aus einer Fair-Value-Bewertung des Kaufpreises, weshalb sich beide Größen nur in den seltensten Fällen entsprechen werden (vgl. Kapitel 3.2.1).

[306] Mit dem Begriff Earnout wird im Folgenden immer ein Earnout in Form des Besserungsoptions-Modells bezeichnet. Wie eingangs erwähnt, ist die bilanzielle Behandlung von Earnouts in Form der zweistufigen Unternehmensakquisition nicht Gegenstand dieser Arbeit.

[307] Vgl. Zelger, H. (2005), S. 124; Weber, C.-P. (2007), Rn. 63; Epstein, B.J./Jermakowicz, E.K. (2007), S. 414. IFRS 3 verwendet nur den Begriff ‚Contingent Consideration'. Es wird zwar inhaltlich, jedoch nicht mehr (wie zuvor in IAS 22) begrifflich zwischen ‚Contingencies based on Security Prices' und ‚Contingencies based on Earnings' unterschieden. Zur einfacheren Differenzierung werden im Folgenden die Begrifflichkeiten ‚Performance-based-' und ‚Security Price-based Contingent Considerations' aus KPMG IFRG Limited (2005) S. 14 übernommen und verwendet.

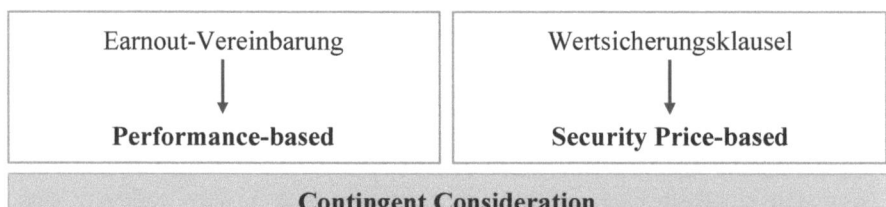

Abbildung 14: Arten von Contingent Considerations

3.5.2 Performance-based Contingent Consideration

3.5.2.1 Abgrenzung zu sonstigen Vergütungen

Wurde von den Parteien im Rahmen des Kaufvertrages eine Earnout-Vereinbarung getroffen, hat der Käufer neben einem fixen Basispreis zum Erwerbszeitpunkt zusätzliche Earnout-Zahlungen in Abhängigkeit von der künftigen Entwicklung des Zielunternehmens (Performance-based Contingent Considerations) zu leisten.[308] Wie die folgenden Kapitel zeigen werden, regelt IFRS 3 lediglich, wann und wie solche nachträglichen, erfolgsabhängigen Zusatzzahlungen im Rahmen der Anschaffungskosten zu berücksichtigen sind. Die Frage, ob solche Zahlungen überhaupt als Kaufpreisbestandteil und somit als Teil der Anschaffungskosten zu qualifizieren sind, wird im Standard jedoch nicht behandelt. Sie stellt sich insbesondere dann, wenn sich der Verkäufer zu fortgesetzten Leistungen verpflichtet hat.[309] Ist der Verkäufer beispielsweise für eine längere Übergangszeit weiterhin als Geschäftsführer des veräußerten Unternehmens tätig, muss geklärt werden, ob die nachträglichen, erfolgsabhängigen Zahlungen an den Verkäufer tatsächlich als ‚echte' Earnout-Zahlungen und somit als Anschaffungskosten oder aber (teilweise) als Vergütung für die Geschäftsführung und somit als Personalaufwand[310] zu klassifizieren sind.[311]

Zur Ausfüllung der Regelungslücke bezüglich der Abgrenzung zwischen Anschaffungskosten und sonstigen Vergütungen an den Verkäufer muss gemäß IAS 8.11(a) auf andere Standards zurückgegriffen werden, die sich mit ähnlichen Sachverhalten befassen. Relevant ist hierbei die Regelung des IAS 18.13, gemäß der es nach ‚Substance over Form'[312]-Gesichtspunkten erforderlich sein kann, ein

---

[308] Vgl. Heuser, P./Theile, C. (2007), Rn. 3225; Kapitel 2.3.3.1.
[309] Vgl. Lüdenbach, N. (2007), Rn. 41; Lüdenbach, N./Völkner, B. (2006), S. 1436; Ernst & Young (2006), S. 461.
[310] In diesem Fall wären die Normen des IAS 19 zu berücksichtigen. Bei einer Begleichung mit eigenen Aktien wäre die Anwendung des IFRS 2 zu prüfen.
[311] Vgl. Weiser, M.F. (2005), S. 272; Lüdenbach, N./Völkner, B. (2006), S. 1435.
[312] Nach dem Grundsatz ‚Substance over Form' des F.35 sind Geschäftsvorfälle primär entsprechend ihres wirtschaftlichen Gehalts und nicht allein entsprechend ihrer rechtlichen Gestaltung darzustellen.

3.5 Contingent Consideration

formal (zivilrechtlich) einheitliches Geschäft bilanzrechtlich als mehrere Transaktionen, als so genanntes Mehrkomponentengeschäft, zu behandeln.[313] Da aber auch durch diese Vorschrift keine ausreichende Lückenfüllung gelingt, greift die internationale IFRS-Praxis in Anwendung des IAS 8.12 auf die konkreteren Regelungen der US-Generally Accepted Accounting Principles (US-GAAP) zurück.[314] Nach den allgemeinen Regeln zu Mehrkomponentengeschäften des EITF[315] 00-21 können Bestandteile eines Mehrkomponentengeschäftes bilanzrechtlich eigenständig behandelt werden, wenn sowohl eine sachliche als auch eine wertmäßige Trennung der Teilleistungen möglich ist: Die identifizierbaren Teilleistungen müssen für sich genommen jeweils einen eigenen Wert für den Leistungsempfänger darstellen, und das Gesamtentgelt muss objektiv auf die Teilleistungen verteilt werden können. Für die Zuordnung der für zwei Teilleistungen insgesamt vereinbarten Vergütung ist nicht die formale Aufteilung, sondern das wirkliche, am Fair Value orientierte Wertverhältnis relevant. Angewendet auf einen Unternehmenskauf, bei dem der Verkäufer als Geschäftsführer zunächst im Unternehmen verbleibt, kommt es bei der Klassifizierung nachträglicher Zusatzzahlungen als Geschäftsführungsvergütung oder Kaufpreisbestandteil nicht auf die kaufvertragliche Vereinbarung, sondern die Fair Values an.[316]

Die spezielleren Regelungen von EITF 95-8 zur Abgrenzung zwischen Earnout-Zahlungen und sonstigen Vergütungen geben konkrete Kriterien vor, anhand derer die zusätzlichen Zahlungen eingeordnet werden können. Ein Indikator für die richtige Klassifizierung ist insbesondere die Höhe der fixen Kaufpreiszahlung im Verhältnis zur Bewertungsbandbreite für das erworbene Unternehmen. Liegt diese eher am oberen Ende dieser Bandbreite, so deutet das darauf hin, dass die Zusatzzahlung eine Vergütung für die Geschäftsführung darstellt. Daneben gilt es, die Angemessenheit des vereinbarten Geschäftsführergehaltes zu beurteilen. Ist dieses erst unter Einbeziehung der variablen Kaufpreiszahlungen angemessen, spricht auch das für eine Qualifizierung der Zusatzzahlungen als Geschäftsführungsvergütung und gegen eine Wertung als Teil der Anschaffungskosten. Einen weiteren Anhaltspunkt bietet der Zusammenhang zwischen fortgesetzter Beschäftigung und bedingter Zahlung. Sehen die vertraglichen Vereinbarungen vor, dass künftige Zahlungsansprüche des Verkäufers bei Beendigung des Anstellungsverhältnisses

---

[313] IAS 18.13 bezieht sich nur auf Abgrenzungsfragen aus Sicht des Verkäufers. Erbringt der Verkäufer im Rahmen eines einheitlichen Unternehmenskaufvertrags zwei bilanzrechtlich unterscheidbare Leistungen (Unternehmensübertrag sowie eine sonstige Leistung), bezieht der Käufer im Umkehrschluss auch zwei Leistungen, für die er zwei Gegenleistungen erbringt. Aus diesem Grund können die Regelungen auch für den Käufer angewendet werden.
[314] Vgl. Lüdenbach, N. (2007), Rn. 42f; Lüdenbach, N./Völkner, B. (2006), S. 1437; Lüdenbach, N./Hoffmann, W.-D. (2006), S. 153; Baetge, J./Hayn, S./Ströher, T. (2006), Rn. 271a; Ernst & Young (2006), S. 462.
[315] Abkürzung für: Consensus of the Emerging Issues Task Force.
[316] Vgl. Lüdenbach, N./Völkner, B. (2006), S. 1437. Zur allgemeinen bilanziellen Behandlung von Mehrkomponentengeschäften vgl. ausführlich Lüdenbach, N./Hoffmann, W.-D. (2006), S. 153-158.

verfallen, so weist dies ebenfalls auf das Vorliegen einer Geschäftsführungsvergütung hin.[317] Neben den genannten Indikatoren sind in EITF 95-8 weitere Kriterien zur Abgrenzung zwischen Kaufpreiszahlungen und Vergütungen für andere Leistungen des Verkäufers, etwa die Übernahme eines Wettbewerbsverbots, aufgeführt.[318]

Die Grenze zwischen der Wertung der zusätzlichen Zahlungen als variable Kaufpreisbestandteile einerseits oder als Vergütung für sonstige Leistungen andererseits ist in vielen Fällen nicht eindeutig zu ziehen. Abgrenzungsentscheidungen sind für den Einzelfall unter Abwägung der relevanten Fakten und Umstände zu treffen. Bei einer Qualifizierung als bedingte Kaufpreiszahlung erhöhen sie als Teil der Anschaffungskosten den anzusetzenden Goodwill. Erfolgt umgekehrt eine Beurteilung als Vergütung für eine fortgesetzte Leistungspflicht des Verkäufers, sind sie als Aufwand erfolgswirksam zu buchen.[319]

3.5.2.2 Begleichung mit Zahlungsmitteln

3.5.2.2.1 Zeitpunkt der bilanziellen Berücksichtigung

Unter der Voraussetzung, dass eine Performance-based Contingent Consideration keine erfolgswirksame sonstige Vergütung für Leistungen des Verkäufers darstellt, bewirkt sie eine künftige Kaufpreisanpassung. Sofern diese bereits zum Erwerbszeitpunkt hinreichend konkret ist, d.h. ihr Eintritt wahrscheinlich[320] ist und ihr Betrag verlässlich geschätzt werden kann, muss sie nach IFRS 3.32 durch eine Einbeziehung in die Ermittlung der Anschaffungskosten bilanziell berücksichtigt werden. Als Regelfall wird eine verlässliche Schätzmöglichkeit unterstellt. Bei einer späteren Revision der ursprünglichen Annahmen sind die Anschaffungskosten gemäß IFRS 3.33 nachträglich entsprechend zu korrigieren. Ist hingegen eine künftige Kaufpreisanpassung zum Erwerbszeitpunkt nicht wahrscheinlich und/oder ihr Betrag nicht verlässlich schätzbar, darf sie in die Ermittlung der Anschaffungskosten nicht einbezogen werden. Erst wenn die genannten Bedingungen eingetreten sind, ist die Kaufpreisanpassung nach IFRS 3.34 durch eine nachträgliche Korrektur der Anschaffungskosten bilanziell zu berücksichtigen. Dies ist spätestens zum Zeitpunkt der tatsächlichen Zahlung der Kaufpreisanpassung der

---

[317] Vgl. Lüdenbach, N. (2007), Rn. 43; Weiser, M.F. (2005), S. 272; Lüdenbach, N./Völkner, B. (2006), S. 1437.
[318] Vgl. Weiser, M.F. (2005), S. 272; Zur Abgrenzung zur Vergütung für ein Wettbewerbsverbot vgl. ausführlich Lüdenbach, N./Völkner, B. (2006), S. 1438; Zu weiteren Indikatoren vgl. KPMG (2007), S. 108f.
[319] Vgl. Lüdenbach, N. (2007), Rn. 41, 43f; Lüdenbach, N./Völkner, B. (2006), S. 1435-1437; Weiser, M.F. (2005), S. 272.
[320] Eine Kaufpreisanpassung gilt als wahrscheinlich, wenn sie nach IFRS 3.App.A „more likely than not" ist, also eher mit ihrem Eintritt als ihrem Nicht-Eintritt gerechnet werden kann.

Fall.[321] Die nachstehende Abbildung 15 veranschaulicht die möglichen Zeitpunkte und die korrespondierende Art der bilanziellen Berücksichtigung einer Kaufpreisvereinbarung, die eine einmalige Earnout-Zahlung am Ende der Earnout-Periode vorsieht.

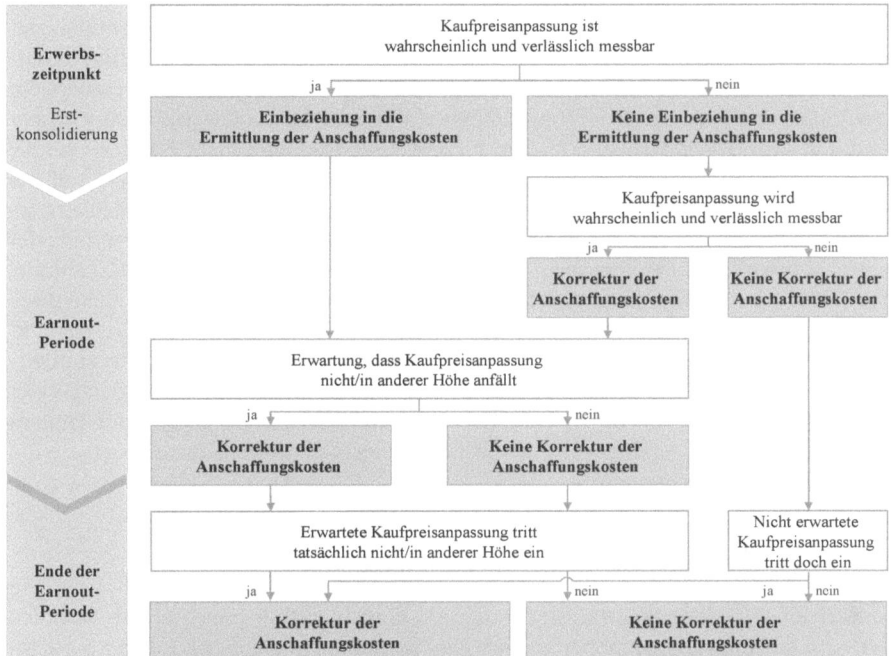

Abbildung 15: Zeitpunkt und Art der bilanziellen Berücksichtigung [322]

Zusammenfassend ist eine Korrektur der Anschaffungskosten nach der erstmaligen Bilanzierung in den folgenden Fällen erforderlich: Zum einen, wenn eine in den Anschaffungskosten bereits berücksichtigte Kaufpreisanpassung tatsächlich nicht bzw. nicht in ursprünglich geschätzter Höhe anfällt, oder wenn dies erwartet wird; zum anderen, wenn eine bislang nicht berücksichtigte Kaufpreisanpassung doch eintritt oder wenn dies erwartet wird. Jede Korrektur der Anschaffungskosten

---

[321] Vgl. Weiser, M.F. (2005), S. 274; Lüdenbach, N. (2007), Rn. 46; Heuser, P./Theile, C. (2007), Rn. 3225; Baetge, J./Hayn, S./Ströher, T. (2006), Rn. 272; Ernst & Young (2006), S. 458f; KPMG (2007), S. 113f; Hachmeister, D. (2005), Rn. 43; Senger, T. u.a. (2006), Rn. 53; PricewaterhouseCoopers (2006), Rn. 25.155; Hayn, S./Grüne, M. (2006), S. 51f.
[322] In Anlehnung an Weiser, M.F. (2005), S. 276.

resultiert in einer Änderung des angesetzten Goodwills, da sich der Fair Value der übernommenen Net Assets nicht verändert.[323]

Hinsichtlich einer Einbeziehung einer Kaufpreisanpassung in die Anschaffungskosten bereits zum Erwerbszeitpunkt ist Folgendes zu bedenken: Earnout-Vereinbarungen werden insbesondere bei Unternehmensakquisitionen getroffen, bei denen eine große Unsicherheit in Bezug auf die zukünftige Unternehmensentwicklung (insbesondere auf Käuferseite) besteht. Daher wird eine künftige Kaufpreisanpassung, die von eben dieser Entwicklung abhängig ist, aus Käufersicht wohl kaum bereits zum Erwerbszeitpunkt wahrscheinlich und verlässlich messbar sein. Die Ansatzkriterien sind also zu diesem Zeitpunkt eher nicht erfüllt.[324] Gegen eine Einbeziehung einer Kaufpreisanpassung bereits zum Erwerbszeitpunkt dürfte auch Folgendes sprechen: Der zunächst gezahlte Basispreis basiert auf den Erwartungen des Käufers. Der Käufer rechnet demnach nicht mit einer besseren als der von ihm erwarteten Performance. Er wird daher eine zusätzliche Earnout-Zahlung, die er nur im Fall der Besser-Performance zu leisten hat, nicht für wahrscheinlich halten. Auch dies führt dazu, dass die Bedingungen für eine bilanzielle Berücksichtigung zumeist nicht erfüllt sein dürften. Würde der Käufer bereits zum Erwerbszeitpunkt mit hinreichender Sicherheit zusätzliche Zahlungen aufgrund einer Besser-Performance erwarten, müssten diese Beträge zudem nicht zum Gegenstand der Earnout-Vereinbarung gemacht werden. Sie würden in die Kalkulation des Basispreises[325] eingehen.

3.5.2.2.2 Methoden der bilanziellen Berücksichtigung

Sobald eine Performance-based Contingent Consideration bilanziell im Rahmen der Anschaffungskosten zu berücksichtigen ist, gilt es in einem nächsten Schritt zu klären, in welcher Höhe und wie diese Berücksichtigung zu erfolgen hat. In Zusammenhang mit dem Bilanzierungsbeispiel in Anhang 3 werden die folgenden Ausführungen zeigen, dass dies einerseits vom Zeitpunkt abhängig ist, in dem sich die künftige Earnout-Zahlung hinreichend konkretisiert hat und andererseits von der gewählten Bilanzierungsmethode. Abbildung 16 gibt einen Überblick über die verschiedenen anwendbaren Bilanzierungsmethoden in Abhängigkeit vom Zeitpunkt der bilanziellen Berücksichtigung.

---

[323] Vgl. Hachmeister, D. (2005), Rn. 43; PricewaterhouseCoopers (2006), Rn. 25.156; Weiser, M.F. (2005), S. 274; Hachmeister, D. (2005), Rn. 189.
[324] Vgl. PricewaterhouseCoopers (2006), Rn. 25.159.
[325] Der Basispreis ist sozusagen der ‚kleinste gemeinsame Nenner' aus den Kaufpreisvorstellungen von Käufer und Verkäufer. Vgl. hierzu Kapitel 2.3.3.1.5.

3.5 Contingent Consideration

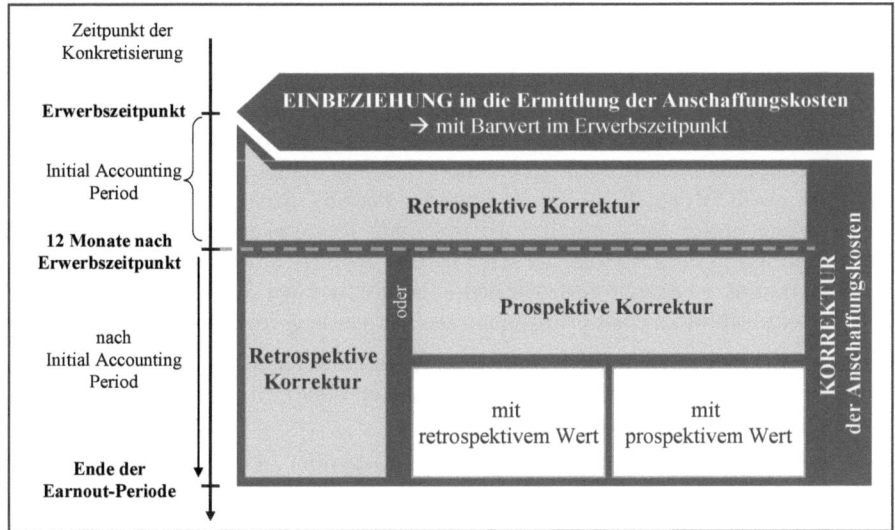

Abbildung 16: Methoden der bilanziellen Berücksichtigung

Sofern eine Performance-based Contingent Consideration die *Bedingungen für eine bilanzielle Berücksichtigung bereits zum Erwerbszeitpunkt erfüllt*, ist die Kaufpreisanpassung in die Ermittlung der Anschaffungskosten einzubeziehen.[326] Contingent Considerations werden ebenso wie Deferred Considerations erst nach dem Erwerbszeitpunkt erbracht, mit dem Unterschied, dass Eintritt und Höhe der Zahlung noch unsicher sind. Da IFRS 3 keine expliziten Angaben macht, in welcher Höhe eine Kaufpreisanpassung in die Anschaffungskosten einzubeziehen ist, wird ein analoges Vorgehen nach den Regelungen des IFRS 3.26 zur Abzinsung von Deferred Considerations[327] als angemessen erachtet. Demnach erfolgt die Einbeziehung in die Anschaffungskosten in Höhe des auf den Erwerbszeitpunkt abgezinsten, erwarteten Betrages der Kaufpreisanpassung. Gegenüber dem Verkäufer ist eine Kaufpreisverbindlichkeit in gleicher Höhe anzusetzen.[328]

Häufig sind die *Bedingungen für eine bilanzielle Berücksichtigung* jedoch erst *nach dem Erwerbszeitpunkt erfüllt*. In diesem Fall sind die ursprünglich angesetzten Anschaffungskosten nachträglich zu korrigieren.

---

[326] Vgl. hierzu Fall 1 des Bilanzierungsbeispiels in Anhang 3.
[327] Vgl. hierzu die Ausführungen in Kapitel 3.4.1.
[328] Vgl. PricewaterhouseCoopers (2006), Rn. 25.157, 25.162; KPMG (2007), S. 113; Heuser, P./Theile, C. (2007), S. 566.

Konkretisiert sich die Kaufpreisanpassung innerhalb von zwölf Monaten nach dem Erwerbszeitpunkt, ist die Korrektur der Anschaffungskosten entsprechend der Regelungen des IFRS 3.62 vorzunehmen.[329] Dieser schreibt vor, dass die Erstkonsolidierung auf der Basis vorläufiger Werte zu erfolgen hat, wenn die Wertansätze der erworbenen Vermögenswerte und Schulden oder der Anschaffungskosten zum Erwerbszeitpunkt nicht endgültig bestimmt werden können.[330] Ergeben sich innerhalb von zwölf Monaten (Initial Accounting Period), nachträgliche Änderungen dieser Werte, muss die erstmalige Bilanzierung rückwirkend angepasst werden. Der Abschluss ist aufzustellen, als seien bereits zum Erwerbszeitpunkt die endgültigen Wertansätze bekannt gewesen und angesetzt worden. Eine solche retrospektive Korrektur führt zu einer erfolgsneutralen Anpassung des Goodwills.[331]

Konkretisiert sich die Kaufpreisanpassung jedoch erst *nach Ablauf von zwölf Monaten*, kann die Korrektur der Anschaffungskosten bilanziell entweder retrospektiv oder prospektiv erfasst werden.[332]

Nach den Regelungen des IFRS 3.63 sind im Anschluss an die Initial Accounting Period grundsätzlich die allgemeinen Regelungen des IAS 8 anzuwenden. Entsprechend ist die Anpassung der erstmaligen Bilanzierung bzw. eine retrospektive Korrektur nur noch zulässig, um Fehler zu korrigieren. Schätzungsänderungen sind ab diesem Zeitpunkt prospektiv zu korrigieren, indem sie in der laufenden und in künftigen Berichtsperioden erfolgswirksam erfasst werden.[333] Nicht unter diese Regelung fallen IFRS 3.33 und 3.34,[334] also die Korrektur von Anschaffungskosten bzw. künftige Kaufpreisanpassungen betreffende Schätzungsänderungen. Diese sind demzufolge nicht prospektiv, sondern wie innerhalb der Initial Accounting Period nach IFRS 3.62 retrospektiv zu erfassen, indem die erstmalige Bilanzierung des Unternehmenszusammenschlusses angepasst wird.[335] Wie bei einer *retrospektiven Korrektur* konkret vorzugehen ist, wird im Zusammenhang mit der bilanziellen Erfassung von Fehlern in IAS 8.42 und 8.46 vorgegeben. Diese Regelungen sind auf die Korrektur der Anschaffungskosten zu übertragen. Die Korrektur einer vergangenen Fehleinschätzung der Kaufpreisanpassung hat in der Periode ergebnisneutral zu erfolgen, in der sie sich hinreichend konkretisiert hat. Der Abschluss ist dann so aufzustellen, als sei es nie zu einer Fehleinschätzung

---

[329] Vgl. Wirth, J. (2005), S. 133f.
[330] Dies ist darin begründet, dass die Erstkonsolidierung einen umfangreichen und oft zeitintensiven Bewertungsvorgang erfordert. Daher können einzelne Wertansätze zum Erwerbszeitpunkt zunächst oft nur provisorisch ermittelt werden.
[331] Vgl. Pellens, B./Fülbier, R.U./Gassen, J. (2006), S. 694f; Baetge, J./Hayn, S./Ströher, T. (2006), Rn. 266, 268; Heuser, P./Theile, C. (2007), Rn. 3317.
[332] Vgl. hierzu Fall 2 des Bilanzierungsbeispiels in Anhang 3.
[333] Zur bilanziellen Behandlung von Schätzungsänderungen vgl. IAS 8.32-8.38. Zur bilanziellen Behandlung von Fehlern vgl. IAS 8.41-8.48.
[334] Vgl. IFRS 3.63, 3.BC166.
[335] Vgl. Hachmeister, D. (2005), Rn. 44, 189; Baetge, J./Hayn, S./Ströher, T. (2006), Rn. 269f; Hayn, S./Grüne, M. (2006), S. 52; Weiser, M.F. (2005), S. 274; Lüdenbach, N. (2007), Rn. 48; Senger, T. u.a. (2006), Rn. 53.

der zu zahlenden Kaufpreisanpassung gekommen, d.h. als sei bereits im Erwerbszeitpunkt mit einer Earnout-Zahlung gerechnet worden. Liegt der Zeitpunkt der Fehleinschätzung[336] im Vorjahr und somit in der Vergleichsperiode[337] des aktuellen Abschlusses, sind die fehlerhaften Vergleichsinformationen zu korrigieren. Liegt dieser Zeitpunkt der Fehleinschätzung davor, müssen die Eröffnungsbilanzsalden der Vergleichsperiode angepasst werden. Die kumulierten Effekte aus den im aktuellen Abschluss nicht mehr dargestellten Perioden sind mit dem Eröffnungsbilanzwert der Gewinnrücklagen erfolgsneutral zu verrechnen.[338] Demgemäß werden in der Eröffnungsbilanz des Vorjahres die Anschaffungskosten und der Goodwill um den retrospektiven Wert der erwarteten Kaufpreisanpassung erhöht. Hierunter ist der Barwert der erwarteten Kaufpreisanpassung zum Erwerbszeitpunkt zu verstehen. In dieser Höhe wird auch eine Kaufpreisverbindlichkeit gegenüber dem Verkäufer angesetzt, jedoch zuzüglich des Zinsbetrages, der beim Ansatz der Verbindlichkeit zum Erwerbszeitpunkt bislang einzubuchen gewesen wäre[339]. In Höhe dieser Zinsen ist der Eröffnungsbilanzwert der Gewinnrücklagen zu vermindern. Nur der Zinsaufwand, der in der Vergleichsperiode selbst angefallen wäre, wird nachträglich auch als solcher behandelt. In der Berichtsperiode ist dann der Zinsaufwand für die nun eingebuchte Verbindlichkeit zu erfassen. Im Abschluss der Berichtsperiode werden somit ein um den retrospektiven Wert der erwarteten Kaufpreisanpassung erhöhter Goodwill, eine Kaufpreisverbindlichkeit in Höhe des Gegenwartswertes der Kaufpreisanpassung sowie der Zinsaufwand für diese Verbindlichkeit ausgewiesen.

Für die dargestellte retrospektive Korrektur im Sinne des IFRS 3.62 spricht, dass der Unternehmenszusammenschluss so abgebildet wird, als seien die korrigierten Werte bereits zum Erwerbszeitpunkt bekannt gewesen.[340] Die Norm erlaubt eine rückwirkende Anpassung von Wertansätzen der erstmaligen Bilanzierung, die zum Erstkonsolidierungszeitpunkt wegen Zeitmangels nur vorläufig bestimmbar waren. Im Fall von Performance-based Contingent Considerations wird der Wertansatz der Anschaffungskosten jedoch aufgrund künftiger Entwicklungen angepasst, z.B.

---

[336] Konkretisiert sich eine Kaufpreisanpassung erst nach dem Erwerbszeitpunkt, so gilt der Erwerbszeitpunkt als Zeitpunkt der Fehleinschätzung, denn der Käufer ist zu diesem Zeitpunkt (entgegen den nun geänderten Erwartungen) davon ausgegangen, keine zusätzliche Zahlung leisten zu müssen.

[337] Da nach IAS 1.36 nur Angaben bezüglich der vorangegangenen Periode verlangt sind, wird hier vereinfachend davon ausgegangen, dass im Abschluss nur eine Vergleichsperiode dargestellt ist. Sind Vergleichsinformationen für mehrere zurückliegende Jahre gegeben, sind nach IAS 8.42 die ausgewiesenen Werte all derjenigen Vergleichsperioden zu korrigieren, die von der Fehleinschätzung betroffen sind. Trat die Fehleinschätzung noch vor der am weitesten zurückliegenden, im Abschluss dargestellten Vergleichsperiode auf, sind deren Eröffnungsbilanzwerte zu korrigieren.

[338] Vgl. Heuser, P./Theile, C. (2007), Rn. 836; Pellens, B./Fülbier, R.U./Gassen, J. (2006), S. 784; Driesch, D. (2006), Rn. 45; Peemöller, V.H. (2007), Rn. 47f; KPMG (2007), S. 181f.

[339] Der Betrag der Kaufpreisverbindlichkeit in der Eröffnungsbilanz des Vorjahres entspricht folglich dem Gegenwartswert der erwarteten Kaufpreisanpassung in diesem Zeitpunkt. Barwert zum Erwerbszeitpunkt + bis zum Beginn des Vorjahres aufgelaufene Zinsen = Gegenwartswert zu Beginn des Vorjahres.

[340] Vgl. Hachmeister, D. (2005), Rn. 191.

bei Erreichen oder Wahrscheinlichwerden des Erreichens einer bestimmten Erfolgsschwelle. Dies spricht gegen eine Anwendung des IAS 3.62 und für eine Interpretation einer künftige Kaufpreisanpassungen betreffenden Schätzungsänderung als gewöhnliche Schätzungsänderungen im Sinne des IAS 8. Demzufolge ist eine *prospektive Korrektur* der Anschaffungskosten vorzunehmen, so dass sich die Korrektur nur auf den Abschluss des Jahres, in dem sich die Kaufpreisanpassung konkretisiert hat (das Berichtsjahr) und auf die folgenden Abschlüsse auswirkt.[341] Hierbei ist einerseits eine Kaufpreisverbindlichkeit gegenüber dem Verkäufer in Höhe des Gegenwartswertes der erwarteten Kaufpreisanpassung anzusetzen, andererseits sind die ursprünglich angesetzten Anschaffungskosten und somit der Goodwill zu erhöhen. Hierfür gibt es zwei Möglichkeiten:

- Die Erhöhung erfolgt um den *retrospektiven Wert* der erwarteten Kaufpreisanpassung. Dies ist der Barwert der erwarteten Kaufpreisanpassung zum Erwerbszeitpunkt. Die Zinsen, die bei Berücksichtigung der Kaufpreisanpassung zum Erwerbszeitpunkt bislang angefallen wären, sind kumuliert als Zinsaufwand zu erfassen.

- Die Erhöhung erfolgt um den *prospektiven Wert* der erwarteten Kaufpreisanpassung. Dies ist der Gegenwartswert der erwarteten Kaufpreisanpassung. Es ist kein Zinsaufwand zu erfassen, da der Gegenwartswert die Zinsen einschließt, welche bei Berücksichtigung der Kaufpreisanpassung zum Erwerbszeitpunkt bislang angefallen wären.[342]

---

[341] Vgl. IAS 8.34, 8.36-8.38; PricewaterhouseCoopers (2006), Rn. 25.160.2. Wird dieser Argumentation gefolgt, müsste m.E. konsequenterweise eine retrospektive Korrektur i.S.d. IFRS 3.62 aufgrund wertbegründender Informationen nicht nur nach, sondern auch innerhalb der Initial Accounting Period ausgeschlossen sein. Nach Ernst & Young (2006), S. 460 sind die Anschaffungskosten ebenfalls prospektiv zu korrigieren, mit der Begründung, dass die Änderung der Anschaffungskosten aufgrund einer Änderung der Wahrscheinlichkeit erfolgt, die als Schätzungsänderung zu interpretieren ist. Wirth, J. (2005), S. 135 begründet eine prospektive Korrektur damit, dass eine Korrektur der Anschaffungskosten „... nicht als Fehlerkorrektur i.S.d. IAS 8 i.V.m. IFRS 3.63 aufgefasst ..." wird. Gleichzeitig wird aber eine retrospektive Korrektur in Anwendung des IFRS 3.62 zumindest innerhalb der Initial Accounting Period als richtige Methode der bilanziellen Berücksichtigung erachtet. Der Argumentation dieses Abschnitts wird demnach gefolgt, jedoch nur in Bezug auf Korrekturen nach der Initial Accounting Period.

[342] Zu dieser Aufzählung vgl. KPMG (2007), S. 114. Hier werden beide Bilanzierungsmethoden als vertretbar erachtet, jedoch die Anpassung mit prospektivem Wert präferiert, denn „... in accordance with IFRS 3 any additional contingent consideration is treated as an adjustment to the cost of the combination when it becomes probable and can be measured reliably ..." – die Begründung wird also aus dem Wortlaut des IFRS 3.34 abgeleitet. PricewaterhouseCoopers (2006), Rn. 25.163 vertreten die gleiche Sichtweise, begründen dies jedoch mit den Regelungen der IAS 8.36 und 8.37 folgendermaßen: „Prospective recognition ... means that the change is applied ... from the date of the change in estimate." Ernst & Young (2006), S. 460 geben in diesem Zusammenhang den zusätzlichen Hinweis, dass der retrospektive Wert durch Abzinsung mit dem Diskontierungsfaktor zum Erwerbszeitpunkt, der prospektive Wert dagegen durch Abzinsung mit dem aktuellen Diskontierungsfaktor zu ermitteln ist. Es wird jedoch allein die prospektive Korrektur mit prospektivem Wert für richtig erachtet. Dies wird damit begründet, dass eine Schätzungsänderung am Tag ihres Wahrscheinlichwerdens angesetzt und bewertet werden soll. Hierbei soll die verbleibende Zeit bis zur Fälligkeit durch Abzinsung mit dem aktuellen Diskontierungsfaktor berücksichtigt werden.

3.5 Contingent Consideration

Die prospektive Korrektur der Anschaffungskosten und somit des Goodwills widerspricht dem Grundgedanken der Abbildung der bestehenden Verhältnisse zum Erwerbszeitpunkt.[343] Dennoch gilt auch sie als mögliche Bilanzierungsvariante. Die prospektive Korrektur mit prospektivem Wert ist sogar die von den großen Wirtschaftsprüfungsgesellschaften präferierte Vorgehensweise bei der Bilanzierung von Korrekturen der Anschaffungskosten in Zusammenhang mit Performance-based Contingent Considerations.[344]

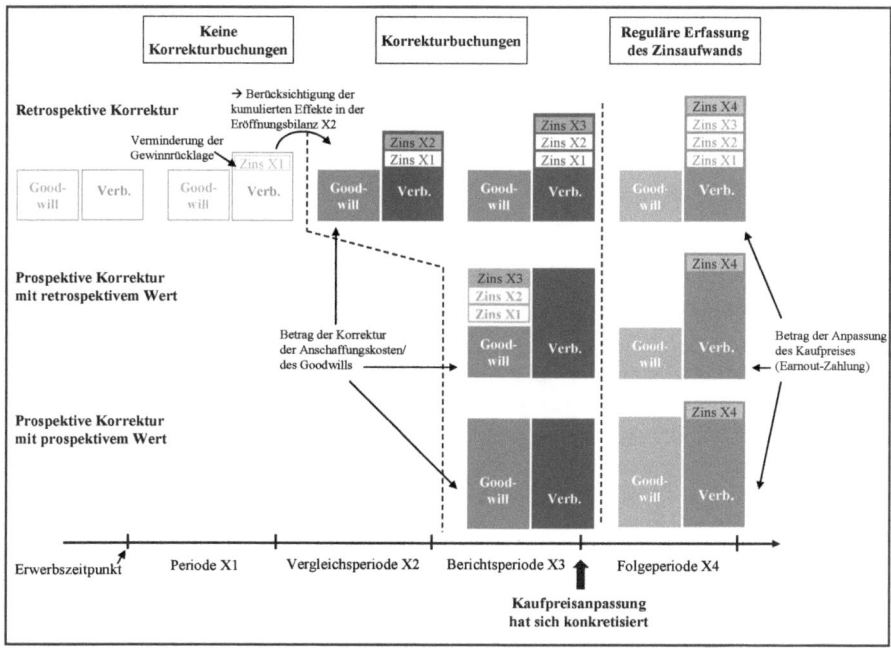

Abbildung 17: Bilanzielle Auswirkungen retrospektiver und prospektiver Korrekturen

Abbildung 17 vergleicht die unterschiedlichen bilanziellen Auswirkungen, die sich in Abhängigkeit von der Wahl der vorangehend dargestellten Bilanzierungsmethoden ergeben. Hierbei wird beispielhaft von einer am Ende der Periode X4 fälligen Kaufpreisanpassung in Form einer Earnout-Zahlung ausgegangen, die sich

---

[343] Vgl. Hachmeister, D. (2005), Rn. 191.
[344] Sie ist sogar die einzige Bilanzierungsvariante, die in den IFRS-Bilanzierungshandbüchern der Wirtschaftsprüfungsgesellschaften dargestellt wird. Vgl. KPMG (2007), S. 114; PricewaterhouseCoopers (2006), Rn. 25.163; Ernst & Young (2006), S. 460.

erst drei Jahre nach dem Erwerbszeitpunkt konkretisiert (Ende X3) und infolgedessen durch eine nachträgliche Korrektur der Anschaffungskosten bilanziell berücksichtigt wird. Der Basiskaufpreis entspricht zum Erwerbszeitpunkt exakt dem neubewerteten Nettovermögen des akquirierten Unternehmens, so dass zunächst kein Goodwill anzusetzen ist.

Während eine prospektive Korrektur der Anschaffungskosten nur die Abschlusswerte der Berichtsperiode X3, also des Jahres, in dem sich die Kaufpreisanpassung konkretisiert hat, betrifft, sind im Fall einer retrospektiven Korrektur auch die ausgewiesenen Werte der *Vergleichsperiode X2* anzupassen.

In der *Berichtsperiode X3* führen alle dargestellten Bilanzierungsmethoden zum Ausweis einer Kaufpreisverbindlichkeit in Höhe des Gegenwartswertes der erwarteten Kaufpreisanpassung. Bezüglich der ausgewiesenen Höhe des Goodwills und des Zinsaufwands ergeben sich jedoch erhebliche Unterschiede. Sowohl die retrospektive als auch die prospektive Korrektur mit retrospektivem Wert führen zu einer Erhöhung der Anschaffungskosten und somit des Goodwills in Höhe des Barwertes der Kaufpreisanpassung zum Erwerbszeitpunkt. Im Fall der retrospektiven Korrektur sind nur die Zinsen, die in der Berichtsperiode selbst angefallen wären (Zins X3) als Zinsaufwand zu erfassen. Im Fall der prospektiven Korrektur mit retrospektivem Wert wird dagegen der gesamte Zinsaufwand (Zins X1, X2 und X3) ergebniswirksam, der bei einer Berücksichtigung der Kaufpreisanpassung zum Erwerbszeitpunkt bislang angefallen wäre. Je später sich folglich nach dieser Methode die Kaufpreisanpassung konkretisiert, desto größer ist die Ergebnisbelastung in der Berichtsperiode. Im Fall einer prospektiven Korrektur mit prospektivem Wert sind die Anschaffungskosten um den Gegenwartswert der erwarteten Kaufpreisanpassung zu erhöhen. Im Vergleich zu den anderen Methoden – die nur eine Erhöhung um den Barwert der erwarteten Kaufpreisanpassung zum Erwerbszeitpunkt vorsehen – ist somit die Anhebung der des Goodwills größer. Des Weiteren wird in der Berichtsperiode kein Zinsaufwand erfasst. Je später sich die Kaufpreisanpassung bei Anwendung einer prospektiven Korrektur mit prospektivem Wert konkretisiert, desto höher ist die Goodwillkorrektur. Da Zinsaufwendungen nur in den Folgeperioden zu erfassen sind, verringert sich entsprechend auch die Ergebnisbelastung in der Gesamtsicht. Würde sich die Zahlung im extremsten Fall erst zum Fälligkeitszeitpunkt der Earnout-Zahlung konkretisieren, so hätte der Käufer überhaupt keine Zinsaufwendungen erfassen müssen.

In der *Folgeperiode X4* führen alle Bilanzierungsmethoden zu einem Zinsaufwand in gleicher Höhe (Zins X4). Auch die jeweils ausgewiesenen Kaufpreisverbindlichkeiten entsprechen sich betragsmäßig. Unabhängig von der gewählten Vorgehensweise ist diese Verbindlichkeit am Ende der Periode X4 auszubuchen und in gleicher Höhe eine Earnout-Zahlung an den Verkäufer zu leisten. Hierdurch wird eine Kaufpreisanpassung erreicht. Die dargestellten Bilanzierungsmethoden unter-

3.5 Contingent Consideration

scheiden sich somit in Bezug auf die Höhe des ausgewiesenen Goodwills und den insgesamt erfolgswirksam erfassten Zinsaufwand.

Bei einer prospektiven Korrektur mit retrospektivem Wert könnte bezüglich des Zinsaufwands ähnlich wie bei der retrospektiven Korrektur verfahren werden: Würde in der Berichtsperiode der Zinsaufwand der zurückliegenden Perioden (Zins X1 und X2) erfolgsneutral gegen die Gewinnrücklagen gebucht, wäre nur der aktuelle Zinsaufwand (Zins X3) ergebniswirksam. Auf diese Weise könnte eine Korrektur zurückliegender Abschlüsse vermieden werden und die Anschaffungskosten würden die Wertverhältnisse zum Erwerbszeitpunkt widerspiegeln, ohne dass hierfür eine überhöhte Zinsbelastung in Kauf genommen werden müsste.

Während der Earnout-Periode kann es zu einer *veränderten Einschätzung der Höhe einer bilanziell bereits berücksichtigten Performance-based Contingent Consideration* kommen.[345] Auch in diesem Fall sind die ursprünglich angesetzten Anschaffungskosten sowie der Goodwill nachträglich zu korrigieren. Eine Kaufpreisanpassung, deren Erwartungswert sich im Zeitablauf geändert hat, ist bilanziell wie zwei Kaufpreisanpassungen zu behandeln: Eine erste Kaufpreisanpassung in Höhe des ursprünglichen Erwartungswertes, die bereits zum Erwerbszeitpunkt in die Anschaffungskosten einbezogen wurde; sowie eine zweite Kaufpreisanpassung in Höhe der erwarteten Änderung (Erhöhung oder Verminderung) der Kaufpreisanpassung, die sich erst später konkretisiert hat.[346] Insofern ist in Bezug auf die zweite Kaufpreisanpassung ähnlich wie im vorangehend dargestellten Fall einer erst nach dem Erwerbszeitpunkt konkret gewordenen Kaufpreisanpassung zu verfahren.[347]

Werden die Anschaffungskosten und der Goodwill *retrospektiv korrigiert*, sind zunächst die Vergleichsinformationen des Vorjahres zu berichten, indem die kumulierten Effekte der im Abschluss nicht mehr berücksichtigten Perioden in der Eröffnungsbilanz der Vergleichsperiode abgebildet werden. Hierzu werden die Anschaffungskosten und der Goodwill in Höhe des retrospektiven Wertes der erwarteten Änderung der Kaufpreisanpassung erhöht (vermindert). Die Kaufpreisverbindlichkeit gegenüber dem Verkäufer ist ebenfalls in dieser Höhe, jedoch zuzüglich des Zinsbetrages, der bis dahin zu wenig (viel) erfasst wurde, zu erhö-

---
[345] Vgl. hierzu die Fälle 3a und 3b des Bilanzierungsbeispiels in Anhang 3.
[346] Beispiel: Erhöht sich der Erwartungswert einer Kaufpreisanpassung von ursprünglich 10.000 GE zum Erwerbszeitpunkt auf 12.000 GE zu einem späteren Zeitpunkt, ist diese Änderung als gleichgerichtete Kaufpreisanpassung i.H.v. 2.000 GE zu behandeln, die die tatsächliche Kaufpreisanpassung erhöht. Verringert sich der Erwartungswert hingegen auf 8.000 GE, ist die Änderung als entgegengerichtete Kaufpreisanpassung i.H.v. -2.000 GE zu behandeln. Diese negative Kaufpreisanpassung ist insofern fiktiv, als sie nicht zu einer tatsächlichen Rückzahlung an den Käufer führt. Sie gleicht nur die zu hohe erste Kaufpreisanpassung aus und führt zu einer Minderung der tatsächlichen Kaufpreisanpassung
[347] Zu den hierbei anzuwendenden Rechnungslegungsnormen und den unterschiedlichen bilanziellen Auswirkungen in den einzelnen Perioden vgl. daher die ausführlichen Erläuterungen an dieser Stelle.

hen (vermindern). In Höhe dieser Zinsdifferenz ist der Eröffnungsbilanzwert der Gewinnrücklagen zu vermindern (erhöhen). Nur der höhere (geringere) Zinsaufwand, der in der Vergleichsperiode selbst angefallen wäre, wird nachträglich auch als Zinsaufwand (-ertrag) erfasst. In der Berichtsperiode ist ein Zinsaufwand für die inzwischen korrigierte Verbindlichkeit zu erfassen. Im Abschluss der Berichtsperiode wird somit ein um den retrospektiven Wert der Änderung der Kaufpreisanpassung erhöhter (verminderter) Goodwill bilanziert. Daneben ist eine um den Gegenwartswert der Änderung der Kaufpreisanpassung erhöhte (verminderte) Kaufpreisverbindlichkeit sowie der Zinsaufwand für diese Verbindlichkeit auszuweisen.

Werden Anschaffungskosten und Goodwill *prospektiv korrigiert*, ist im Berichtsjahr zum einen die bereits ausgewiesene Kaufpreisverbindlichkeit gegenüber dem Verkäufer um den Gegenwartswert der Änderung der Kaufpreisanpassung zu erhöhen (vermindern); zum anderen sind die ursprünglich angesetzten Anschaffungskosten und somit der Goodwill zu korrigieren. Hierfür gibt es zwei Möglichkeiten:

- Die Korrektur erfolgt um den *retrospektiven Wert* der erwarteten Erhöhung (Verminderung) der Kaufpreisanpassung. Die Zinsen, die bei einer Berücksichtigung der Erhöhung (Verminderung) der Kaufpreisanpassung zum Erwerbszeitpunkt bislang zusätzlich (weniger) angefallen wären, sind kumuliert als Zinsaufwand (-ertrag) zu erfassen.

- Die Korrektur erfolgt um den *prospektiven Wert* der erwarteten Erhöhung (Verminderung) der Kaufpreisanpassung. Es ist kein Zinsaufwand (-ertrag) zu erfassen, da der Gegenwartswert die Zinsen einschließt, welche bei Berücksichtigung der Kaufpreisanpassung zum Erwerbszeitpunkt bislang zusätzlich (weniger) angefallen wären.[348]

Sofern nicht eine einzige Earnout-Zahlung am Ende der Earnout-Periode, sondern jährliche Earnout-Zahlungen vereinbart wurden, hat der Käufer jede einzelne dieser möglichen künftigen Kaufpreisanpassungen in der dargestellten Form bilanziell zu berücksichtigen. In der Konsequenz kann jede einzelne der vertraglich vorgesehenen Kaufpreisanpassungen während der Earnout-Periode die beschriebenen Auswirkungen auf den Goodwill haben.

3.5.2.3 Begleichung mit eigenen Aktien

Die bilanzielle Behandlung einer Performance-based Contingent Consideration, die nicht mit Zahlungsmitteln, sondern durch Ausgabe von Aktien beglichen wird,

---

[348] Zu dieser Aufzählung vgl. PricewaterhouseCoopers (2006), Rn. 25.163.

ist in IFRS 3 nicht geregelt und von den Anwendungsbereichen des IFRS 2[349] und des IAS 32[350] ausgeschlossen. Um die Regelungslücke zu schließen, ist letztgenannter Standard dennoch analog anzuwenden.[351]

Sofern eine künftige Kaufpreisanpassung durch *Bezahlung eines* variablen, aber zum Fälligkeitszeitpunkt *bestimmbaren Betrages*[352] zu begleichen ist, hängt die Anzahl der zu übertragenden Aktien von deren Kurs zum Fälligkeitszeitpunkt der Zahlung ab. Die Anzahl der Aktien variiert also, damit ihr Fair Value einem bestimmten (bzw. variablen, aber bestimmbaren) Betrag entspricht. Daher sind die Voraussetzungen des IAS 32.16 zur Qualifikation als Eigenkapitalinstrument nicht erfüllt[353] und die bedingte Kaufpreiszahlung ist als finanzielle Verbindlichkeit im Sinne des IAS 32.11 zu behandeln. Bezüglich Zeitpunkt und Methode der bilanziellen Berücksichtigung wird daher wie im Fall einer durch Zahlungsmittel zu begleichenden Performance-based Contingent Consideration[354] verfahren.[355] Zum Fälligkeitszeitpunkt ist der tatsächliche Betrag der Kaufpreisanpassung zu bestimmen und hieraus die korrespondierende Aktienzahl zu ermitteln. Die Aktien werden an den Verkäufer übertragen und die Verbindlichkeit gegen das Eigenkapital ausgebucht.[356]

Es ist jedoch auch denkbar, dass der Käufer die zusätzliche Zahlung durch *Ausgabe einer* variablen, aber im Fälligkeitszeitpunkt *bestimmbaren Anzahl von Aktien* zu leisten hat. Dies wäre beispielsweise der Fall, wenn vertraglich vereinbart wurde, dass beim Überschreiten bestimmter Erfolgsschwellen jeweils eine bestimmte Anzahl von Aktien[357] auszugeben ist. Da die Anzahl der auszugebenden Aktien variiert und der Fair Value der Aktien dem Fair Value der Verpflichtung entspricht, könnte argumentiert werden, dass auch in diesem Fall die Voraussetzun-

---

[349] In IFRS 2.5 ist die Anwendung des IFRS 2 für Eigenkapitalinstrumente ausgeschlossen, die für den Erwerb des Unternehmens ausgegeben werden. Diese Regelung gilt unabhängig von der Art der Kaufpreiszahlung, d.h. sowohl für eine sofortige Kaufpreiszahlung als auch für Deferred Considerations (vgl. Fußnote 295) und Contingent Considerations, die mit eigenen Aktien beglichen werden.

[350] In IAS 32.4(c) ist die Anwendung des IAS 32 für den Käufer für „ ... contracts for contingent consideration in a business combination ..." ausgeschlossen. Dies gilt unabhängig von der Akquisitionswährung, d.h. sowohl für Zahlungen mit Geld als auch mit eigenen Aktien.

[351] Vgl. Ernst & Young (2006), S. 462f. Begründet wird diese Wahl damit, dass der IAS 32 für diesen konkreten Sachverhalt eine größere Relevanz hat als die Normen des IFRS 2.

[352] Bei Überschreiten bestimmter Erfolgsschwellen können z.B. fest vereinbarte (in ihrer Höhe gestaffelte) Beträge zu zahlen sein. Es ist auch möglich, dass beim Überschreiten eines bestimmten Schwellenwertes ein bestimmter Anteil des übersteigenden Erfolges zu bezahlen ist.

[353] Vgl. IAS 32.16(b)(i) i.V.m. 32.21.

[354] Vgl. hierzu die Ausführungen in Kapitel 3.5.2.2.

[355] Vgl. Ernst & Young (2006), S. 463.

[356] Nach Ernst & Young (2006), S. 455 ist auf diese Weise bei der Bezahlung einer in Aktien zu begleichenden, betragsmäßig bestimmten Deferred Consideration (vgl. Kapitel 3.4.2) zu verfahren. Dieses Vorgehen ist m.E. auch in diesem Fall angebracht.

[357] Eine solche Vereinbarung könnte z.B. Folgendes vorsehen: Liegt der durchschnittliche Gewinn innerhalb der Earnout-Periode über 10.000 GE, hat der Käufer weitere 100 Aktien an den Verkäufer zu übertragen. Liegt der Gewinn über 20.000 GE, hat er weitere 200 Aktien zu übertragen.

gen für eine Qualifikation als Eigenkapitalinstrument nicht erfüllt sind und daher eine Verbindlichkeit anzusetzen ist.[358] Allerdings ändert sich die tatsächliche oder erwartete Anzahl auszugebender Aktien nur, wenn ein anderes als das zunächst angenommene Erfolgsniveau erreicht, oder wenn dies erwartet wird. Die auszugebende Aktienzahl variiert nicht, damit ihr Fair Value einem bestimmten Betrag entspricht – sie ist demzufolge nicht kursabhängig. Der Fair Value der Verpflichtung stimmt per Definition mit dem der hinzugebenden Aktien überein, da die Zahlung durch eine bestimmte (bzw. variable, aber bestimmbare) Anzahl von Aktien vorgegeben ist.[359] Demnach ist die Performance-based Contingent Consideration in der Bilanz des Käufers richtigerweise als Eigenkapitalinstrument im Sinne des IAS 32.16 zu behandeln und im Eigenkapital auszuweisen.[360]

Wird die in Aktien zahlbare Kaufpreisanpassung bereits zum Erwerbszeitpunkt in die Ermittlung der Anschaffungskosten einbezogen, erfolgt die Berücksichtigung in Höhe des Fair Values der Aktien zu diesem Zeitpunkt. Bei der konkreten Wertermittlung sind die gleichen Vorschriften wie im Zusammenhang mit einer sofortigen Kaufpreiszahlung mit eigenen Aktien[361] zu berücksichtigen.[362]

Fraglich ist, ob danach auftretende Änderungen des Kurses bzw. Fair Values der Aktien bei der Folgebilanzierung der künftigen Kaufpreisanpassung berücksichtigt werden sollten. In diesem Fall wäre die Kaufpreisanpassung am Tag der tatsächlichen Ausgabe der Aktien zum aktuellen Kurs bewertet. Grundsätzlich sieht IFRS 3.33 eine Anpassung der Anschaffungskosten an eine veränderte Einschätzung der Höhe der zu zahlenden Kaufpreisanpassung vor. Bei einer Qualifizierung der Performance-based Contingent Consideration als Eigenkapital sind jedoch die Vorschriften des IAS 32.22 zu berücksichtigen, nach denen Fair-Value-Änderungen eines Eigenkapitalinstrumentes im Abschluss nicht ausgewiesen werden.[363]

---

[358] Vgl. IAS 32.16(b)(i) i.V.m. 32.21, 32.11.
[359] Vgl. Ernst & Young (2006), S. 464.
[360] Nach Ernst & Young (2006), S. 456 und PricewaterhouseCoopers (2006), Rn. 25.152 ist auf diese Weise mit einer Deferred Consideration zu verfahren, die durch eine bestimmte Anzahl von Aktien zu begleichen ist (vgl. Kapitel 3.4.2). Dieses Vorgehen ist m.E. auch in diesem Fall angebracht.
[361] Vgl. Kapitel 3.3.
[362] Vgl. Ernst & Young (2006), S. 464.
[363] Vgl. Ernst & Young (2006), S. 464f. IFRS 3.33 verlangt eine Korrektur der Anschaffungskosten, wenn die ursprüngliche Schätzung später revidiert werden muss. Im Fall einer Earnout-Vereinbarung, nach der beim Überschreiten bestimmter Erfolgsschwellen jeweils eine bestimmte Anzahl von Aktien auszugeben ist, hat der Käufer die Anzahl der künftig auszugebenden Aktien (und nicht einen künftig in Aktien zu zahlenden Betrag) zu schätzen. Eine Schätzungsänderung dürfte entsprechend nur dann vorliegen, wenn sich die Erwartung bezüglich der Anzahl der auszugebenden Aktien ändert. Entgegen der hier dargestellten Argumentation von Ernst & Young (2006), wäre m.E eine Kursänderung daher nicht als Schätzungsänderung zu interpretieren. Es käme nicht zur Anwendung der Regelungen des IFRS 3.33 und folglich nicht zu einer Korrektur der Anschaffungskosten. Im Resultat führen allerdings beide Sichtweisen zur selben bilanziellen Behandlung dieses Sachverhalts.

Ändern sich später die Erwartungen des Käufers bezüglich der zusätzlich auszugebenden Aktienanzahl, ist die Differenz zur ursprünglich erwarteten Anzahl zum Aktienkurs zum Erwerbszeitpunkt zu bewerten[364] und eine Korrektur der Anschaffungskosten in der entsprechenden Höhe vorzunehmen. Auch in diesem Fall sollen Änderungen des Fair Values der Aktien im Abschluss nicht ausgewiesen werden.[365]

3.5.3 Security Price-based Contingent Consideration

Durch die Vereinbarung einer Wertsicherungsklausel garantiert der Verkäufer für einen bestimmten Zeitraum den Wert der als Gegenleistung im Zuge der Unternehmensakquisition ausgegebenen Wertpapiere. In Abhängigkeit von deren künftiger Wertentwicklung entsteht für den Käufer eine Ausgleichsverpflichtung, die er zum Garantiezeitpunkt[366] durch eine zusätzliche Ausgleichszahlung (Security Price-based Contingent Consideration) zu begleichen hat. Diese Zahlung bewirkt eine spätere Anpassung des Kaufpreises[367] an das zugesicherte Wertniveau der erbrachten Gegenleistung.[368]

Hinsichtlich des *Zeitpunktes der bilanziellen Berücksichtigung* von Security Price-based Contingent Considerations gelten dieselben Normen wie im Zusammenhang

---

[364] Es erfolgt demnach eine Anpassung der Anschaffungskosten in Höhe des retrospektiven Wertes der Aktien.
[365] Vgl. Ernst & Young (2006), S. 465. Würden die Aktien, die zusätzlich zur ursprünglich erwarteten Aktienanzahl auszugeben wären, bei ihrer erstmaligen Berücksichtigung zum aktuellen Kurs – statt zum Kurs im Erwerbszeitpunkt – angesetzt, ist m.E. nicht sofort eingängig, warum dies in der Bilanz zu einem Ausweis der Änderung des Fair Values der Aktien führen sollte, da es sich um eine erstmalige Wertansatz und nicht um eine Folgebilanzierung handelt. Klarer wird die Argumentation, wenn der umgekehrte Fall betrachtet wird, indem der Käufer später mit einer geringeren als der ursprünglich erwarteten Anzahl zusätzlich auszugebender Aktien rechnet. Wird z.B. zum Erwerbszeitpunkt mit einer Ausgabe von 100 Aktien gerechnet, ist bei einem Kurs von 10 GE das Eigenkapitalinstrument mit einem Wert von 1.000 GE zu bilanzieren. Dieser Betrag ist in die Ermittlung der Anschaffungskosten einzubeziehen. Wird zu einem späteren Zeitpunkt nur noch mit einer Ausgabe von 80 Aktien gerechnet und wird die Differenz von 20 Aktien mit dem aktuellen Kurs von 8 GE bewertet, führt dies zu einer Verringerung des Wertansatzes des Eigenkapitalinstrumentes und der Anschaffungskosten i.H.v. 160 GE (20 * 8 GE). Die verbleibenden 80 Aktien wären in der Bilanz dann mit 840 GE (1.000 GE – 160 GE) bewertet. Dies entspräche einem Wert pro Aktie von 8,4 GE statt ursprünglich 10 GE. Wird demnach die erwartete Änderung der Aktienanzahl mit einem anderen, als dem ursprünglich angesetzten Wert ausgebucht, so ändert sich automatisch der Wertansatz der verbleibenden Aktien. Bei der dargestellten Argumentation wird folglich auf den durchschnittlichen Wert pro bilanzierte Aktie abgestellt. Ein entsprechendes Resultat ergibt sich daher auch im Fall einer Zubuchung von Aktien, die mit einem Kurs bewertet werden, der von jenem zum Erwerbszeitpunkt abweicht.
[366] Der Garantiezeitpunkt ist der Zeitpunkt, auf den sich die Wertsicherungsklausel bezieht bzw. für den ein bestimmter Kurs garantiert wird.
[367] Sowohl eine zusätzliche Zahlung aufgrund einer Earnout-Vereinbarung als auch aufgrund einer Wertsicherungsklausel stellt eine Kaufpreisanpassung dar – jedoch mit unterschiedlicher Wirkung: Im Fall einer Earnout-Zahlung erhält der Verkäufer einen zusätzlichen Wert zu der ursprünglich erhaltenen Kaufpreiszahlung – die Kaufpreisanpassung hat werterhöhende Wirkung. Im Fall einer Ausgleichszahlung erhält der Verkäufer einen Wertausgleich für die Wertminderung der ursprünglich erhaltenen Kaufpreiszahlung – die Kaufpreisanpassung hat nur werterhaltende Wirkung.
[368] Vgl. hierzu Kapitel 2.5.2.

mit Performance-based Contingent Considerations[369]. Nach IAS 3.32 bis 3.34 ist eine mögliche Kaufpreisanpassung aufgrund einer zusätzlichen Ausgleichszahlung an den Verkäufer ebenfalls bilanziell zu berücksichtigen, sobald sie hinreichend konkret ist. Liegen die Voraussetzungen hierfür bereits zum Erwerbszeitpunkt vor, so wird die Kaufpreisanpassung in die Ermittlung der Anschaffungskosten einbezogen. Konkretisiert sich die Ausgleichszahlung erst danach oder ändern sich später die zunächst getroffenen Annahmen bezüglich Anfall oder Höhe einer bereits berücksichtigten Ausgleichszahlung, führt dies, wie im Fall einer Performance-based Contingent Consideration, zu einem Ansatz bzw. einer Änderung der Kaufpreisverbindlichkeit gegenüber dem Verkäufer. Hinsichtlich des Gegenkontos wird jedoch unterschieden: Während im Fall einer Earnout-Zahlung die Anschaffungskosten korrigiert werden, erfolgt die Gegenbuchung im Fall einer Ausgleichszahlung aufgrund einer Wertsicherungsklausel nach IAS 3.35 im Eigenkapital.[370] Aufgrund der Vereinbarung einer Wertsicherungsklausel kann es somit zwar zu einer Erhöhung der erstmalig anzusetzenden Anschaffungskosten kommen, nicht jedoch zu einer nachträglichen Korrektur[371] derselben.[372]

Ergänzend zu den folgenden Erläuterungen findet sich in Anhang 4 ein Bilanzierungsbeispiel, anhand dessen die im Zusammenhang mit einer Wertsicherungsklausel vorzunehmenden Buchungen und deren Bilanzauswirkungen nachvollzogen werden können. Für die folgenden Ausführungen ist vereinfachend unterstellt, dass zu jeder Zeit die Erwartung besteht, das aktuelle Kursniveau könne gehalten werden. Hieraus folgt, dass eine Security Price-based Contingent Consideration wahrscheinlich wird, sobald der tatsächliche Wert der ausge-

---

[369] Vgl. hierzu Kapitel 3.5.2.2.1.
[370] Vgl. Lüdenbach, N. (2007), Rn. 46; Senger, T. u.a. (2006), Rn. 53; Hachmeister, D. (2005), Rn. 190; Baetge, J./Hayn, S./Ströher, T. (2006), Rn. 276; Wirth, J. (2005), S. 139.
[371] Security Price-based Contingent Considerations bewirken eine Anpassung des Kaufpreises, jedoch keine Korrektur der Anschaffungskosten. In IFRS 3.33 ist eine Zahlung aufgrund einer Wertsicherungsklausel jedoch als einer der Tatbestände aufgeführt, für die eine Anpassung der Anschaffungskosten erfolgen kann: „The adjustment [to the cost of the combination] might, for example, be contingent ... on the market price of the instruments issued being maintained." IFRS 3.35 enthält eine Formulierung, die dem widerspricht. Hiernach resultiert eine Zahlung aufgrund einer Wertsicherungsklausel nicht in einer Erhöhung der Anschaffungskosten: „ ... when the acquirer guarantees the market price of equity or debt instruments issued as part of the cost of the business combination and is required to issue additional equity or debt instruments to restore the originally determined cost ... no increase in the cost of the business combination is recognised." Durch die pauschale Verwendung des Begriffs ‚adjustment (to the cost of the combination)' findet keine deutliche Abgrenzung einer Anpassung des Kaufpreises von einer Korrektur der Anschaffungskosten statt. Insbesondere an dieser Stelle führt dies m.E. zu Unklarheiten und in der Folge zu Fehlinterpretationen, auf die bereits in Fußnote 251 hingewiesen wurde.
[372] Vgl. Lüdenbach, N. (2007), Rn. 49 Beispiel Fall C; Küting, K./Wirth, J. (2001), S. 1194f (Die Ausführungen dieser Quelle basieren zwar auf den Regelungen des IAS 22.70, besitzen aber nach wie vor Gültigkeit, da in IFRS 3.35 die Behandlung von Wertsicherungsklauseln unverändert übernommen wurden. Von einem Verweis auf diesen Artikel soll daher nicht abgesehen werden, da er sich detailliert mit der Thematik auseinandersetzt.).

3.5 Contingent Consideration

gebenen Aktien den garantierten Wert unterschreitet. Die resultierende Kaufpreisanpassung konkretisiert sich in Höhe dieser Differenz.[373]

Wenn der für die ausgegebenen Aktien *für einen künftigen Zeitpunkt garantierte Kurs dem tatsächlichen Kurs zum Erwerbszeitpunkt entspricht*[374], ist zum Erwerbszeitpunkt eine spätere Ausgleichszahlung und somit eine Kaufpreisanpassung nicht wahrscheinlich. Folglich sind die Kriterien zur bilanziellen Berücksichtigung der Security Price-based Contingent Consideration nicht erfüllt. Die Anschaffungskosten werden in Höhe des Fair Values der Aktien zum Erwerbszeitpunkt[375] angesetzt. Dieser Betrag entspricht gleichzeitig dem durch die Wertsicherungsklausel garantierten Wert der ausgegebenen Aktien, da zum Erwerbszeitpunkt garantierter und tatsächlicher Kurs zusammenfallen.[376]

Unterschreitet bei einer zwischen Erwerbs- und Garantiezeitpunkt liegenden Abschlusserstellung der tatsächliche Kurs der ausgegebenen Aktien den garantierten Kurs, wird eine spätere Ausgleichszahlung und somit Kaufpreisanpassung wahrscheinlich. Die Security Price-based Contingent Consideration ist in Höhe der Differenz zwischen dem tatsächlichen und dem garantierten Wert der hingegebenen Aktien bilanziell zu berücksichtigen. Entsprechend der Regelungen des IFRS 3.35 ist der zum Erwerbszeitpunkt bilanzierte Wert der bereits ausgegebenen Aktien auf den aktuellen, niedrigeren Fair Value zu berichten. Hierzu wird die Kapitalrücklage in Höhe der Wertminderung der ausgegebenen Anteile verringert. In gleicher Höhe ist eine Kaufpreisverbindlichkeit[377] gegenüber dem Verkäufer einzubuchen.[378]

Zu jeder folgenden Abschlusserstellung besteht die Möglichkeit, dass sich die Differenz zwischen garantiertem und tatsächlichem Kurs und somit die Höhe der erwarteten Ausgleichszahlung geändert hat. Die entsprechenden Anpassungen der

---

[373] Zu diesem Satz vgl. Lüdenbach, N. (2007), Rn. 46 Beispiel 2. Die Bewertung kann in abweichender Höhe erfolgen, falls eine hinreichende Wahrscheinlichkeit für eine andere Kursentwicklung gegeben ist.
[374] Vgl. hierzu Teil A-Fall 1 des Bilanzierungsbeispiels in Anhang 4.
[375] Dieser ergibt sich aus der Multiplikation der Anzahl der ausgegebenen Aktien mit ihrem Kurs zum Erwerbszeitpunkt. Vgl. hierzu Kapitel 3.3.
[376] Zu diesen beiden Sätzen vgl. Küting, K./Wirth, J. (2001), S. 1195; Lüdenbach, N. (2007), Rn. 49 Beispiel Fall B.
[377] IFRS 3 gibt keinen Hinweis, nach welchen Regelungen diese Ausgleichsverpflichtung anzusetzen ist. Die Anwendung des IAS 32 auf bedingte Gegenleistungen durch den Käufer ist in IAS 32.4(c) ausdrücklich ausgeschlossen. In Ermangelung anderweitiger Regelungen kommt m.E. hier wie im Falle einer Performance-based Contingent Consideration (vgl. Kapitel 3.5.2.2.3, Fußnoten 349-351) eine Anwendung in Analogie dennoch in Frage. Da aufgrund der Wertsicherungsklausel die Verpflichtung zum Ausgleich eines bestimmten Betrages (der Wertdifferenz) besteht, wäre hierfür eine finanzielle Verbindlichkeit nach IAS 32.11 anzusetzen. Sowohl im Fall einer Zahlung mit Zahlungsmitteln als auch im Fall der Ausgabe weiterer ausgegebener Aktien sind die Voraussetzungen zur Qualifizierung als Eigenkapitalinstrument nach IAS 32.16 nicht erfüllt.
[378] Zu diesen drei Sätzen vgl. Lüdenbach, N. (2007), Rn. 46 Beispiel 2, Rn. 49 Beispiel-Variante.

hierfür angesetzten Kaufpreisverbindlichkeit werden gegen die Kapitalrücklage gebucht.[379]

Zum Garantiezeitpunkt ist die Höhe der tatsächlich zu leistenden Ausgleichszahlung zu bestimmen und die angesetzte Kaufpreisverbindlichkeit endgültig gegen die Kapitalrücklage anzupassen.[380] Erfolgt die zusätzliche Zahlung zum Ausgleich der Wertminderung an den Verkäufer durch Ausgabe weiterer Aktien, muss deren Gesamtwert in logischer Konsequenz der Höhe der Wertminderung entsprechen. Die Verbindlichkeit wird ausgebucht und das gezeichnete Kapital und die Kapitalrücklage werden insgesamt um diesen Betrag erhöht. Diese Einbuchung des Fair Values der zusätzlichen Aktien erfolgt erfolgsneutral und kompensiert die vorangegangene gleichwertige Reduzierung des Wertes der ursprünglich ausgegebenen Aktien. Dies hat zur Folge, dass sich die Anschaffungskosten nicht erhöhen. Obwohl sich die Anzahl der für die Zwecke des Unternehmenserwerbs emittierten Aktien ändert, bleibt deren Gesamtwert und somit der Gesamtbetrag des Eigenkapitals unverändert. Es findet letztlich nur eine Wertverschiebung[381] zwischen der Kapitalrücklage und dem gezeichneten Kapital statt. Wurde statt einer weiteren Ausgabe von Aktien ein Barausgleich vereinbart, so ist die Verbindlichkeit gegen das Konto ‚Bank' auszubuchen.[382]

Sofern der für die ausgegebenen Aktien *für einen künftigen Zeitpunkt garantierte Kurs über dem tatsächlichen Kurs zum Erwerbszeitpunkt liegt*[383], ist bereits zum Erwerbszeitpunkt eine spätere Ausgleichszahlung und somit Kaufpreisanpassung wahrscheinlich. Insofern sind die Kriterien zur bilanziellen Berücksichtigung der Security Price-based Contingent Consideration erfüllt. Die Kaufpreisanpassung ist in die Ermittlung der Anschaffungskosten in Höhe der Differenz zwischen tatsäch-

---

[379] Vgl. Lüdenbach, N. (2007), Rn. 46 Beispiel 2, Rn. 49 Beispiel-Variante. Zu einem ähnlichen Ergebnis käme man, würde man die Wertsicherungsklausel als vom Käufer verkaufte Verkaufsoption (Short Put) auf eigene Aktien interpretieren. Denn indirekt hat der Verkäufer das Recht, die erhaltenen Aktien zum Garantiezeitpunkt dem Käufer zum garantierten Kurs anzudienen. Dieser hat dann die Differenz zum aktuellen Kurs durch Barausgleich (Net Cash Settlement) oder durch Hingabe weiterer Aktien (Net Share Settlement) auszugleichen. Die Anwendung von IAS 32 und IAS 39 auf bedingte Gegenleistungen ist zwar wegen IAS 32.4(c) und IAS 39.2(f) ausgeschlossen, in analoger Anwendung ergäbe sich aber Folgendes: Die Verkaufsoption würde wegen IAS 32.16(b)(ii) die Klassifikation als Eigenkapitalinstrument (Eigenkapital-Derivat) nicht erfüllen. Der Käufer hätte nach IAS 39.14 i.V.m. 39.AG35(d) einen solchen Optionsvertrag als Verbindlichkeit zum Zeitpunkt des Vertragsschlusses anzusetzen. Der Wertansatz wäre im Fall einer Wertsicherungsklausel allerdings nicht der Fair Value sondern der innere Wert der Option. Somit käme es ebenfalls zum Ausweis einer Verbindlichkeit, wenn der tatsächliche den garantierten Kurs unterschreiten würde.

[380] Vgl. Lüdenbach, N. (2007), Rn. 46 Beispiel 2, Rn. 49 Beispiel Fall B. Übersteigt inzwischen der tatsächliche den garantierten Kurs, ist die Verbindlichkeit auszubuchen, da für den Käufer keine Ausgleichsverpflichtung mehr besteht.

[381] Im Ergebnis erhöht sich das gezeichnete Kapital in Höhe des Betrages, der sich aus Multiplikation der Anzahl der neu auszugebenden Anteile mit deren Nennwert ergibt. Die Kapitalrücklage vermindert sich entsprechend.

[382] Vgl. Baetge, J./Hayn, S./Ströher, T. (2006), Rn. 277f Beispiel; Küting, K./Wirth, J. (2001), S. 1195; Wirth, J. (2005), S. 139; Hachmeister, D. (2005), Rn. 45, 190; Heuser, P./Theile, C. (2007), Rn. 3227; Weber, C.-P. (2007), Rn. 69; Epstein, B.J./Jermakowicz, E.K. (2007), S. 415.

[383] Vgl. hierzu Teil A-Fall 2 des Bilanzierungsbeispiels in Anhang 4.

3.5 Contingent Consideration

lichem und garantiertem Wert der hingegebenen Aktien einzubeziehen. In gleicher Höhe wird eine Kaufpreisverbindlichkeit gegenüber dem Verkäufer erfasst. Die Anschaffungskosten setzen sich folglich aus dem Fair Value der ausgegebenen Aktien zum Erwerbszeitpunkt sowie dem Betrag der erwarteten Ausgleichszahlung zusammen. Dieser Betrag entspricht dem durch die Wertsicherungsklausel garantierten Wert der Gegenleistung.[384] Zu den jeweils folgenden Stichtagen wird die Kaufpreisverbindlichkeit an die erwartete Höhe der Ausgleichszahlung angepasst. Zum Garantiezeitpunkt ist die Kaufpreisverbindlichkeit an die tatsächlich zu leistende Ausgleichzahlung anzupassen und zu begleichen.[385]

Für die ausgegebenen Aktien kann auch ein *Kurs für den Erwerbszeitpunkt garantiert*[386] werden. Liegt dieser über dem tatsächlichen Kurs zum Erwerbszeitpunkt, ist die Ausgleichszahlung zum Erwerbszeitpunkt nicht nur wahrscheinlich, sondern sicher. Ihre Höhe ergibt sich aus der Differenz zwischen tatsächlichem und dem garantiertem Wert der hingegebenen Aktien. Mit diesem Betrag ist sie als Kaufpreisanpassung in die Ermittlung der Anschaffungskosten einzubeziehen. Die Anschaffungskosten setzen sich folglich aus dem Fair Value der ausgegebenen Aktien zum Erwerbszeitpunkt sowie der aufgrund der Wertsicherungsklausel tatsächlich zu leistenden Ausgleichszahlung zusammen.[387] Dieser Betrag entspricht dem durch die Wertsicherungsklausel garantierten Wert der Gegenleistung. Erwerbs- und Garantiezeitpunkt fallen zeitlich zusammen. Daher erfolgt die Begleichung des Kaufpreises durch Ausgabe der ursprünglich vereinbarten Anzahl von Aktien gleichzeitig mit der Ausgleichszahlung zur Kompensation der negativen Wertentwicklung. Insofern kann meines Erachtens eine solche Vereinbarung nur eingeschränkt als Kaufpreisanpassung gesehen werden.

Falls der für die ausgegebenen Aktien *für einen künftigen Zeitpunkt garantierte Kurs unter dem tatsächlichen Kurs zum Erwerbszeitpunkt liegt*[388], ist zum Erwerbszeitpunkt eine spätere Kaufpreisanpassung nicht wahrscheinlich. Somit sind die Kriterien zur bilanziellen Berücksichtigung der Security Price-based Contingent Consideration nicht erfüllt. Die Anschaffungskosten werden in Höhe des Fair Values der hingegebenen Aktien zum Erwerbszeitpunkt angesetzt. Einzig im Fall einer solchen ‚Below Market Guarantee' entspricht der Betrag der Anschaffungskosten nicht dem durch die Wertsicherungsklausel garantierten Wert der Aktien, sondern übersteigt ihn. Bei einem späteren Unterschreiten des garantierten Kurses ist wie vorstehend beschrieben vorzugehen.[389]

---

[384] Zu diesen beiden Sätzen vgl. Lüdenbach, N. (2007), Rn. 49 Beispiel Fall A; Küting, K./Wirth, J. (2001), S. 1195.
[385] Vgl. Lüdenbach, N. (2007), Rn. 49 Beispiel Fall A, Variante; Küting, K./Wirth, J. (2001), S. 1195.
[386] Vgl. hierzu Teil A-Fall 3 des Bilanzierungsbeispiels in Anhang 4.
[387] Zu diesem Satz vgl. Lüdenbach, N. (2007), Rn. 49 Beispiel Fall A; Küting, K./Wirth, J. (2001), S. 1194f.
[388] Vgl. Teil A-Fall 4 des Bilanzierungsbeispiels in Anhang 4.
[389] Zu diesen drei Sätzen vgl. Küting, K./Wirth, J. (2001), S. 1195f; Lüdenbach, N. (2007), Rn. 49 Beispiel Fall D.

Durch eine Wertsicherungsklausel kann auch der *Wert ausgegebener Fremdkapitalinstrumente garantiert* werden.[390] Sind aufgrund dieser Vereinbarung zusätzliche Zahlungen zu leisten und werden hierfür zusätzliche Anleihen ausgegeben, steigen auch in diesem Fall die Anschaffungskosten nicht. Der Fair Value der zusätzlichen Zahlung wird auch in diesem Fall durch die gleichwertige Reduzierung des Wertes der bereits ausgegebenen Anleihen ausgeglichen. Da die zusätzliche Emission von Anleihen zu einem Anstieg des Nominalwertes der Verbindlichkeit gegenüber dem Verkäufer führt, ihr ausgewiesener Wert zunächst jedoch unverändert bleibt, hat sie nach IFRS 3.35 den gleichen Effekt wie ein zusätzlicher Abschlag beim erstmaligen Ansatz der Verbindlichkeit. Bis zur Fälligkeit der Anleihe ist nach der Effektivzinsmethode ratierlich zuzuschreiben, so dass zu diesem Zeitpunkt der Betrag aus der ursprünglichen und der nachlaufenden Verbindlichkeit eingebucht ist. Die Nachzahlung wird somit im Zeitablauf in der Gewinn- und Verlustrechung erfolgswirksam erfasst.[391]

3.6 Neuregelungen des IFRS 3 (2008)

3.6.1 Hintergrund

Der im März 2004 in Kraft getretene und aktuell anzuwendende IFRS 3 (2004) bezeichnete den Abschluss der ersten Phase des Business-Combinations-Projekts des International Accounting Standards Board (IASB).[392] Die zweite Phase wurde als Gemeinschaftsprojekt mit dem Financial Accounting Standards Board (FASB) durchgeführt. Dieses Projekt hatte zum Ziel, durch eine weitere Verbesserung und Angleichung der bestehenden Regelungswerke die Relevanz, Vollständigkeit und Vergleichbarkeit der Informationen über Unternehmenszusammenschlüsse zu verbessern.[393] Als Resultat der Konvergenzbestrebungen veröffentlichten IASB und FASB im Juni 2005 einen gemeinsamen Entwurf mit Änderungsvorschlägen, einen so genannten Exposure Draft (ED) zu IFRS 3 und Statement of Financial Accounting Standards (SFAS) 141.[394]

---

[390] Vgl. hierzu Teil B des Bilanzierungsbeispiels in Anhang 4.
[391] Vgl. Zelger, H. (2005), S. 125; Hachmeister, D. (2005), Rn. 46, 190; KPMG (2007), S. 116; Lüdenbach, N. (2007), Rn. 46. Weder in IFRS 3 noch in der Literatur finden sich Hinweise, nach welchen Rechnungslegungsnormen hierbei zu verfahren ist. Die Anwendung des IAS 39 auf bedingte Gegenleistungen im Rahmen eines Unternehmenszusammenschlusses ist in IAS 39.2(f) ausdrücklich ausgeschlossen. Eine analoge Anwendung des IAS 39.43 i.V.m. 39.AG65 bezüglich des erstmaligen Ansatzes, des IAS 39.47 hinsichtlich der Folgebewertung, sowie des IAS 39.56 i.V.m. 39.AG65 in Bezug auf die erfolgswirksame Behandlung des Disagios ist m.E. jedoch möglich.
[392] Vgl. Kühne, M./Schwedler, K. (2005), S. 329.
[393] Vgl. ED IFRS 3.IN3-3.IN7; KPMG IFRG Limited (2008), S. 8; Andrejewski, K.C./Fladung, H.-D./Kühn, S. (2006), S. 80; IASB (2008a), S. 4.
[394] Vgl. Gros, S.E. (2005), S. 782; IASB (2008a), S. 4; Brücks, M./Richter, M. (2005), S. 407.

In den Stellungnahmen zu diesem ersten Entwurf, die im Rahmen der bis Ende Oktober 2005 dauernden Kommentierungsphase eingingen, wurde erhebliche Kritik an den Änderungsvorschlägen geübt. Daher diskutierten die Boards sämtliche Regelungsvorschläge erneut, weshalb die Veröffentlichung des endgültigen, überarbeiteten Standards mehrfach verschoben wurde. Im Juni 2007 wurde zunächst ein überarbeiteter Entwurf des IFRS 3 veröffentlicht. Die Bezeichnung Near Final Draft (NFD) deutete darauf hin, dass es sich um eine nahezu endgültige Entwurfsfassung des überarbeiteten IFRS 3 handelte.[395] Der finale Standard wurde schließlich mit erheblicher zeitlicher Verzögerung[396] am 10. Januar 2008 veröffentlicht. IFRS 3 (2008) wird den derzeit noch gültigen IFRS 3 (2004) ersetzen und auf Unternehmenszusammenschlüsse anzuwenden sein, deren Erwerbszeitpunkt in ein nach dem 1. Juli 2009 beginnendes Geschäftsjahr fällt.[397]

3.6.2 Bilanzierung einer Unternehmensakquisition

Als eine der wohl bedeutendsten Neuerungen sah bereits ED IFRS 3 vor, Unternehmenszusammenschlüsse nicht mehr nach der Erwerbsmethode (Purchase Method), sondern nach der Akquisitionsmethode (Acquisition Method) zu bilanzieren.[398] Zunächst war angedacht, Unternehmenszusammenschlüsse im Erwerbszeitpunkt nicht mehr wie bislang in Höhe der kumulierten Anschaffungskosten, sondern unabhängig von der erworbenen prozentualen Beteiligung am Unternehmen in Höhe des Fair Values des akquirierten Unternehmens zu erfassen.[399] Der Bilanzierung sollte folglich nicht mehr das Anschaffungskostenprinzip (Cost Accumulation Principle) sondern das Prinzip der Fair-Value-Bewertung (Fair Value Measurement Principle) zugrunde liegen.[400] Es war vorgesehen, im Rahmen der Kapitalkonsolidierung den Fair Value des Unternehmens nicht mehr dem anteiligen, sondern dem vollständigen, neubewerteten Nettovermögen gegenüberzustellen. Hierdurch wäre es unabhängig von der Beteiligungsquote des Mutterunternehmens zu einer Aufdeckung des Goodwills in voller Höhe (Full Goodwill)

---

[395] Vgl. Baetge, J./Hayn, S./Ströher, T. (2006), Rn. 300; Küting, K./Wirth, J. (2007), S. 460.
[396] Im ED IFRS 3.82 war die erstmalige Anwendung der Neuregelungen auf Unternehmenszusammenschlüsse ab Januar 2007 vorgesehen. Folglich wurde zunächst noch mit einer Publizierung im Jahr 2006 oder früher gerechnet. Im Dezember 2006 wurde vom IASB eine Veröffentlichung des endgültigen Standards für das dritte Quartal 2007 in Aussicht gestellt. Nach Herausgabe des NFD IFRS 3 wurde schließlich eine Veröffentlichung bis spätestens Ende November angekündigt. Vgl. IASB (2008b).
[397] Vgl. IFRS 3.64 (2008); KPMG IFRG Limited (2008), S. 49.
[398] Vgl. ED IFRS 3.BC33; IFRS 3.BC14 (2008); KPMG IFRG Limited (2008), S. 3. Weitere wesentliche Änderungen, auf die im Rahmen dieser Arbeit nicht näher eingegangen wird, haben sich u.a. im Zusammenhang mit der Behandlung sukzessiver Unternehmenserwerbe sowie der Änderung der Beteiligungsquote ohne Kontrollverlust ergeben. Vgl. zu den nach ED IFRS 3 vorgesehenen Änderungen Kühne, M./Schwedler, K. (2005), zu den tatsächlich umgesetzten Änderungen vgl. IASB (2008a) und KPMG IFRG Limited (2008).
[399] Vgl. ED IFRS 3.49 i.V.m. 3.19-3.20; IFRS 3.51 i.V.m. 3.24 (2004); Erdmann, M.-K./Wünsch, M./Meyer, U. (2006), S. 386.
[400] Vgl. KPMG IFRG Limited (2008), S. 9, 24; Baetge, J./Hayn, S./Ströher, T. (2006), Rn. 301.

gekommen.⁴⁰¹ Zusätzlich zum bisherigen Ansatz des Anteils der Mehrheitsgesellschafter am Goodwill wäre somit nach ED IFRS 3 auch der Anteil der Minderheitsgesellschafter am Goodwill verpflichtend anzusetzen gewesen.⁴⁰²

Das IASB stellte in diesem Zusammenhang die Vermutung auf, dass im Fall eines vollständigen Unternehmenserwerbs der Fair Value der vom Käufer gewährten Gegenleistung dem Fair Value des Unternehmens entspricht. Erwirbt der Käufer weniger als 100 Prozent der Anteile, entsprechen sich diese beiden Werte nicht. Dennoch ist der Fair Value der Gegenleistung der beste Anhaltspunkt zur Ermittlung des Fair Values des gesamten Unternehmens.⁴⁰³ Für den Fall eines Erwerbs aller Anteile des Unternehmens hätte sich insofern hinsichtlich der Ermittlung des Goodwills kein Unterschied zu den Vorschriften des IFRS 3 (2004) ergeben.⁴⁰⁴

Aufgrund der massiven Kritik an den Änderungsvorschlägen modifizierte das IASB die zunächst vorgesehenen Regelungen zur Erstbewertung des Anteils nichtkontrollierender Gesellschafter⁴⁰⁵ am Zielunternehmen. Im Gegensatz zum FASB entschied sich das IASB diesbezüglich für ein Wahlrecht: Der Anteil nichtkontrollierender Gesellschafter kann künftig entweder zum Fair Value oder in Höhe des proportionalen Anteils am neubewerteten Nettovermögen angesetzt werden.⁴⁰⁶ Die Bilanzierung eines Full Goodwills ist demnach nur nach US-GAAP verpflichtend. Diesbezüglich unterscheiden sich die jeweiligen Neufassungen des

---

⁴⁰¹ Vgl. Erdmann, M.-K./Wünsch, M./Meyer, U. (2006), S. 386; Andrejewski, K.C./Fladung, H.-D./Kühn, S. (2006), S. 28.

⁴⁰² Mit IFRS 3 (2004) fand eine erste Hinwendung zur Einheitstheorie statt. Daher ist Rahmen eines Unternehmenserwerbs auch der auf die Minderheitsgesellschafter entfallende Anteil an den stillen Reserven und Lasten der erworbenen Vermögenswerte und Schulden in voller Höhe aufzudecken (vollständige Neubewertungsmethode). Die Vorschläge des ED IFRS 3 folgten noch stärker einheitstheoretischen Überlegungen. Der Ansatz eines Full Goodwills wurde damit begründet, dass der Goodwill einen Vermögenswert darstellt und daher ebenfalls in voller Höhe – also unabhängig von der Beteiligungsquote – anzusetzen ist. Der Grundgedanke der Einzelerwerbsfiktion sollte somit auch auf den Goodwill übertragen werden. Vgl. ED IFRS 3.BC134-138; Brücks, M./Richter, M. (2005), S. 408; Erdmann, M.-K./Wünsch, M./Meyer, U. (2006), S. 386; IASB (2008a), S. 13.

⁴⁰³ Vgl. ED IFRS 3.20, 3.A8-3.A11; Brücks, M./Richter, M. (2005), S. 409; Kühne, M./Schwedler, K. (2005), S. 332; Andrejewski, K.C./Fladung, H.-D./Kühn, S. (2006), S. 82. Werden alle Anteile erworben, ist der Fair Value der gewährten Gegenleistung nur in Ausnahmefällen kein Anhaltspunkt für den Fair Value des Unternehmens – z.B. wenn kein Kaufpreis gezahlt wurde oder der Verkauf unter Druck erfolgte (vgl. ED IFRS 3.A18). Werden weniger als 100 % der Anteile gekauft und enthält der Kaufpreis hierfür eine Kontrollprämie, würde eine Hochrechnung auf Basis des Fair Values der gewährten Gegenleistung zur Ermittlung des Fair Values des gesamten Unternehmens zu inakzeptablen Ergebnissen führen (vgl. hierzu das Beispiel in ED IFRS 3.A15-3.A17). In diesen Fällen sind einschlägige Unternehmensbewertungsmethoden gemäß ED IFRS 3.A19-3.A26 zur Wertfindung anzuwenden. Vgl. Kühne, M./Schwedler, K. (2005), S. 332; Hachmeister, D. (2005), Rn. 48f.

⁴⁰⁴ Vgl. Gros, S.E. (2005), S. 782; Andrejewski, K.C./Fladung, H.-D./Kühn, S. (2006), S. 82. Da sich zugleich die Modalitäten zur Behandlung der einzubeziehenden Gegenleistungen geändert hatten, hätten sich die ermittelten Goodwills in ihrer Höhe dennoch unterschieden. Vgl. hierzu die folgenden Ausführungen.

⁴⁰⁵ Der Begriff Anteil nicht-kontrollierender Gesellschafter (Non-controlling Interest) des IFRS 3 (2008) ersetzt den Begriff Minderheitsanteil (Minority Interest) des IFRS 3 (2004). Die Begriffsdefinitionen entsprechen einander und finden sich jeweils in Appendix A. Vgl. Senger, T./Brune, J. (2006), Rn. 11.

⁴⁰⁶ Vgl. IASB (2008b); KPMG IFRG Limited (2008), S. 25f; IASB (2008a), S. 9, 12.

IFRS 3 und des SFAS 141.[407] Diese Änderungen wurden bereits im NFD IFRS 3 veröffentlicht. Die Regelungen des IFRS 3 (2008) entsprechen inhaltlich erwartungsgemäß denen des NFD IFRS 3. Unterschiede bestehen lediglich im formalen Aufbau der Regelungen.[408]

Der Goodwill ist nach IFRS 3.32 (2008) zum Erwerbszeitpunkt als Differenz aus dem Fair Value der gewährten Gegenleistung zuzüglich des Wertes des Anteils der nicht-kontrollierenden Gesellschafter am Zielunternehmen und dem Wert des vollständigen, neubewerteten Nettovermögens zu bestimmen. Die Höhe des Goodwills ist von dem nach IFRS 3.19 (2008) gewählten *Wertansatz für den Anteil der nicht-kontrollierenden Gesellschafter* abhängig:

- Wird dieser zum *Fair Value* bewertet[409], wird hierdurch der Fair Value des gesamten Unternehmens approximiert. Nach Abzug des vollständigen, neubewerteten Nettovermögens verbleibt der sowohl auf die Anteile der kontrollierenden als auch der nicht-kontrollierenden Gesellschafter entfallende Goodwill (Full Goodwill). Diese Vorgehensweise entspricht dem ursprünglich vorgesehenen Ermittlungsverfahren nach ED IFRS 3.

- Der Anteil der nicht-kontrollierenden Gesellschafter kann jedoch auch *in Höhe des entsprechenden Anteils am neubewerteten Nettovermögen* angesetzt werden. Durch Abzug des vollständigen, neubewerteten Nettovermögens wird dieser Betrag in exakt gleicher Höhe wieder subtrahiert. Im Ergebnis wird dem Fair Value der gewährten Gegenleistung der auf die kontrollierenden Gesellschafter entfallende Anteil am neubewerteten Nettovermögen gegenübergestellt, so dass nur der auf deren Anteil entfallende Goodwill (Purchased Goodwill) verbleibt. Diese Vorgehensweise entspricht im Ergebnis dem bisherigen Ermittlungsverfahren nach IFRS 3 (2004).[410]

Über die Unterschiede in der Ermittlung des Goodwills bei einem Erwerb von weniger als 100 Prozent der Anteile am Zielunternehmen – nach der gegenwärtig

---

[407] Vgl. Küting, K./Wirth, J. (2007), S. 460.
[408] Die für die weiteren Ausführungen herangezogene Literatur basiert überwiegend auf den Regelungen des ED IFRS 3. Die Unterschiede zwischen ED IFRS 3 sowie NFD IFRS 3 und IFRS 3 (2008), die inhaltlich nahezu identisch sind, liegen vor allem im Wahrecht bei der Goodwill-Bilanzierung. Bei der Ermittlung des Wertes der übertragenen Gegenleistung haben sich hingegen kaum Änderungen ergeben. Aus diesem Grund konnte für die folgenden Ausführungen auf Quellen zurückgegriffen werden, die sich mit den Regelungen des ED IFRS 3 und NFD IFRS 3 auseinandersetzen. Den hierbei diskutierten Normen wurden die entsprechenden Normen nach IFRS 3 (2008) zugeordnet. Sofern inhaltliche Differenzen zwischen den beiden Entwürfen und der finalen Fassung bestehen, wird hierauf im Folgenden ausdrücklich hingewiesen. Ansonsten wird nur auf die nach IFRS 8 (2008) relevante Norm verwiesen. In Anhang 5 findet sich eine Übersicht der für diese Arbeit relevanten Paragraphen des IFRS 3 (2004) sowie den korrespondierenden Regelungen der ED IFRS 3, NFD IFRS 3 und IFRS 3 (2008).
[409] Vgl. IFRS 3.B44-3.B45 (2008).
[410] Vgl. Küting, K./Wirth, J. (2007), S. 462f; KPMG IFRG Limited (2008), S. 25, 37.

anzuwendenden Erwerbsmethode nach IFRS 3 (2004)[411] und der künftig anzuwendenden Akquisitionsmethode nach IFRS 3 (2008) – gibt die folgende Abbildung 18 einen zusammenfassenden Überblick.

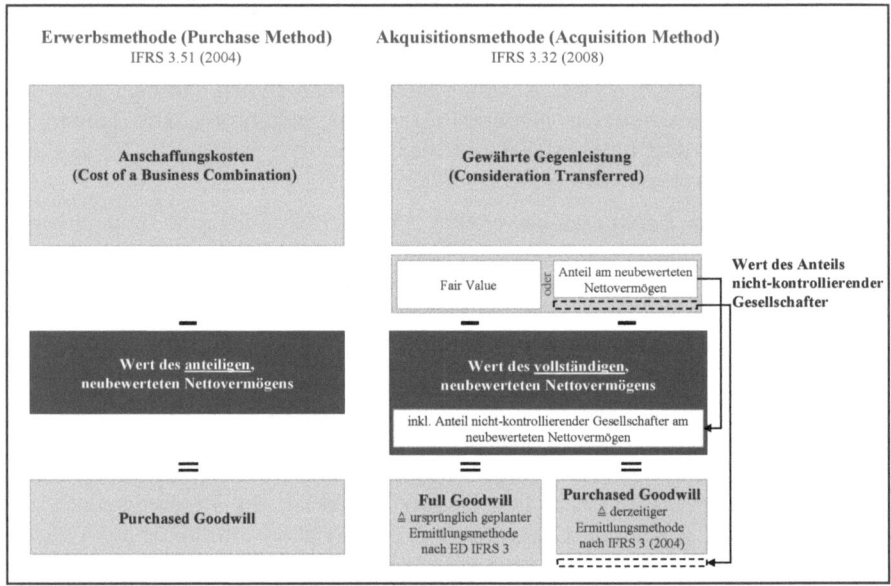

Abbildung 18: Ermittlung des Goodwills nach der Erwerbs- und Akquisitionsmethode im Vergleich [412]

3.6.3 Anschaffungskosten

Werden sämtliche Anteile des Zielunternehmens erworben, ist sowohl nach alter als auch nach neuer Fassung des IFRS 3 bei der Ermittlung des Goodwills das vollständige, neubewertete Nettovermögen in Abzug zu bringen. Aus der konsequenten Umsetzung des Prinzips der Fair-Value-Bewertung, das der Akquisitionsmethode zugrunde liegt, resultieren jedoch insbesondere auch Änderungen hinsichtlich der Ermittlung des Betrages, von dem das Nettovermögen abzuziehen ist. Während dies nach IFRS 3 (2004) bislang die Anschaffungskosten des Unternehmenszusammenschlusses sind (Cost of a Business Combination), wird dies künftig nach IFRS 3 (2008) die gewährte Gegenleistung (Consideration Transferred) sein.

---

[411] Vgl. Kapitel 3.1.
[412] In Anlehnung an Senger, T./Brune, J. (2006), Rn. 12; Küting, K./Wirth, J. (2007), S. 462.

3.6 Neuregelungen des IFRS 3 (2008)

Abbildung 19 zeigt, dass sich der Betrag der gewährten Gegenleistung ähnlich wie bislang die Anschaffungskosten ermitteln lässt.[413] Er ergibt sich aus der Summe der Fair Values der Komponenten der Gegenleistung zum Erwerbszeitpunkt.[414] Eine wesentliche Neuerung besteht darin, dass hierzu neben der Hingabe etwa von Zahlungsmitteln oder Eigenkapitalinstrumenten explizit auch Contingent Considerations zählen[415], die demzufolge bereits zum Erwerbszeitpunkt einzubeziehen sind. Anschaffungsnebenkosten sind dagegen künftig nicht mehr zu berücksichtigen.[416]

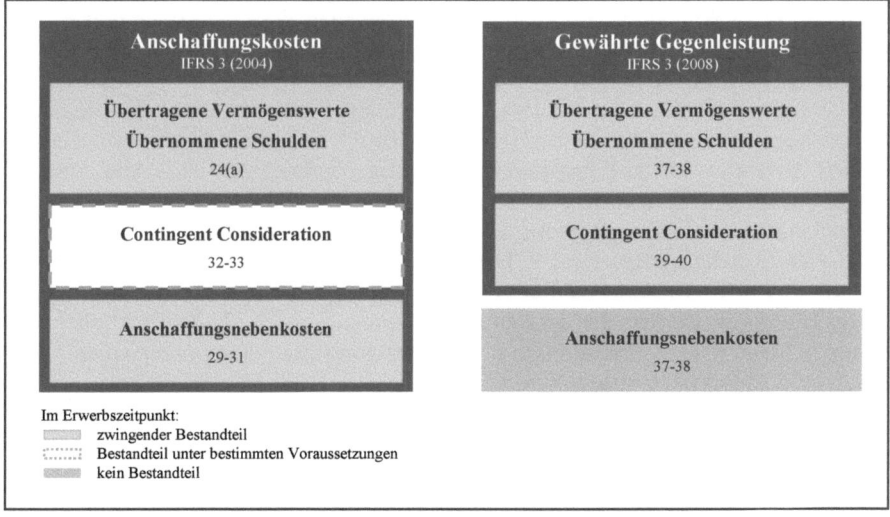

Abbildung 19: Komponenten der Anschaffungskosten und der gewährten Gegenleistung im Vergleich

---

[413] Vgl. Kapitel 3.2.
[414] Vgl. IFRS 3.37-3.38 (2008). Nach den Regelungen des IFRS 3.24 (2004) sind die Fair Values der Gegenleistungen zum Tauschzeitpunkt zu bestimmen. Da sich bei der Kontrollerlangung in einem Erwerbsschritt Tausch- und Erwerbszeitpunkt entsprechen (vgl. hierzu die Ausführungen in Fußnote 258), ergeben sich im Resultat keine Neuerungen. Vgl. KPMG IFRG Limited (2008), S. 17; Hachmeister, D. (2005), Rn. 51.
[415] Die in IFRS 3.37 (2008) genannten Komponenten umfassen „ ... assets transferred by the acquirer, the liabilities incurred by the acquirer ... and the equity interests issued ... . Examples of potential forms of consideration include cash, other assets, ... , contingent consideration, equity instruments, options, warrants, ..." Sie entsprechen somit den in IFRS 3.24(a) (2004) genannten Komponenten.
[416] Vgl. IFRS 3.53 (2008); IFRS 3.24(b) (2004); KPMG IFRG Limited (2008), S. 17.

3.6.4 Contingent Consideration

3.6.4.1 Abgrenzung zu sonstigen Vergütungen

IFRS 3.51 (2008) verlangt grundsätzlich vom Käufer zu bestimmen, welche Beträge nicht Teil der gewährten Gegenleistung für den Erwerb des Zielunternehmens darstellen. Diese sind bei der Anwendung der Akquisitionsmethode zur Bestimmung des Goodwills nicht zu berücksichtigen, sondern als separate Transaktion nach anderen IFRS zu behandeln. Die in IFRS 3.52(b) (2008) genannten Vergütungen des Verkäufers für künftige Leistungen sind ein Beispiel solcher separater Transaktionen.[417] Erhält der Verkäufer nach dem Unternehmenserwerb erfolgsabhängige Earnout-Zahlungen, ist zu bestimmen, ob es sich hierbei um zu aktivierende Komponenten der gewährten Gegenleistung oder um aufwandswirksame Vergütungen für eine fortgesetzte Leistungspflicht des Verkäufers handelt. In der Application Guidance des IFRS 3 (2008)[418] werden Indikatoren definiert, anhand derer eine solche Klassifizierung künftig vorzunehmen ist.[419] Die Ausführungen hierzu sind nahezu wörtlich den Vorgaben des EITF 95-8 entnommen, auf die bislang schon in Ermangelung entsprechender Regelung nach IFRS 3 (2004) hilfsweise zurückgegriffen wird.[420] Die Einbeziehung dieser Vorgaben in die Neufassung des IFRS 3 (2008) schließt dementsprechend die momentane Regelungslücke. Hierdurch werden die derzeit bestehenden Unsicherheiten bezüglich der richtigen bilanziellen Behandlung und die hieraus resultierenden unterschiedlichen Bilanzierungspraktiken ausgeräumt.[421]

3.6.4.2 Bilanzielle Behandlung

Contingent Considerations sind künftig als eine Komponente der gewährten Gegenleistung prinzipiell bereits zum Erwerbszeitpunkt in Höhe ihres Fair Values zu erfassen.[422] Das IASB begründet die Neuregelung damit, dass die im Rahmen einer Unternehmensakquisition eingegangene Verpflichtung zur Leistung zusätzlicher Zahlungen einen Teil der gewährten Gegenleistung darstellt und als solcher im Erwerbszeitpunkt dementsprechend auch zu behandeln ist.[423] Dies stellt eine signifikante Änderung im Vergleich zur derzeitigen Normenlage dar. Bislang erfolgt eine Einbeziehung zum Erwerbszeitpunkt in die Anschaffungskosten nur unter der

---

[417] Vgl. KPMG IFRG Limited (2008), S. 43; Andrejewski, K.C./Fladung, H.-D./Kühn, S. (2006), S. 85.
[418] Vgl. IFRS 3.B54-3.B55 (2008).
[419] Vgl. KPMG IFRG Limited (2008), S. 44.
[420] Die verschiedenen Indikatoren wurden daher bereits in Kapitel 3.5.2.1 bei der Erläuterung der nach IFRS 3 (2004) bislang ungeregelten Abgrenzungsproblematik dargestellt. Auf diese Ausführungen wird deshalb an dieser Stelle verwiesen.
[421] Vgl. KPMG IFRG Limited (2008), S. 45.
[422] Vgl. IFRS 3.37 i.V.m. 3.39 (2008); KPMG IFRG Limited (2008), S. 18.
[423] Vgl. IASB (2008a), S. 20.

3.6 Neuregelungen des IFRS 3 (2008) 111

Einschränkung, dass zu diesem Zeitpunkt eine zusätzliche Zahlung wahrscheinlich und verlässlich messbar ist.[424] Derartige Wahrscheinlichkeitsüberlegungen sind nach IFRS 3 (2008) bei der Ermittlung des Fair Values der Contingent Consideration im Erwerbszeitpunkt zu berücksichtigen.[425]

IFRS 3.40 (2008) verlangt vom Käufer, Contingent Considerations zum Erwerbszeitpunkt als Eigenkapitalinstrument oder Verbindlichkeit, den Definitionen des IAS 32.11[426] entsprechend, zu klassifizieren. Nach IFRS 3.58 (2008) ist die bilanzielle Abbildung nachfolgender Änderungen des Fair Values einer Contingent Consideration von dieser vorgenommenen Kategorisierung abhängig:

- Eine Verpflichtung aufgrund einer *Contingent Consideration, klassifiziert als Eigenkapital,* ist im Rahmen der Folgebilanzierung keiner Neubewertung[427] zu unterziehen. Demnach sind keine Wertanpassungen vorzunehmen.

- Eine Verpflichtung aufgrund einer *Contingent Consideration, klassifiziert als Verbindlichkeit,*

  - die *als Finanzinstrument zu beurteilen* ist, fällt in den Anwendungsbereich des IAS 39[428] und wird in Übereinstimmung mit dessen Vorschriften bilanziert. In diesem Fall sind im Rahmen der Folgebilanzierung Neubewertungen zum Fair Value durchzuführen. Die Änderungen desselben werden in der Gewinn- und Verlustrechnung erfolgswirksam erfasst.[429]

  - die *nicht als Finanzinstrument zu beurteilen* ist[430] und somit nicht den Regelungen des IAS 39 unterliegt, wird nach den Regelungen des IAS 37 oder eines anderen Standards bilanziert.[431]

Aus Sicht des IASB sind Änderungen des Fair Values einer bedingten Gegenleistung nach dem Erwerbszeitpunkt zumeist auf Ereignisse und Veränderungen zu-

---

[424] Vgl. IFRS 3.32-3.34 (2004); Weiser, M.F. (2005), S. 278; Ernst & Young (2006), S. 594; Andrejewski, K.C./Fladung, H.-D./Kühn, S. (2006), S. 86; KPMG IFRG Limited (2008), S. 18; Kapitel 3.5.2.2.1.
[425] Vgl. Andrejewski, K.C./Fladung, H.-D./Kühn, S. (2006), S. 86; Hachmeister, D. (2005), Rn. 52; Senger, T./Brune, J. (2006), Rn. 17; Freiberg, J. (2008), S. 33; Hachmeister, D. (2008), S. 117.
[426] Bislang war für den Käufer die Anwendung des IAS 32 auf bedingte Gegenleistungen im Rahmen eines Unternehmenszusammenschlusses in IAS 32.4(c) ausdrücklich ausgeschlossen. Im Zuge der Neuregelungen wird dieser Ausschluss aufgehoben. Vgl. IFRS 3.C7 (2008).
[427] Dieses Vorgehen geht konform mit der allgemeinen Behandlung von Eigenkapitalinstrumenten nach den Regelungen in IAS 32.22.
[428] Bislang war für den Käufer die Anwendung des IAS 39 auf bedingte Gegenleistungen im Rahmen eines Unternehmenszusammenschlusses in IAS 39.2(f) ausdrücklich ausgeschlossen. Im Zuge der Neuregelungen wird dieser Ausschluss aufgehoben. Vgl. IFRS 3.C13 (2008); Hachmeister, D. (2005), S. 19.
[429] Vgl. IAS 39.47(a), 39.55(a).
[430] Keine finanziellen Verbindlichkeiten stellen aufgrund ihres Verpflichtungs- und Leistungscharakters z.B. Sachleistungsverbindlichkeiten dar. Vgl. Schulze Osthoff, H.-J./Schulz-Danso, M. (2006), Rn. 19.
[431] Zu dieser Aufzählung vgl. Hachmeister, D. (2005), Rn. 53; Ernst & Young (2006), S. 595; Kühne, M./Schwedler, K. (2005), S. 332; Andrejewski, K.C./Fladung, H.-D./Kühn, S. (2006), S. 86; KPMG IFRG Limited (2008), S. 18; Schultze, W./Kafadar, K./Thiericke, S. (2008), S. 1350.

rückzuführen, die erst nach dem Erwerbszeitpunkt aufgetreten sind. Hieraus wurde gefolgert, dass spätere Änderungen des Fair Values einer bedingten Gegenleistung nicht die Bewertung der dem Verkäufer zum Erwerbszeitpunkt gewährten Gegenleistung oder des Goodwills betreffen sollten.[432]

Nach IFRS 3 (2004) kann es bislang im Zusammenhang mit Contingent Considerations nach dem Erwerbszeitpunkt zu einem erstmaligen Ansatz einer Kaufpreisverbindlichkeit aufgrund einer späteren Konkretisierung oder zu einer Anpassung einer bereits bestehenden Kaufpreisverbindlichkeit aufgrund der Revision der ursprünglichen Annahmen kommen. Im Fall einer Performance-based Contingent Consideration ist diese Wertänderung gegen die Anschaffungskosten zu buchen, woraus eine Korrektur des Goodwills resultiert.[433] Im Fall einer Security Price-based Contingent Consideration erfolgt die Gegenbuchung in Form einer Korrektur des Fair Values der ursprünglich ausgegebenen Wertpapiere.[434] Zwar wird bei der bilanziellen Abbildung einer Kaufpreisanpassung zwischen Performance-based- und Security Price-based Contingent Considerations differenziert, jedoch ist keiner dieser Vorgänge gegenwärtig erfolgswirksam.

Da entsprechend der Neuregelungen des IFRS 3 (2008) Contingent Considerations zwingend bereits zum Erwerbszeitpunkt zu berücksichtigen sind, kann es danach lediglich zu einer Anpassung einer bereits bestehenden Kaufpreisverbindlichkeit kommen. Im Unterschied zu den bisherigen Regelungen ist diese zum einen unabhängig von der Art der Contingent Consideration und zum anderen erfolgswirksam in der Gewinn- und Verlustrechnung abzubilden.

Nach IFRS 3.45 (2008) kann die Erstkonsolidierung weiterhin zunächst auf Basis vorläufiger Werte durchgeführt werden. Innerhalb einer maximal zwölf Monate dauernden Wertaufhellungsperiode (Measurement Period)[435] sind diese Werte endgültig zu bestimmen. Die Anpassungen innerhalb dieses Zeitraumes sind nur aufgrund zugegangener wertaufhellender Informationen[436] retrospektiv durchzuführen. Das bedeutet, dass vorläufige Werte nur aufgrund von Informationen angepasst werden dürfen, die Sachverhalte betreffen, welche zum Erwerbszeitpunkt bestanden und die zu einer anderen Bilanzierung in diesem Zeitpunkt ge-

---

[432] Vgl. IASB (2008a), S. 21; Ernst & Young (2006), S. 595.
[433] Vgl. IFRS 3.33-3.34 (2004); Erdmann, M.-K./Wünsch, M./Meyer, U. (2006), S. 390; Kapitel 3.5.2.
[434] Vgl. IFRS 3.35 (2004); KPMG IFRG Limited (2008), S. 19; Kapitel 3.5.3.
[435] Nach IFRS 3.45 (2008) beginnt die Measurement Period zum Erwerbszeitpunkt und endet zu dem Zeitpunkt, zu dem der Erwerber alle notwendigen Informationen erhalten hat, um die Erstkonsolidierung endgültig durchzuführen, spätestens jedoch nach zwölf Monaten. Nach den derzeitigen Regelungen des IFRS 3.62 (2004) endet die Initial Accounting Period ebenfalls nach zwölf Monaten. Eine frühzeitige Beendigung ist hingegen nicht vorgesehen.
[436] IFRS 3.47 (2008) gibt Anhaltspunkte vor, anhand derer bestimmt werden kann, ob eine neue Information als wertaufhellend zu qualifizieren ist. Im Exposure Draft fand sich diese Regelung noch in der Application Guidance (ED IFRS 3.A71).

3.6 Neuregelungen des IFRS 3 (2008)

führt hätten, wären sie bekannt gewesen.[437] Eine Ausnahme von den grundsätzlichen Regelungen zur Folgebilanzierung einer Contingent Consideration kann innerhalb der Wertaufhellungsperiode somit allenfalls für Anpassungen aufgrund werterhellender Informationen bestehen.[438] In den meisten Fällen dürfte die geänderte Einschätzung des Fair Values einer Performance-based Contingent Consideration, die an den Eintritt eines künftigen Ereignisses oder die Entwicklung künftiger Gewinne gebunden ist, auf wertbegründende Information zurückzuführen sein, z.b. wenn der Käufer seine Erwartungen der tatsächlichen Unternehmensperformance entsprechend anpasst. In diesem Fall sind die Voraussetzungen für eine Anwendung der IFRS 3.45-3.50 (2008) nicht erfüllt und daher die grundsätzlichen Regelungen zur Folgebilanzierung von Contingent Considerations anzuwenden.[439] Gleiches gilt meines Erachtens für eine geänderte Einschätzung des Fair Values einer Security Price-based Contingent Consideration, die von der Kursentwicklung der ausgegebenen Anteile abhängig ist. Entsprechend der Neuregelungen werden im Fall von Performance-based Contingent Considerations Anpassungen der Anschaffungskosten innerhalb der Wertaufhellungsperiode selten sein. Danach sind sie im Unterschied zu IFRS 3 (2004) keinesfalls mehr zulässig.[440]

Nach derzeitiger Normenlage gibt es keine konkrete Einschränkung, nach der nur wertaufhellende Informationen zu einer Anpassung innerhalb der Initial Accounting Period führen dürfen. Hieraus resultiert die in Kapitel 3.5.2.2.2 dargestellte Debatte, ob künftige Kaufpreisanpassungen betreffende Schätzungsänderungen retro- oder prospektiv anzupassen sind. Aus der aktuellen Regelung des IFRS 3.62 (2004) kann eine retrospektive Anpassung auch aufgrund wertbegründender Informationen hergeleitet werden. Wegen der Regelung des IFRS 3.63 (2004) kann dieser Schluss auch für den Zeitraum danach gezogen werden. Es lässt sich nach derzeitiger Normenlage jedoch auch argumentieren, dass der Zweck der Initial Accounting Period darin besteht, die zur Ermittlung der Fair Values zum Erwerbszeitpunkt benötigten Informationen zu erhalten. Konsequenter Weise ist daher eine retrospektive Anpassung der Anschaffungskosten nur aufgrund später erhaltener Informationen vorzunehmen, die den Fair Value im Erwerbszeitpunkt betroffen hätten (wertaufhellende Informationen). Wird dieser Argumentation gefolgt, sind Kaufpreisanpassungen betreffende Schätzungsänderungen aufgrund wertbegrün-

---

[437] Vgl. Hachmeister, D. (2005), Rn. 197; Andrejewski, K.C./Fladung, H.-D./Kühn, S. (2006), S. 86; KPMG IFRG Limited (2008), S. 42.
[438] Vgl. IFRS 3.58 i.V.m. 3.45-3.49 (2008); Andrejewski, K.C./Fladung, H.-D./Kühn, S. (2006), S. 86; Beyhs, O./Wagner, B. (2008), S. 79; Hachmeister, D. (2008), S. 117.
[439] Vgl. Hachmeister, D. (2005), Rn. 199. Die ergänzenden Beispiele hierzu in der Application Guidance des ED IFRS 3.A77-3.A83 wurden in IFRS 3 (2008) nicht übernommen. Dafür wurden die Regelungen des IFRS 3.58 (2008) im Vergleich zu den entsprechenden Regelungen des ED IFRS 3.26 dahingehend konkretisiert.
[440] Zu diesem Satz vgl. KPMG IFRG Limited (2008), S. 42; Erdmann, M.-K./Wünsch, M./Meyer, U. (2006), S. 390.

dender Informationen sowohl in der Initial Accounting Period als auch danach prospektiv im Sinne einer Schätzungsänderung zu korrigieren.

Die Neuregelungen des IFRS 3 (2008) geben eine eindeutige Vorgehensweise bei der bilanziellen Behandlung von Wertänderungen von Contingent Considerations vor – sowohl für den Zeitraum innerhalb der Measurement Period als auch danach. Sie räumen somit die dargestellten, aktuell bestehenden Interpretationsspielräume aus.

3.6.4.3 Auswirkungen

Contingent Considerations werden nicht mehr wie bislang in Höhe der erwarteten künftigen Kaufpreisanpassung, sondern in Höhe ihres Fair Values zu berücksichtigen sein. Um den Fair Value einer Contingent Consideration zu bestimmen, wird es erforderlich sein, Prognosen und Bewertungen vorzunehmen. Speziell im Fall von Earnout-Vereinbarungen besteht hierbei die *Notwendigkeit, Bewertungsmodelle zu entwickeln* und anzuwenden, die dem besonderen Charakter derselben Rechnung tragen.[441] Die Bewertung dürfte insofern mit Schwierigkeiten verbunden sein, als Earnouts ihrer Eigenart nach vornehmlich in Situationen eingesetzt werden, in denen eine große Bewertungsunsicherheit besteht. Auch Abschlussprüfer müssten im Rahmen der Prüfung der gewählten Wertansätze auf diese Modelle zurückgreifen. Die Notwendigkeit von Schätzungen könnte hierbei zu Streitfällen führen.[442] Das IASB erkennt diese Problematik an, sieht aber in den Bewertungsschwierigkeiten keinen Anlass, einen späteren Ansatz von Contingent Considerations zu erlauben. Dies würde zu einer Unvollständigkeit der Abschlüsse führen und somit die Qualität der gelieferten Informationen mindern.[443]

Die Erfolgswirksamkeit der Änderungen des Fair Values von Contingent Considerations wird zu *Schwankungen des Jahresüberschusses und damit des Eigenkapitals* führen, die nicht durch das operative Geschäft verursacht sind. Zudem werden sich Bewertungsänderungen in der Bilanz des Mutterunternehmens in doppelter Weise niederschlagen: Im Fall einer anfänglichen Überbewertung einer Contingent Consideration ist die hierfür angesetzte Kaufpreisverbindlichkeit erfolgswirksam zu vermindern, wodurch das Fremdkapital sinkt. Durch den zeitgleichen Anstieg des Jahresüberschusses erhöht sich das Eigenkapital. Hieraus kann ein deutlicher Anstieg der Eigenkapitalquote resultieren. Umgekehrt führt eine anfängliche Unterbewertung einer Contingent Consideration in den Folgeperioden

---

[441] Vgl. Weiser, M.F. (2005), S. 279, der in diesem Zusammenhang explizit auf Ansätze verweist, die dem optionsähnlichen Charakter eines Earnouts Rechnung tragen. Vgl. hierzu Bruner, R. (2004), S. 622.
[442] Vgl. Weiser, M.F. (2005), S. 279; o.V. (2002), S. 14.
[443] Vgl. IASB (2008a), S. 18f. Aus Sicht des IASB ist die Qualität der durch den Jahresabschluss übermittelten Informationen durch einen Nichtansatz einer Contingent Consideration mehr beeinträchtigt als durch den Ansatz eines unter großer Unsicherheit ermittelten Fair Values.

zu einem Anstieg des Fremdkapitals bei gleichzeitiger Verringerung des Eigenkapitals. Somit werden sich aus der erfolgswirksamen Abbildung von Bewertungsänderungen von Contingent Considerations im Vergleich zur bisherigen Regelung relativ größere Auswirkungen auf die Eigenkapitalquote ergeben.[444]

Mit der neuen bilanziellen Behandlung von Contingent Considerations können *paradoxe Ergebnisse* einhergehen: Wurde eine Earnout-Vereinbarung getroffen und entwickelt sich das akquirierte Unternehmen so gut, dass auf der Seite des Käufers die Verpflichtung zur Leistung zusätzlicher Zahlungen entsteht, erhöht sich entsprechend der Fair Value der Performance-based Contingent Consideration. Hieraus resultiert eine Ergebnisbelastung des Mutterunternehmens, die auf Konzernebene zu einer Minderung des positiven Ergebniseffekts aus der guten Entwicklung des Tochterunternehmens führt. Ist die Performance des Targets andererseits nicht ausreichend, um weitere Zahlungsverpflichtungen des Käufers auszulösen, entsteht aus der Earnout-Vereinbarung selbst zwar keine Ergebnisbelastung, wird allerdings die Frage aufgeworfen, ob der aus der Akquisition entstandene Goodwill außerplanmäßig abzuschreiben ist.[445] Im Zusammenhang mit einer Wertsicherungsklausel führt ein Kursverfall zu einer höheren Zahlungsverpflichtung des Käufers, weshalb der Wertansatz der Security Price-based Contingent Consideration zu erhöhen ist. Der hieraus resultierende Aufwand mindert das für die Beurteilung der Unternehmensperformance relevante Ergebnis. Dies könnte unter Umständen negative Folgen auf die weitere Kursentwicklung haben mit dem Ergebnis, dass sich der Fair Value der Security Price-based Contingent Consideration wiederum erhöht, woraus eine weitere Ergebnisbelastung resultieren würde.

Die *vertragliche Strukturierung* von Contingent Considerations wird verstärkt darauf abzielen, dass die Verpflichtung hieraus vom Käufer als Eigenkapitalinstrument qualifiziert werden kann. In diesem Fall sind keine Neubewertungen durchzuführen, wodurch die dargestellten Ergebnisschwankungen vermieden werden können.[446] Eine solche Strukturierung ist schwierig, da die Verpflichtung aus dem Earnout einen Residualanspruch am Unternehmen darstellen muss, um als Eigenkapital qualifiziert werden zu können. Die meisten Vereinbarungen sehen die Zahlung bestimmter Beträge vor, die entweder durch Zahlungsmittel oder eine entsprechende Anzahl von Aktien zu erbringen sind. Sie erfüllen somit die Voraussetzungen für eine Qualifizierung als Eigenkapitalinstrument nicht.[447]

---

[444] Vgl. Erdmann, M.-K./Wünsch, M./Meyer, U. (2006), S. 390, die diese Ausführungen im Zusammenhang mit Earnout-Vereinbarungen machen. Bei der Vereinbarung einer Wertsicherungsklausel ergeben sich m.E. die gleichen Folgen.
[445] Vgl. o.V. (2002), S. 15; Weiser, M.F. (2005), S. 280.
[446] Vgl. Kühne, M./Schwedler, K. (2005), S. 332; Weiser, M.F. (2005), S. 280.
[447] Vgl. o.V. (2002), S. 15; Weiser, M.F. (2005), S. 278. Eine Verpflichtung aus einer Contingent Consideration aufgrund einer Earnout-Vereinbarung kann nur dann als Eigenkapitalinstrument qualifiziert werden, wenn ver-

Im Bereich der Contingent Consideration sind die *Neuregelungen aus anreiztheoretischer Perspektive* zumindest als *nicht unproblematisch* einzuordnen. Derzeit schlagen sich sämtliche Fehleinschätzungen im Hinblick auf Contingent Considerations aufgrund einer Earnout-Vereinbarung letztlich in den Anschaffungskosten nieder und das Ergebnis kann lediglich durch Impairments des Goodwills ‚verzerrt' werden. IFRS 3 (2008) bietet über die Spielräume bei der Fair-Value-Bewertung deutlich mehr Ansatzpunkte zu Ergebnisgestaltung. Daher könnte auf Käuferseite ein Anreiz zur Überbewertung der Contingent Consideration zum Erwerbszeitpunkt bestehen. Dies bewirkt zunächst nur einen Anstieg des Verschuldungsgrades. Während eine Überbewertung bislang lediglich zu einer Reduzierung des Goodwills geführt hat, werden nach IFRS 3 (2008) zukünftig zusätzliche Ergebnisbestandteile freigesetzt. Hierdurch kann künftig im Konzernabschluss die schlechte Ertragslage des Targets kompensiert werden.[448] Der Anreiz zur Überbewertung dürfte gleichermaßen in Zusammenhang mit einer Security Price-based Contingent Consideration bestehen. Auch hier wird künftig eine Überbewertung zum Erwerbszeitpunkt zu zusätzlichen Erträgen in den Folgeperioden führen.

3.6.5 Sonstige Komponenten der Anschaffungskosten

IFRS 3 (2004) umfasst sowohl Vorgaben zur Wertermittlung der erworbenen Vermögenswerte und übernommenen Schulden[449] als auch Regelungen zur Bestimmung des Fair Values bestimmter Arten von Gegenleistungen.[450] Da die Vorschriften zur Bestimmung des für die Anschaffungskosten anzusetzenden Betrages nicht erschöpfend sind, ist in diesem Zusammenhang ein Rückgriff auf die Regelungen des IAS 39 und des IAS 32 nötig.

Bereits im ED IFRS 3 wurde von Regelungen zur Wertermittlung besonderer Arten der Gegenleistung im Standard selbst abgesehen. Stattdessen enthielt Appendix E Vorgaben zur Vorgehensweise bei der Bestimmung der Fair Values in

---

einbart wurde, dass in Abhängigkeit vom künftigen Unternehmenserfolg eine bestimmte Anzahl von Aktien hinzugeben ist (vgl. hierzu Kapitel 3.5.2.2.3). Als Eigenkapitalinstrument können z.B. auch dem Verkäufer gewährte Optionen qualifiziert werden, die ausgeübt werden können, sofern bestimmte Umsatz- oder ähnliche Ziele erreicht werden. Eine Verpflichtung aus einer Contingent Consideration augrund einer Wertsicherungsklausel als Eigenkapitalinstrument zu strukturieren ist m.E. kaum möglich, da die Zahlung einen betragsmäßig (Wertminderung der bereits hingegebenen Aktien) bestimmt ist (vgl. hierzu in Kapitel 3.5.3 insbesondere die Ausführungen in Fußnote 377).

[448] Vgl. Erdmann, M.-K./Wünsch, M./Meyer, U. (2006), S. 391; Weiser, M.F. (2005), S. 279; Freiberg, J. (2008), S. 33.
[449] Vgl. IFRS 3.App.B (2004).
[450] Zur Bestimmung des Fair Values einer Deferred Consideration vgl. IFRS 3.26 (2004) sowie die Ausführungen in Kapitel 3.4. Zur Bestimmung des Fair Values einer sofortigen Kaufpreiszahlung in Aktien vgl. IFRS 3.27 (2004) sowie die Erläuterungen in Kapitel 3.3.

Zusammenhang mit Unternehmenszusammenschlüssen.[451] Deren Anwendung war nicht nur für die erworbenen Vermögenswerte und übernommenen Schulden, sondern auch für die hierfür gewährte Gegenleistung vorgesehen. Diese Regelungen hatten starke Ähnlichkeit mit der bereits in IAS 39[452] enthaltenen Fair-Value-Hierarchie.[453]

IFRS 3 (2008) enthält lediglich Vorgaben zur Ermittlung des Fair Values bestimmter Vermögenswerte sowie Ausnahmen von der generellen Wertermittlung zum Fair Value.[454] Daher sind zur Bestimmung des Fair Values der gewährten Gegenleistung die Regelungen der IAS 39 und 32[455] anzuwenden. Insofern dürften sich keine wesentlichen Unterschiede zur bisherigen Wertermittlung ergeben.

Aufgrund der zunehmenden Bedeutung der Fair-Value-Bewertung in der internationalen Rechnungslegung erarbeitet das IASB derzeit den Entwurf eines Standards mit dem Titel ‚Fair Value Measurements'. Dieser soll künftig allgemeingültige Vorschriften zur Fair-Value-Bewertung geben und die derzeit in den einzelnen Standards diesbezüglich separat vorgegebenen und teilweise inkonsistenten Regelungen ablösen. Mit der geplanten Veröffentlichung des neuen Standards im Jahr 2010 wären auch die Fair Values der gewährten Gegenleistungen in Zusammenhang mit der Bilanzierung von Unternehmenszusammenschlüssen nach dessen Regelungen zu ermitteln.[456]

3.6.6 Anschaffungsnebenkosten

Bislang sind Kosten, die dem Unternehmenserwerb direkt zurechenbar sind, in die Anschaffungskosten einzubeziehen. Als Aufwand sind nur die indirekt zurechenbaren Kosten zu verbuchen.[457] Nach aktueller Normenlage bestehen Inkonsistenzen bei der Behandlung von Kosten in Zusammenhang mit der Unternehmens-

---

[451] Vgl. Kühne, M./Schwedler, K. (2005), S. 333.
[452] Vgl. IAS 39.48-39.49 i.V.m. 39.AG69-39.AG82.
[453] Vgl. Baetge, J./Hayn, S./Ströher, T. (2006), Rn. 162; Andrejewski, K.C./Fladung, H.-D./Kühn, S. (2006), S. 82.
[454] Vgl. IFRS 3.BC335, 3.B41-3.B43 (2008); KPMG IFRG Limited (2008), S. 25, 29.
[455] Durch die Aufhebung der Paragraphen IAS 32.2(c) und IAS 39.2(f) ist die Anwendung der IAS 32 und IAS 39 auf Contingent Consideration künftig nicht mehr nur in Analogie, sondern direkt möglich. Bislang wird zur Bestimmung des Wertansatzes einer sofortigen Kaufpreiszahlung mit eigenen Aktien in IFRS 3.27 explizit auf die Regelungen des IAS 39 verwiesen. Hierdurch wird der Ausschluss der Anwendung auf Eigenkapitalinstrumente in IAS 39.2(d) umgangen (vgl. hierzu Kapitel 3.3, Fußnote 277). In gleicher Weise ist bislang auch der Wertansatz einer in Aktien zahlbaren Deferred Consideration, die ein Eigenkapitalinstrument darstellt, zu bestimmen (vgl. hierzu Kapitel 3.4.2). IFRS 3 (2008) selbst enthält keine Vorgaben zur Ermittlung des Wertansatzes der gewährten Gegenleistung zum Erwerbszeitpunkt und auch keine Verweise auf andere Normen, die hierbei anzuwenden sind. Entsprechend findet sich keine ausdrückliche Regelung, nach der der Ausschluss der Anwendung des IAS 39 auf Eigenkapitalinstrumente umgangen werden kann. Eine Anwendung in Analogie ist m.E. jedoch möglich.
[456] Vgl. IASB (2008b).
[457] Vgl. IFRS 3.29 (2004); Kühne, M./Schwedler, K. (2005), S. 332; Kapitel 3.2.2.

akquisition. Während beispielsweise direkte Kosten für externe Berater in die Anschaffungskosten einzubeziehen sind, werden intern entstandene Kosten einer M&A-Abteilung selbst bei direkter Zurechenbarkeit als laufender Periodenaufwand gebucht. Des Weiteren dürfen direkte, extern entstandene Kosten nur dann aktiviert werden, wenn die Akquisitionsverhandlungen erfolgreich verlaufen sind.[458]

Nach IFRS 3.53 (2008) stellen sämtliche, in Zusammenhang mit einer Unternehmensakquisition entstehende Kosten (Acquisition-related Costs) generell keinen Bestandteil der gewährten Gegenleistung mehr dar. Sie sind künftig bilanziell nach anderen IFRS zu erfassen. Durch diese Neuregelung wird eine konsistente und damit transparentere bilanzielle Behandlung dieser Kosten erzielt. Durch das Aktivierungsverbot erhöht sich im Jahr des Unternehmenserwerbs das zu realisierende Aufwandsvolumen, was zu einer Verminderung des Jahresüberschusses führen wird. Im Vergleich zu den derzeitig anzuwendenden Regelungen bedeutet dies eine Ergebnisverschlechterung.[459] Im Zusammenhang mit der Emission von Eigen- und Fremdkapitalinstrumenten angefallene Kosten sind von der allgemeinen Regelung zur Behandlung von Anschaffungsnebenkosten ausgeschlossen. Wie bisher auch werden sie nicht als Aufwand verbucht, sondern mindern entsprechend der Regelungen des IAS 32.37 und 39.43 den erstmaligen Wertansatz des Finanzinstruments.[460]

Das IASB begründet die Neuregelung damit, dass weder intern noch extern entstandene Kosten in Zusammenhang mit der Akquisition als Teil des zum Fair Value zu bemessenden Austauschs von Leistung und Gegenleistung zwischen den Parteien anzusehen sind. Sie stellen vielmehr Entgelte dar, die der Käufer für den Fair Value einer erhaltenen Dienstleistung bezahlt. Dementsprechend liegen auch hier separate Transaktionen vor, die, wie auch Vergütungen des Verkäufers für künftige Leistungen des Käufers, bilanziell getrennt vom Unternehmenszusammenschluss zu behandeln sind. Da sie im Allgemeinen in dem Augenblick verbraucht werden, in dem sie erbracht werden, und damit keine Vermögenswerte des Erwerbers zum Erwerbszeitpunkt darstellen, sind sie generell aufwandswirksam zu erfassen.[461] Vor dem Hintergrund der vom IASB explizit gewählten Zielsetzung der Verwendung von Fair Values ist die Nichtberücksichtigung von Anschaffungsnebenkosten grundsätzlich nachvollziehbar. Hierdurch ergeben sich allerdings Unterschiede im Vergleich zur Behandlung von Anschaffungsnebenkosten

---

[458] Vgl. IFRS 3.BC367 (2008). Nach momentaner Normenlage bestehen diesbezüglich unterschiedliche Ansichten bezüglich der richtigen Bilanzierung. Vgl. hierzu die Ausführungen in Fußnote 264.
[459] Vgl. Senger, T./Brune, J. (2006), Rn. 18; KPMG IFRG Limited (2008), S. 45; .o.V. (2002), S. 15; Erdmann, M.-K./Wünsch, M./Meyer, U. (2006), S. 389.
[460] Vgl. IFRS 3.53 (2008); IFRS 3.30-3.31 (2004); Baetge, J./Hayn, S./Ströher, T. (2006), Rn. 112; Hachmeister, D. (2005), Rn. 55.
[461] Vgl. IFRS 3.BC366 (2008); Baetge, J./Hayn, S./Ströher, T. (2006), Rn. 112; Ernst & Young (2006), S. 595; Andrejewski, K.C./Fladung, H.-D./Kühn, S. (2006), S. 86.

bei der Bilanzierung anderer Erwerbsvorgänge, wie z.B. dem Erwerb von Sachanlagevermögen oder immateriellen Vermögenswerten.[462]

---

[462] Vgl. Kühne, M./Schwedler, K. (2005), S. 333; IASB (2008a), S. 19; Schultze, W./Kafadar, K./Thiericke, S. (2008), S. 1349.

4 Schlussbetrachtung

Wie die Ausführungen dieser Arbeit gezeigt haben, sind Kaufpreisvereinbarungen für die Parteien einer Unternehmensakquisition wirtschaftlich von zentraler Bedeutung. Oft sind sie sogar für das Zustandekommen der Transaktion selbst entscheidend. Ziel der Kaufpreisvereinbarungen ist eine adäquate Verteilung der Risiken aus der Unternehmensakquisition zwischen den Parteien und die Ermittlung eines wertgerechten Kaufpreises. Um diese Zielsetzung zu realisieren, sollte der Gestaltung der entsprechenden Klauseln daher besondere Aufmerksamkeit geschenkt werden.

Bei der Vereinbarung eines vorläufigen Kaufpreises ist hierbei auf die Wahl und genaue Definition geeigneter Anpassungsparameter sowie eine detaillierte und exakte Vereinbarung der Special Accounting Principles und der Berechnungsformeln zur Ermittlung des endgültigen Kaufpreises zu achten. Im Falle der Vereinbarung eines variablen Kaufpreises bzw. Earnouts muss insbesondere sichergestellt werden, dass der Verkäufer durch die zusätzlichen Zahlungen einen der tatsächlichen Unternehmensentwicklung entsprechenden Kaufpreis erzielen kann. Wie gezeigt wurde, ist hierbei vor allem die Vereinbarung einer geeigneten Methode zur Berechnung der Earnout-Zahlungen entscheidend. Ferner bedarf es umfassender Regelungen, um Manipulationsmöglichkeiten auf Seiten der Parteien auszuschließen und angemessene Ergebnisse der Berechnungen zu gewährleisten. Nur unter der Voraussetzung einer vorausschauenden vertraglichen Strukturierung kann die Vereinbarung eines Earnouts ein sinnvolles Mittel zur Überbrückung divergierender Kaufpreisvorstellungen sein.

Bei der vertraglichen Strukturierung vergangenheits- und zukunftsorientierter Kaufpreisanpassungen ist mit großer Sorgfalt vorzugehen – nur so lässt sich zukünftiges Konfliktpotential bei der Ermittlung des endgültigen Kaufpreises bzw. der Earnout-Zahlungen von vorneherein weitestgehend ausschließen. Hierbei gilt es immer zu bedenken, dass das Definierte letzten Endes auch kontrollierbar sein muss. Bei allen gebotenen Möglichkeiten der dargestellten Kaufpreisvereinbarungen ist dennoch zu beachten, dass die Verhandlung derselben zeitaufwändig und die vertragliche Umsetzung aufgrund der Komplexität der Klauseln kostenintensiv ist. Nach Vertragsschluss bedarf es eines nicht unerheblichen Abwicklungsaufwandes zur Ermittlung des endgültigen Kaufpreises. Dies gilt insbesondere im Falle einer Earnout-Vereinbarung.

Die Ermittlung der Anschaffungskosten stellt sich nur dann als einfach dar, wenn zum Zeitpunkt der Erstkonsolidierung der Kaufpreis für das Akquisitionsobjekt definitiv feststeht und sofort mit Zahlungsmitteln beglichen wird. Allein in diesem Fall entsprechen sich die Höhe des Kaufpreises und die Höhe der Anschaffungskosten. Sobald der Zahlungs- dem Erwerbszeitpunkt nachgelagert ist und/oder die Zahlung in einer anderen Akquisitionswährung erfolgt, ist der Wert der gewährten Gegenleistung zu bestimmen und damit die Ermittlung der Anschaffungskosten komplexer. Ist der Käufer im Rahmen der Unternehmensakquisition gar eine Verpflichtung zur Leistung weiterer Zahlungen aufgrund einer Earnout-Vereinbarung oder einer Wertsicherungsklausel eingegangen, werden an ihn hohe Anforderungen hinsichtlich der bilanziellen Behandlung gestellt.

Grund hierfür sind die Komplexität der abzubildenden Sachverhalte an sich aber auch die zum Teil unzureichende Regelungstiefe des IFRS 3. Dies gilt insbesondere im Zusammenhang mit der bilanziellen Behandlung von Performance-based Contingent Considerations. Die diesbezüglich aktuell bestehenden Interpretationsspielräume führen in der Praxis zu unterschiedlichen Bilanzierungspraktiken.

IFRS 3 (2008) räumt bislang bestehende Bilanzierungsunsicherheiten zugunsten einer klaren Sachverhaltsregelung aus. Es werden eindeutige Vorgaben insbesondere hinsichtlich der Einbeziehung von Contingent Considerations in die Anschaffungskosten zum Erwerbszeitpunkt und der bilanziellen Behandlung nachfolgender Wertänderungen gegeben. Hierzu wurden beispielsweise Regelungen, auf die bisher nach US-GAAP hilfsweise zurückzugreifen war, in den Standard aufgenommen und der bisherige Ausschluss der Anwendung der IAS 32 und IAS 39 aufgehoben; dementsprechend können diese Standards künftig direkt und nicht mehr nur in Analogie angewendet werden. Im Hinblick auf die Eindeutigkeit der Regelungen bringen die Neuerungen demzufolge klare Verbesserungen in Form von Rechtssicherheit mit sich. Dennoch wird die bilanzielle Behandlung von Verpflichtungen aus Contingent Considerations aufgrund der zumeist bestehenden Erfordernis einer jährlichen Neubewertung zum Fair Value weiterhin einen erheblichen Bilanzierungs- und auch einen zusätzlichen Bewertungsaufwand mit sich bringen. Die Neuregelungen sind darüber hinaus mit einer Vielzahl von Problemen verbunden, die größtenteils aus der künftigen Ergebniswirksamkeit der Wertänderungen von Contingent Considerations herrühren. Es ist daher fraglich, ob die neue Form der bilanziellen Abbildung von Contingent Considerations in der Gesamtsicht tatsächlich eine Verbesserung gegenüber den gegenwärtig noch gültigen Vorschriften darstellt.

Die Neuregelungen werden sich mit Sicherheit auf die Gestaltung der Kaufpreisvereinbarungen auswirken. Käufer werden künftig nicht nur die ökonomischen Vor- und Nachteile der Vereinbarung eines Earnouts gegeneinander abwägen, sondern vor allem auch die aus der Vereinbarung resultierende Gefahr eines Anstiegs der Ergebnisvolatilität in ihre Überlegungen einbeziehen. Die künftige bilanzielle Behandlung nach IFRS (2008) könnte zu einer Bedrohung der gestiegenen Akzeptanz und des vermehrten Einsatzes von Earnouts in M&A-Transaktionen führen. Käufer könnten den Einsatz von Earnouts möglicherweise vermeiden und im Hinblick auf stabilere Ergebnisse konventionelle Kaufpreisvereinbarungen wählen. Das Gesagte gilt in ähnlicher Weise auch hinsichtlich der Vereinbarung von Wertsicherungsklauseln – auch hier besteht die Möglichkeit, dass diese seltener als bislang vereinbart werden.

Die Mehrheit der zu ED IFRS 3 eingegangenen Stellungnahmen spricht sich gegen die neue bilanzielle Behandlung von Contingent Considerations aus. Aus diesem Grund wird das IASB die Anwendung der Neuregelungen und deren Wirkung in der Praxis in besonderer Weise im Rahmen des ‚Post-Implementation Reviews' des IFRS 3 (2008) beobachten.

Nicht nur im Zusammenhang mit den Contingent Considerations, sondern auch hinsichtlich der Bilanzierung von Wertänderungen innerhalb der Measurement Period oder der Behandlung von Anschaffungsnebenkosten wurden eindeutige Regelungen geschaffen. Hierbei wurde die konsequente Umsetzung des Prinzips der Fair-Value-Bewertung fortgeführt. Insgesamt ist der Umfang der Regelungen zur Ermittlung der Anschaffungskosten in IFRS 3 (2008) reduziert. Während die Regelungen zur Bestimmung des Fair Values der Gegenleistungen in IFRS 3 (2004) nicht ausreichend sind, finden sich diesbezüglich in der Neufassung keinerlei Regelungen mehr. Dies kann als konsequenter Schritt des IASB in die Richtung einer zentralen Regelung der Fair-Value-Bewertung gesehen werden. Bis zur geplanten Veröffentlichung dieses Standards im Jahre 2010 wird daher wie bislang auf die Regelungen des IAS 32 und IAS 39 zurückzugreifen sein.

Zusammenfassend lässt sich sagen, dass die Parteien die Vorteile aus einer Vereinbarung der jeweiligen Kaufpreisklausel – wie beispielsweise die Erzielung eines wertgerechten Kaufpreises oder auch das Möglichwerden der Transaktion an sich – gegen die einhergehenden Nachteile abwägen müssen. Diese umfassen neben dem erhöhten Aufwand bei der Vertragsgestaltung und der späteren Ermittlung des endgültigen Kaufpreises vor allem die aus der bilanziellen Abbildung resultierenden Herausforderungen.

Anhangsverzeichnis

Anhang 1	Ermittlung des Kaufpreises bei einer Earnout-Vereinbarung	127
Anhang 2	Beispiele aktueller Earnout-Transaktionen	141
Anhang 3	Bilanzierung einer Performance-based Contingent Consideration	143
Anhang 4	Bilanzierung einer Security Price-based Contingent Consideration	157
Anhang 5	Übersicht der Paragraphen zur Bestimmung der Anschaffungskosten	171

Anhang 1 Ermittlung des Kaufpreises bei einer Earnout-Vereinbarung

Der Verkäufer V will die von ihm gegründete und bislang selbst geführte noch junge, aber aufstrebende T-GmbH an den Käufer K verkaufen. V hat in der Vergangenheit in die Entwicklung einer neuen Technologie investiert, die inzwischen nahezu marktreif ist. V erwartet hieraus eine enorme Steigerung des Unternehmenserfolgs im Vergleich zur Vergangenheit. Er rechnet damit, dass der EBIT künftig 20 GE p.a. betragen wird. K ist in seinen Erwartungen bezüglich des Markterfolgs der neuen Technologie wesentlich skeptischer. Seine Erfolgsprognosen für das Zielunternehmen sind weniger optimistisch und basieren auf der bisherigen Performance des Unternehmens. Er rechnet eher damit, dass die T-GmbH auch weiterhin einen EBIT i.H.v. 10 GE p.a. erwirtschaftet.

Die Parteien haben aufgrund dieser stark unterschiedlichen Zukunftserwartungen auch stark divergierende Kaufpreisvorstellungen. Zur Nivellierung der unterschiedlichen Kaufpreisvorstellungen vereinbaren V und K einen Earnout indem V eine Besserungsoption auf den Kaufpreis erhält: K bezahlt zunächst nur einen fixen Kaufpreisanteil, der unter der Kaufpreisforderung des V liegt. Innerhalb der vierjährigen Earnout-Periode (n = 4) soll es in Abhängigkeit vom tatsächlichen Erfolg zu weiteren Zahlungen an V kommen. Als Bezugsgröße (B) zur Ermittlung des Unternehmenserfolgs wird der jährlich erzielte EBIT gewählt. Werden die Erwartungen des K bzw. die vereinbarte Erfolgsschwelle S übertroffen, so fließt dieser Mehrerfolg in voller Höhe (a = 1) dem V zu, so dass sich der Kaufpreis insgesamt erhöht.[463] Kaufpreisrückzahlungen sind sowohl bei einmaliger als auch bei jährlicher Earnout-Zahlung ausgeschlossen. Folgende zwei Kaufpreisvereinbarungen könnten getroffen werden:

---

[463] In der Praxis werden regelmäßig beide Parteien an einem Mehrerfolg beteiligt. Indem a = 1 gesetzt wird, sind die Ergebnisse der Berechnungen jedoch einfacher vergleichbar.

Kaufpreisvereinbarung bei konventioneller Berechnungsmethode A

Der Basispreis wird als Ertragswert aus den Erfolgs-Erwartungen des K ermittelt. Bei den Berechnungen wird von einem Kapitalisierungszinssatz von i = 10 % ausgegangen. Die Earnout-Zahlungen ermitteln sich wie in Kapitel 2.3.3.1.5.1 beschrieben nach folgenden Formeln:

Berechnung des Gesamtkaufpreises:

(1) $KP = KP_F + KP_V$

Berechnung des fixen Basispreises:

(2) $KP_F = \sum_{t=1}^{n} \dfrac{S_t}{(1+i)^t} + \dfrac{S_n}{i} \Big/ (1+i)^n$

Berechnung des variablen Zusatzpreises:

- bei einmaliger Earnout-Zahlung in t_n:

(3a) $KP_V = \dfrac{EOZ_n}{(1+i)^n}$

(3b) $EOZ_n = Max\,(\sum_{t=1}^{n}(B_t - S_t) \times a;\, 0)$

- bei jährlichen Earnout-Zahlungen in t_1 bis t_n:

(4a) $KP_V = \sum_{t=1}^{n} \dfrac{EOZ_t}{(1+i)^t}$

(4b) $EOZ_t = Max\,((B_t - S_t) \times a;\, 0)$

Berechnung einer möglichen Ausgleichszahlung in t_n:

(5) $KP_A = \dfrac{\sum_{t=1}^{n}(B_t - S_t)\big/ n \times a}{i} \Big/ (1+i)^n$

KP	: Gesamtkaufpreis
KP_F	: fixer Basispreis
KP_V	: variabler Zusatzpreis
KP_A	: Ausgleichszahlung
EOZ_t	: Earnout-Zahlung
B_t	: Gesamtbetrag der Bezugsgröße ($\triangleq$ tatsächliches Ergebnis)
S_t	: Schwellenwert für die Bezugsgröße ($\triangleq$ prognostiziertes Ergebnis zur Ermittlung KP_F)
$(B_t - S_t)$	: Bemessungsgrundlage
a	: prozentualer Anteil an der Bemessungsgrundlage; $0 \geq a \geq 1$
t	: Zeit in Jahren
n	: Dauer der Earnout-Periode
i	: Kapitalisierungszinssatz

Kaufpreisvereinbarung bei alternativer Berechnungsmethode B

Der Basispreis ergibt sich, indem auf die durchschnittlichen Erfolgs-Erwartungen des K innerhalb der Earnout-Periode ein Multiplikator (X = 10) angewendet wird. Die Earnout-Zahlungen ermitteln sich wie in Kapitel 2.3.3.1.5.2 beschrieben nach folgenden Formeln:

Berechnung des Gesamtkaufpreises:

(1) $KP = KP_F + KP_V$

Berechnung des fixen Basispreises:

(2) $KP_F = \dfrac{\sum_{t=1}^{n} S_t}{n} \times X$

Berechnung des variablen Zusatzpreises:

- bei einmaliger Earnout-Zahlung in t_n:

(3) $KP_V = EOZ_n = ((\dfrac{\sum_{t=1}^{n} B_t}{n} \times X) - KP_F) \times a$

oder:

(4) $KP_V = EOZ_n = \dfrac{\sum_{t=1}^{n}(B_t - S_t)}{n} \times a \times X$

- bei jährlichen Earnout-Zahlungen in t_1 bis t_n:

(5a) $KP_V = \sum_{t=1}^{n} EOZ_t$

(5b) $EOZ_t = \dfrac{(B_t - S_t)}{n} \times a \times X$

KP	: Gesamtkaufpreis
KP_F	: fixer Basispreis
KP_V	: variabler Zusatzpreis; $KP_V \geq 0$
EOZ_t	: Earnout-Zahlung
B_t	: Gesamtbetrag der Bezugsgröße ($\triangleq$ tatsächlich erzieltes Ergebnis)
S_t	: Schwellenwert für die Bezugsgröße ($\triangleq$ prognostiziertes Ergebnis zur Ermittlung KP_F)
$(B_t - S_t)$	: Bemessungsgrundlage
a	: prozentualer Anteil; $0 \geq a \geq 1$
X	: vereinbarter Multiplikator
t	: Zeit in Jahren
n	: Dauer der Earnout-Periode

Für die künftige Unternehmensentwicklung seien folgende Szenarien denkbar:

- Szenario 1: Die neue Technologie ist ein voller Markterfolg. Die innerhalb der Earnout-Periode tatsächlich erzielten Ergebnisse der T-GmbH entsprechen immer exakt den Erwartungen des V. Die vereinbarten Schwellenwerte bzw. die Erwartungen des K werden also in jedem Jahr übertroffen.

- Szenario 2: Die neue Technologie ist nur auf dem europäischen Markt ein Erfolg. Die innerhalb der Earnout-Periode tatsächlich erzielten Ergebnisse der T-GmbH entsprechen nicht ganz den Erwartungen des V. Die vereinbarten Schwellenwerte bzw. die Erwartungen des K werden aber in jedem Jahr übertroffen.

- Szenario 3: Die Konsumenten stehen der neuen Technologie zunächst sehr skeptisch gegenüber. Die innerhalb der Earnout-Periode tatsächlich erzielten Ergebnisse der T-GmbH unterschreiten die Erwartungen des V. In den ersten beiden Jahren unterschreiten sie sogar die vereinbarten Schwellenwerte bzw. die Erwartungen des K.

- Szenario 4: Die neue Technologie erweist sich als totaler Misserfolg. Die innerhalb der Earnout-Periode tatsächlich erzielten Ergebnisse der T-GmbH unterschreiten die Erwartungen des V. Sie unterschreiten sogar durchgängig die vereinbarten Schwellenwerte bzw. die Erwartungen des K.

	erwarteter Unternehmenserfolg		tatsächlicher Unternehmenserfolg						
	Verkäufer	Käufer	Szenario 1		Szenario 2		Szenario 3		Szenario 4	
t		S_t	B_t	B_t-S_t	B_t	B_t-S_t	B_t	B_t-S_t	B_t	B_t-S_t
1	20	10	20	10	15	5	8	-2	8	-2
2	20	10	20	10	13	3	8	-2	8	-2
3	20	10	20	10	12	2	14	4	6	-4
4	20	10	20	10	12	2	14	4	6	-4

alle Angaben in Geldeinheiten (GE)
B_t : Gesamtbetrag der Bezugsgröße
≙ tatsächliches Ergebnis
S_t : Schwellenwert für die Bezugsgröße
≙ prognostiziertes Ergebnis zur Ermittlung KP_F

Für jedes Szenario wird im Folgenden die Höhe der Earnout-Zahlungen bei einmaliger oder alternativ jährlicher Zahlung sowie die Höhe des Gesamtkaufpreises ermittelt. Die Berechnungen werden jeweils anhand der konventionellen Berechnungsmethode A und anhand der alternativen Berechnungs-Methode B durchgeführt.

Folgende Berechnungen der jeweiligen Unternehmenswerte und des fixen Basispreises gelten für sämtliche Szenarien:

Berechnungsmethode A

Optimistischere Bewertung der T-GmbH durch V:

$$\frac{20}{1{,}1} + \frac{20}{1{,}1^2} + \frac{20}{1{,}1^3} + \frac{20}{1{,}1^4} + \frac{20}{0{,}1}\bigg/1{,}1^4 = 200$$

Pessimistischere Bewertung der T-GmbH durch K:

$$\frac{10}{1{,}1} + \frac{10}{1{,}1^2} + \frac{10}{1{,}1^3} + \frac{10}{1{,}1^4} + \frac{10}{0{,}1}\bigg/1{,}1^4 = 100$$

Die pessimistischeren Erfolgs-Erwartungen des K sind Grundlage der Berechnung des fixen Basispreises nach Formel (2):

$$KP_F = \frac{10}{1{,}1} + \frac{10}{1{,}1^2} + \frac{10}{1{,}1^3} + \frac{10}{1{,}1^4} + \frac{10}{0{,}1}\bigg/1{,}1^4 = \mathbf{100}$$

Berechnungsmethode B

Optimistischere Bewertung der T-GmbH durch V: $20 \times 10 = 200$

Pessimistischere Bewertung der T-GmbH durch K: $10 \times 10 = 100$

Die pessimistischeren Erfolgs-Erwartungen des K sind Grundlage der Berechnung des fixen Basispreises nach Formel (2):

$$KP_F = \frac{(10+10+10+10)}{4} \times 10 = \mathbf{100}$$

Szenario 1

Berechnungsmethode A

1. Einmalige Earnout-Zahlung am Ende der Earnout-Periode
Berechnung nach Formel (3a) und (3b):

$EOZ_4 = (20-10)+(20-10)+(20-10)+(20-10) = \mathbf{40}$

$KP_V = \dfrac{40}{1{,}1^4} = \mathbf{27}$ $\qquad KP = 100 + 27 = \mathbf{127}$

2. Jährliche Earnout-Zahlungen
Berechnung nach Formel (4a) und (4b):

$EOZ_1 = 20-10 = 10$
$EOZ_2 = 20-10 = 10$
$EOZ_3 = 20-10 = 10$
$EOZ_4 = 20-10 = 10 \quad \sum EOZ = \mathbf{40}$

$KP_V = \dfrac{10}{1{,}1} + \dfrac{10}{1{,}1^2} + \dfrac{10}{1{,}1^3} + \dfrac{10}{1{,}1^4} = \mathbf{32}$ $\qquad KP = 100 + 32 = \mathbf{132}$

Sowohl bei einmaliger als auch bei jährlicher Berechnung erhält V Earnout-Zahlungen i.H.v. 40 GE. Die variablen Zusatzpreise und infolge die Gesamtkaufpreise unterscheiden sich nur aufgrund des unterschiedlichen zeitlichen Anfalls der Zahlungen.

Der den Erwartungen des K entsprechende Kaufpreis beträgt 200 GE. Obwohl sich seine Erwartungen gänzlich erfüllen, erhält er dennoch insgesamt nur Zahlungen i.H.v. 140 GE (Barwert in t_0 bei jährlicher Berechnung 132 GE) – ein Betrag, der nicht annähernd seinen Vorstellungen entspricht.

Die Erfolge in den Jahren nach der Earnout-Periode werden im Rahmen des fixen Basispreises durch Ansatz eines Terminal Values berücksichtigt. Dessen Höhe bestimmt sich nach den pessimistischeren Erfolgserwartungen des K zum Zeitpunkt des Vertragsschlusses. Durch die Earnout-Zahlungen wird eine Anpassung des Kaufpreises an die Besser-Performance des Unternehmens vorgenommen – jedoch nur innerhalb der Earnout-Periode. Obwohl das Unternehmen gezeigt hat, dass es bessere Erfolge erzielen kann als ursprünglich angenommen, wird eine hierdurch wahrscheinlich gewordene Besser-Performance auch im Anschluss an die Earnout-Periode in der Berechnung der Earnout-Zahlungen in keiner Weise berücksichtigt.

In die Berechnung des Gesamtkaufpreises geht also ein variabler Zusatzpreis ein, der den Verkäufer nur für eine Besserperformance innerhalb der Earnout-Periode entschädigt, sowie ein fixer Basispreis, der auf den Erwartungen des K im Zeitpunkt t_0 basiert. Die Berechnungsmethode A impliziert somit, dass der tatsächlich erbrachte Unternehmenserfolg im Anschluss an die Earnout-Periode nicht nachhaltig erzielbar ist und wieder auf sein Niveau vor der Earnout-Periode zurückfällt. Würde man dem in der Earnout-Periode durchschnittlich erzielten Unternehmenserfolg i.H.v. 20 GE Nachhaltigkeit unterstellen, wäre ein hieraus abgeleiteter Terminal Value in die Kaufpreisberechnung einzubeziehen. Die Differenz zwischen dem Terminal Value, der auf den Erwartungen des K basiert und dem, der auf dem tatsächlichen Erfolg basiert, beträgt 68 GE. Da die Berechnungsmethode A keinen Ausgleich für die Zeit nach der Earnout-Periode vorsieht, entspricht dieser Betrag exakt der Differenz zwischen dem realisierten und dem von K erwarteten Kaufpreis.

Differenz der Terminal Values: $\dfrac{20}{0{,}1} \Big/ 1{,}1^4 - \dfrac{10}{0{,}1} \Big/ 1{,}1^4 = 68$

Differenz zwischen realisiertem und erwartetem Kaufpreis: $200 - 132 = 68$

Diese Differenz könnte durch eine Ausgleichzahlung nach Formel (5) an den Verkäufer am Ende der Earnout-Periode ausgeglichen werden:[464]

$$KP_A = \dfrac{40/4}{0{,}1} \Big/ 1{,}1^4 = 68$$

---

[464] Selbstverständlich ist ein Ausgleich der vollen Differenz (a = 1) unrealistisch. Normalerweise würden auch hier sowohl K als auch V an einer Besser-Performance beteiligt werden. Vgl. Fußnote 463.

Berechnungsmethode B

1. Einmalige Earnout-Zahlung am Ende der Earnout-Periode
   Berechnung nach Formel (4):

$$KP_V = EOZ_4 = \frac{((20-10)+(20-10)+(20-10)+(20-10))}{4} \times 10 = 100$$

$$KP = 100 + 100 = 200$$

2. Jährliche Earnout-Zahlungen
   Berechnung nach Formel (5a) und (5b):

$$EOZ_1 = (20-10)/4 \times 10 = 25$$
$$EOZ_2 = (20-10)/4 \times 10 = 25$$
$$EOZ_3 = (20-10)/4 \times 10 = 25$$
$$EOZ_4 = (20-10)/4 \times 10 = 25$$

$$KP_V = 25 + 25 + 25 + 25 = 100 \qquad KP = 100 + 100 = 200$$

V erhält sowohl bei einmaliger, als auch bei jährlicher Berechnung Earnout-Zahlungen i.H.v. 100 GE.[465] Der den Erwartungen des V entsprechende Kaufpreis beträgt 200 GE. Wenn sich seine Erwartungen gänzlich erfüllen, kann er diesen Betrag tatsächlich realisieren. Bei der Berechnung des Gesamtkaufpreises nach der Berechnungsmethode B werden die Erfolge in den Jahren nach der Earnout-Periode zunächst ebenfalls bei der Berechnung des fixen Basiskaufpreises in Höhe der pessimistischeren Erfolgserwartungen des K berücksichtigt. Durch die Earnout-Zahlungen wird eine Anpassung des Kaufpreises an den tatsächlichen Erfolg vorgenommen. Entscheidender Unterschied zur Berechnungsmethode A ist, dass die Anpassung nicht nur an den vom Unternehmen erzielten höheren Unternehmenserfolg innerhalb der Earnout-Periode erfolgt, sondern dass dieser auch für den Zeitraum danach als nachhaltig gesehen und rechnerisch berücksichtigt wird.

---

[465] Bei einer Barwertbetrachtung würden sich auch hier die Gesamtkaufpreise aufgrund des unterschiedlichen zeitlichen Anfalls der Earnout-Zahlungen unterscheiden.

Anhang 1: Ermittlung des Kaufpreises bei einer Earnout-Vereinbarung 135

Szenario 2

Berechnungsmethode A

1. Einmalige Earnout-Zahlung am Ende der Earnout-Periode
   Berechnung nach Formel (3a) und (3b):

$$EOZ_4 = (15-10) + (13-10) + (12-10) + (12-10) = 12$$

$$KP_V = \frac{12}{1,1^4} = 8 \qquad\qquad KP = 100 + 8 = 108$$

2. Jährliche Earnout-Zahlungen
   Berechnung nach Formel (4a) und (4b):

$$EOZ_1 = 15 - 10 = 5$$
$$EOZ_2 = 13 - 10 = 3$$
$$EOZ_3 = 12 - 10 = 2$$
$$EOZ_4 = 12 - 10 = 2 \quad \sum EOZ = 12$$

$$KP_V = \frac{5}{1,1} + \frac{3}{1,1^2} + \frac{2}{1,1^3} + \frac{2}{1,1^4} = 10 \qquad KP = 100 + 10 = 110$$

Sowohl bei einmaliger als auch bei jährlicher Berechnung erhält V Earnout-Zahlungen i.H.v. 12 GE. Die variablen Zusatzpreise und infolge die Gesamtkaufpreise unterscheiden sich wiederum nur aufgrund des unterschiedlichen zeitlichen Anfalls der Zahlungen. Obwohl die tatsächliche Performance in keinem Jahr komplett den Erwartungen des V entspricht, gilt auch in diesem Fall die bereits im Rahmen von Szenario 1 an Berechnungsmethode A geübte Kritik: Es ist fraglich, ob eine Berücksichtigung des Unternehmenserfolgs nach der Earnout-Periode basierend auf ursprünglichen Erwartungen statt auf dem ‚bewiesenen' Erfolgsniveau zu Ergebnissen führt, die für V akzeptabel sind.

Berechnungsmethode B

1. Einmalige Earnout-Zahlung am Ende der Earnout-Periode
   Berechnung nach Formel (4):

$$KP_V = EOZ_4 \frac{((15-10)+(13-10)+(12-10)+(12-10))}{4} \times 10 = 30$$

$$KP = 100 + 30 = 130$$

2. Jährliche Earnout-Zahlungen
   Berechnung nach Formel (5a) und (5b):

$EOZ_1 = (15-10)/4 \times 10 = 12{,}5$
$EOZ_2 = (13-10)/4 \times 10 = 7{,}5$
$EOZ_3 = (12-10)/4 \times 10 = 5$
$EOZ_4 = (12-10)/4 \times 10 = 5$

$KP_V = 12{,}5 + 7{,}5 + 5 + 5 = 30$ $\qquad\qquad KP = 100 + 30 = 130$

V erhält sowohl bei einmaliger, als auch bei jährlicher Berechnung Earnout-Zahlungen i.H.v. 30 GE. Auch hier gilt das bereits Angemerkte: Auch wenn die tatsächliche Performance in keinem Jahr komplett die Erwartungen des V erreicht, führt die Berechnungsmethode B im Vergleich zur Berechnungsmethode A zu einem für V akzeptableren Kaufpreis. Dies liegt daran, dass im Kaufpreis für den Zeitraum nach der Earnout-Periode die ‚erwiesene' Besser-Performance und nicht die erwartete Performance Berücksichtigung findet.

Szenario 1 und 2 haben Folgendes gezeigt: Überschreitet der Unternehmenserfolg in jedem Jahr der Earnout-Periode die vereinbarten Schwellenwerte, führen beide Berechnungsmethoden zu unterschiedlichen Ergebnissen. Bei Anwendung ein und derselben Methode führen jedoch jährliche und einmalige Berechnung der Earnout-Zahlung bei einer absoluten Betrachtung zum selben Ergebnis.

Szenario 3

<u>Berechnungsmethode A</u>

1. Einmalige Earnout-Zahlung am Ende der Earnout-Periode
Berechnung nach Formel (3a) und (3b):

$EOZ_4 = ((8-10)+(8-10)+(14-10)+(14-10)) = \mathbf{4}$

$KP_V = \dfrac{4}{1{,}1^4} = \mathbf{3}$ $\qquad KP = 100 + 3 = \mathbf{103}$

2. Jährliche Earnout-Zahlungen
Berechnung nach Formel (4a) und (4b):

$EOZ_1 = 8-10 = (-2)$
$EOZ_2 = 8-10 = (-2)$
$EOZ_3 = 14-10 = 4$
$EOZ_4 = 14-10 = 4 \quad \sum EOZ = \mathbf{8}$

$KP_V = \dfrac{0}{1{,}1} + \dfrac{0}{1{,}1^2} + \dfrac{4}{1{,}1^3} + \dfrac{4}{1{,}1^4} = \mathbf{6}$ $\qquad KP = 100 + 6 = \mathbf{106}$

<u>Berechnungsmethode B</u>

1. Einmalige Earnout-Zahlung am Ende der Earnout-Periode
Berechnung nach Formel (4):

$KP_V = EOZ_4 = \dfrac{((8-10)+(8-10)+(14-10)+(14-10))}{4} \times 10 = \mathbf{10}$

$\qquad KP = 100 + 10 = \mathbf{110}$

2. Jährliche Earnout-Zahlungen
Berechnung nach Formel (5a) und (5b):

$EOZ_1 = (8-10)/4 \times 10 = (-5)$
$EOZ_2 = (8-10)/4 \times 10 = (-5)$
$EOZ_3 = (14-10)/4 \times 10 = 10$
$EOZ_4 = (14-10)/4 \times 10 = 10$

$KP_V = 0 + 0 + 10 + 10 = \mathbf{20}$ $\qquad KP = 100 + 20 = \mathbf{120}$

Bei beiden Berechnungsmethoden ergeben sich bei jährlicher Berechnung höhere zusätzliche Zahlungen (4 bzw. 10 GE) als bei einmaliger Berechnung (8 bzw. 20 GE). Diese unterschiedlichen Ergebnisse für den variablen Zusatzpreis lassen sich wie folgt erklären: Da es zu keinen tatsächlichen Kaufpreisrückzahlungen kommen darf, werden die Jahre t_1 und t_2 in der jährlichen Berechnung der Earnout-Zahlungen nicht berücksichtigt. Anders bei der einmaligen Berechnung: Da eine Unterschreitung der vereinbarten Schwellenwerte in manchen Jahren durch eine Überschreitung in anderen Jahren überkompensiert wird, kommt es zu einer einmaligen Earnout-Zahlung am Ende der Earnout-Periode. Im Rahmen dieser sind die Jahre t_1 und t_2 jedoch rechnerisch berücksichtigt, so dass die Earnout-Zahlung sozusagen fiktive Kaufpreisrückzahlungen in diesen Jahren beinhaltet.

Werden bei der einmaligen Berechnung auch nur die Jahre abgebildet, in denen die zugrunde gelegten Erwartungen übertroffen werden, ergibt sich in der absoluten Betrachtung dasselbe Ergebnis wie bei der jährlichen Berechnung:

Berechnungsmethode A

$$EOZ_4 = (0 + 0 + (14 - 10) + (14 - 10)) = \mathbf{8}$$

$$KP_V = \frac{8}{1{,}1^4} = \mathbf{5} \qquad\qquad KP = 100 + 5 = \mathbf{105}$$

Berechnungsmethode B

$$KP_V = EOZ_4 = \frac{(0 + 0 + 4 + 4)}{4} \times 10 = \mathbf{20} \qquad\qquad KP = 100 + 20 = \mathbf{120}$$

→ Der nach Berechnungsmethode B ermittelte Kaufpreis ist überhöht, da für ein künstlich angehobenes Durchschnittsergebnis Nachhaltigkeit unterstellt wird. Gleiches gilt entsprechend für die jährliche Berechnung.

Szenario 4

Berechnungsmethode A

1. Einmalige Earnout-Zahlung am Ende der Earnout-Periode
   Berechnung nach Formel (3a) und (3b):

$$EOZ_4 = ((8-10)+(8-10)+(6-10)+(6-10)) = (-12) = 0$$

$$KP_V = \frac{0}{1{,}1^4} = 0 \qquad\qquad KP = 100 + 0 = \mathbf{100}$$

2. Jährliche Earnout-Zahlungen
   Berechnung nach Formel (4a) und (4b):

$$EOZ_1 = 8-10 = (-2)$$
$$EOZ_2 = 8-10 = (-2)$$
$$EOZ_3 = 6-10 = (-4)$$
$$EOZ_4 = 6-10 = (-4) \quad \sum EOZ = \mathbf{0}$$

$$KP_V = \frac{0}{1{,}1} + \frac{0}{1{,}1^2} + \frac{0}{1{,}1^3} + \frac{0}{1{,}1^4} = \mathbf{0} \qquad KP = 100 + 0 = \mathbf{100}$$

Berechnungsmethode B

1. Einmalige Earnout-Zahlung am Ende der Earnout-Periode
   Berechnung nach Formel (4):

$$KP_V = EOZ_4 = \frac{((8-10)+(8-10)+(6-10)+(6-10))}{4} \times 10 = (-30) = \mathbf{0}$$

$$KP = 100 + 0 = \mathbf{100}$$

2. Jährliche Earnout-Zahlungen
   Berechnung nach Formel (5a) und (5b):

$$EOZ_1 = (8-10)/4 \times 10 = (-5)$$
$$EOZ_2 = (8-10)/4 \times 10 = (-5)$$
$$EOZ_3 = (6-10)/4 \times 10 = (-10)$$
$$EOZ_4 = (6-10)/4 \times 10 = (-10)$$

$$KP_v = 0+0+0+0 = \mathbf{0} \qquad\qquad KP = 100 + 0 = \mathbf{100}$$

Es wurde vereinbart, dass es nicht zu Kaufpreisrückzahlungen kommen soll. Die tatsächlichen Ergebnisse übersteigen die vereinbarten Schwellenwerte in keinem Jahr. Somit übersteigt die Summe der tatsächlichen Ergebnisse auch nicht die Summe der Schwellenwerte. Es kommt daher weder bei jährlicher, noch bei einmaliger Berechnung zu einer Earnout-Zahlung. Dies gilt sowohl für Berechnungen nach Methode A als auch nach Methode B. Wenn der Unternehmenserfolg in jedem Jahr der Earnout-Periode die vereinbarten Schwellenwerte unterschreitet, führen jährliche und einmalige Berechnung der Earnout-Zahlung und darüber hinaus sogar beide Berechnungsmethoden zum selben Ergebnis.

Anhang 2 Beispiele aktueller Earnout-Transaktionen[466]

Date Effective	Target Name	Acquiror Name	Business Description	Synopsis	Value of Transaction (Mio. USD)	Value Earnout (Mio. USD)	%
06.10.2006	mentasys GmbH, Germany	LYCOS Europe GmbH, Germany	Provider of online shopping services	LYCOS Europe GmbH acquired metasys GmbH for an estimated 30 Mio. EUR. The consideration consisted of 16 Mio. EUR and up to 14 Mio. EUR in profit-related payments.	37.806	17.643	47%
31.01.2007	Sommer Corporate Media GmbH, Germany	Elanders AB, Sweden	Provider of information technology services in areas of media, printing and direct marketing	Elanders AB acquired the entire share capital of Sommer Corporate Media GmbH & Co KG for 31.3 Mio. EUR including up to 4 Mio. EUR in profit-related payments.	40.774	5.211	13%
26.04.2007	Orgaplan Software GmbH, Germany	Update Software AG, Austria	Develop office management software	Update Software AG acquired the entire share capital of Orgaplan Software GmbH for up to 5.8 Mio. EUR in profit-related payments.	7.884	7.884	100%
20.08.2007	VeriCold Technologies GmbH, Germany	Oxford Instruments PLC, United Kingdom	Manufacturer of pulse tube refrigerators specializing in cutting-edge X-ray spectroscopy	Oxford Instruments PLC acquired VeriCold Technologies GmbH for 8.371 Mio. EUR. The consideration consisted of 2.937 Mio. EUR cash and up to 5.434 Mio. EUR in profi-related payments.	11.283	7.324	65%
14.09.2007	psychonomics AG, Germany	YouGov PLC, United Kingdom	Provider of market research services and methodological consulting	YouGov PLC (YG) acquired psychonomics AG for 23.75 Mio. EUR. The consideration consisted of 15.75 Mio. EUR in cash, 5 Mio. EUR in YG ordinary shares, and up to 3 Mio. EUR in profit-related payments.	32.646	4.124	13%
19.09.2007	WaveLight Aesthetic GmbH, Germany	Quantel SA, France	Manufacturer of laser systems for the medical and lifestyle sector	Quantel SA acquired WaveLight Aesthtic GmbH from WaveLight AG, for 6.1 Mio. EUR. The consideration consisted of 4.6 Mio. EUR and up to 1.5 Mio. EUR in profit-related payments.	8.529	2.097	25%
01.10.2007	CBP Consulting Engineers GmbH, Germany	WSP Group PLC, United Kingdom	Provider of engineering and consulting services	WSP Group PLC acquired CBP Consulting Engineers GmbH for 18.347 Mio. EUR. The consideration consisted of 12.327 Mio. EUR in cash and up to 6.02 Mio. EUR in profit related payments.	26.117	8.569	33%
10.10.2007	DeltaSelect GmbH-Generics, Germany	Actavis Deutschland GmbH & Co, Germany	Generics Business of DeltaSelect GmbH, a wholesaler and retailer of hospital supplies	GmbH & Co KG, a unit of Actavis Group hf, acquired the generics business of DeltaSelect GmbH for an estimated 74.5 Mio. EUR. The consideration consisted of an estimated 54.5 Mio. EUR and up to 20 Mio. EUR in profit-related payments.	105.405	28.297	27%
01.12.2007	Voigt Ingenieure, Germany	Hyder Consulting PLC, United Kingdom	Provider of consulting services	Hyder Consulting Plc acquired the entire share capital of Voigt Ingenieure Beteiligungsgesellschaft mbH for 9.33 Mio. EUR. The consideration was to consist of 6.545 Mio. EUR in cash, up to 1.532 Mio. EUR in profit-related payments and 1.253 Mio. EUR in ordinary shares.	13.876	2.278	16%
20.12.2007	PP Medizintechnik, Germany	Halma PLC, United Kingdom	manufacturer of small diagnosticmedical devices	Halma PLC acquired PP Medizintechnik GmbH, from Paragon Secondary Partners LP for 57 Mio. EUR in cash. The consideration consisted of 55 Mio. EUR in cash and up to 2 Mio. EUR in profit related payments.	81.638	2.865	4%

---

[466] Abfrage der Datenbank ‚Thomson Financials SDC Platinum' vom 20.02.2008.

Anhang 3 Bilanzierung einer Performance-based Contingent Consideration

Unternehmen K erwirbt die T-GmbH am 01.01.X1 von V. Im Rahmen des Kaufvertrages wird folgende Earnout-Vereinbarung getroffen: V erhält zum Erwerbszeitpunkt einen fixen Basispreis i.H.v. 100.000 GE. Daneben soll V eine vom künftigen Erfolg der T-GmbH abhängige zusätzliche Zahlung am Ende der vierjährigen Earnout-Periode (zum 31.12.X4) erhalten. Die T-GmbH hat zum Zeitpunkt des Unternehmenszusammenschlusses identifizierbare Vermögenswerte mit einem Fair Value von 150.000 GE und identifizierbare Schulden mit einem Fair Value von 50.000 GE. K weist in seinen Abschlüssen jeweils die Berichtsperiode sowie das Vorjahr als Vergleichsperiode aus. Es ist von einem Zinssatz von 10 % auszugehen.

Fall 1

in GE	Erwartung
Barwert 01.01.X1	**6.830**
Zins X1	684
Barwert 31.12.X1	**7.514**
Zins X2	751
Barwert 31.12.X2	**8.265**
Zins X3	826
Barwert 31.12.X3	**9.091**
Zins X4	909
Barwert 31.12.X4	**10.000**

Am 01.01.X1 (zum Erwerbszeitpunkt) erwartet K, dass er eine Earnout-Zahlung i.H.v. 10.000 GE zu leisten hat.

K muss daher im Erstkonsolidierungsabschluss zum 01.01.X1 eine Verbindlichkeit gegenüber V i.H.v. 6.830 GE ausweisen. Dies ist der auf den Erwerbszeitpunkt diskontierte Betrag der erwarteten Kaufpreisanpassung (10.000 GE / $1{,}1^4$).
In gleicher Höhe erfolgt eine Einbeziehung in die Anschaffungskosten. Diese betragen somit 106.830 GE (100.000 GE + 6.830 GE) und übersteigen das neubewertete Nettovermögen der T-GmbH i.H.v. 100.000 GE um 6.830 GE. Dieser Betrag ist als Goodwill auszuweisen.

Vermögenswerte$_T$	*150.000 GE*			
Goodwill	*6.830 GE*	*an*	*Bank*	*100.000 GE*
			Verbindlichkeit	*6.830 GE*
			Schulden$_T$	*50.000 GE*

Im Jahr X1 ist ein Zinsaufwand i.H.v. 684 GE zu erfassen.

Zinsaufwand	*684 GE*	*an*	*Verbindlichkeit*	*684 GE*

Im Jahr X2 ist ein Zinsaufwand i.H.v. 751 GE zu erfassen.

Zinsaufwand	*751 GE*	*an*	*Verbindlichkeit*	*751 GE*

Im Jahr X3 ist ein Zinsaufwand i.H.v. 826 GE zu erfassen.

Zinsaufwand	*826 GE*	*an*	*Verbindlichkeit*	*826 GE*

Am 31.12.X3 beträgt:
– die Verbindlichkeit gegenüber V 9.091 GE
 (6.830 GE + (684 GE + 751 GE + 826 GE)) und
– der Goodwill 6.830 GE.

Im Jahr X4 ist ein Zinsaufwand i.H.v. 909 GE zu erfassen.

Zinsaufwand	*909 GE*	*an*	*Verbindlichkeit*	*909 GE*

Zum 31.12.X4 ist die Verbindlichkeit gegenüber V aufzulösen und an diesen die Earnout-Zahlung i.H.v. 10.000 GE zu leisten.

Verbindlichkeit	*10.000 GE*	*an*	*Bank*	*10.000 GE*

Fall 2[467]

in GE	ursprüngliche Erwartung	Differenz	geänderte Erwartung
Barwert 01.01.X1	0	6.830	**6.830**
Zins X1	0	684	684
Barwert 31.12.X1	0	7.514	**7.514**
Zins X2	0	751	751
Barwert 31.12.X2	0	8.265	**8.265**
Zins X3	0	826	826
Barwert 31.12.X3	0	9.091	**9.091**
Zins X4	0	909	909
Barwert 31.12.X4	0	10.000	**10.000**

Am 01.01.X1 (zum Erwerbszeitpunkt) erwartet K, dass er keine Earnout-Zahlung zu leisten hat.

K muss daher im Erstkonsolidierungsabschluss zum 01.01.X1 keine Verbindlichkeit gegenüber V ausweisen und es erfolgt auch keine Einbeziehung in die Anschaffungskosten.

Die Anschaffungskosten betragen 100.000 GE und entsprechen exakt dem neubewerteten Nettovermögen der T-GmbH i.H.v. 100.000 GE. Somit ist kein Goodwill auszuweisen.

Vermögenswerte$_T$ *150.000 GE*   *an*   *Bank*   *100.000 GE*
                                                                                             Schulden$_T$ *50.000 GE*

Am 31.12.X3 erwartet K nun doch, dass er eine Earnout-Zahlung zu leisten hat. Entsprechend der tatsächlichen Performance der Jahre X1 bis X3 geht er davon aus, dass diese 10.000 GE betragen wird.

Bilanziell ist die wahrscheinlich gewordene Kaufpreisanpassung durch eine Korrektur der ursprünglich angesetzten Anschaffungskosten zu berücksichtigen. Hierfür gibt es zwei Methoden:

---

[467] Angelehnt an die Bilanzierungsbeispiele einer prospektiven Korrektur in KPMG (2007), S. 114 und Ernst & Young (2006), S. 460.

146   Anhang 3: Bilanzierung einer Performance-based Contingent Consideration

1. Retrospektive Korrektur

Der Abschluss zum 31.12.X3 ist aufzustellen, als sei es nie zu einer Fehleinschätzung der zu zahlenden Kaufpreisanpassung gekommen (d.h. als sei bereits zum Erwerbszeitpunkt mit einer Earnout-Zahlung i.H.v. 10.000 GE gerechnet worden).

Hierzu sind zunächst die kumulierten Effekte aus den im aktuellen Abschluss nicht mehr dargestellten Perioden (hier nur das Jahr X1) in der Eröffnungsbilanz der Vergleichsperiode X2 zu berücksichtigen:
- Die Anschaffungskosten und somit der Goodwill werden um 6.830 GE erhöht. Dies ist der auf den Erwerbszeitpunkt diskontierte Betrag der erwarteten Kaufpreisanpassung (10.000 GE / $1{,}1^4$).
- Die Zinsaufwendungen des Jahres X1 i.H.v. 684 GE, die K hätte verbuchen müssen, hätte er bereits zum Erwerbszeitpunkt mit einer Kaufpreisanpassung i.H.v. 10.000 GE gerechnet, werden durch eine erfolgsneutrale Verringerung der Gewinnrücklagen berücksichtigt.
- Gegenüber V ist eine Verbindlichkeit i.H.v. 7.514 GE einzubuchen.

Goodwill   *6.830 GE*
Gewinnrücklagen   *684 GE*   *an*   *Verbindlichkeit*   *7.514 GE*

Die korrigierte Eröffnungsbilanz des Jahres X2 entspricht der Eröffnungsbilanz, die sich ergeben hätte, wenn K bereits zum Erwerbszeitpunkt mit einer Kaufpreisanpassung i.H.v. 10.000 GE gerechnet hätte.

In der Vergleichsperiode X2 ist wegen der nun eingebuchten Verbindlichkeit auch ein Zinsaufwand i.H.v. 751 GE zu erfassen. Dieser Betrag entspricht dem Zinsaufwand im Jahr X2, den K hätte verbuchen müssen, hätte er bereits zum Erwerbszeitpunkt mit einer Kaufpreisanpassung i.H.v. 10.000 GE gerechnet.

Zinsaufwand   *751 GE*   *an*   *Verbindlichkeit*   *751 GE*

Zum 31.12.X2 beträgt die Verbindlichkeit gegenüber V 8.265 GE (7.514 GE + 751 GE).

In der Berichtsperiode X3 ist für die Verbindlichkeit ein Zinsaufwand i.H.v. 826 GE zu erfassen.

Zinsaufwand   *826 GE*   *an*   *Verbindlichkeit*   *826 GE*

Am 31.12.X3 beträgt:
- die Verbindlichkeit gegenüber V 9.091 GE (8.265 GE + 826 GE) und
- der Goodwill 6.830 GE.

2. Prospektive Korrektur

Es erfolgen keine Korrekturen der Vorjahre. Die Kaufpreisanpassung wird erst zum 31.12.X3 im Abschluss des Jahres, in dem sie sich konkretisiert hat, bilanziell berücksichtigt. Hierbei ist zum einen eine Verbindlichkeit gegenüber V i.H.v. 9.091 GE anzusetzen. Dies ist der auf den Gegenwartswert diskontierte Betrag der erwarteten Kaufpreisanpassung (10.000 GE / $1{,}1^1$). Zum anderen sind die zum Erwerbszeitpunkt ursprünglich angesetzten Anschaffungskosten und somit der Goodwill zu erhöhen. Hierfür gibt es zwei Möglichkeiten:

a) mit retrospektivem Wert

Die Anschaffungskosten und somit der Goodwill werden um 6.830 GE korrigiert (erhöht). Dies ist der auf den Erwerbszeitpunkt diskontierte Betrag der erwarteten Kaufpreisanpassung (10.000 GE / $1{,}1^4$). I.H.v. 2.261 GE wird ein Zinsaufwand verbucht. Dieser Betrag entspricht den Zinsaufwendungen der Jahre X1 bis X3, die K hätte verbuchen müssen, hätte er bereits zum Erwerbszeitpunkt mit einer solchen Zahlung gerechnet (684 GE + 751 GE + 826 GE).

Goodwill	*6.830 GE*			
Zinsaufwand	*2.261 GE*	*an*	*Verbindlichkeit*	*9.091 GE*

Am 31.12.X3 beträgt:
- die Verbindlichkeit gegenüber V 9.091 GE und
- der Goodwill 6.830 GE. Hätte K die Kaufpreisanpassung i.H.v. 10.000 GE bereits zum Erwerbszeitpunkt angenommen, wäre diese i.H.v. 6.830 GE in den Anschaffungskosten zu berücksichtigen gewesen, was zu einem Goodwillausweis in gleicher Höhe geführt hätte.

b) mit prospektivem Wert

Die Anschaffungskosten und somit der Goodwill werden wie die Verbindlichkeit um 9.091 GE erhöht. Dies ist der auf den Gegenwartswert diskontierte Betrag der erwarteten Kaufpreisanpassung (10.000 GE / $1{,}1^1$).

Goodwill	*9.091 GE*	*an*	*Verbindlichkeit*	*9.091 GE*

Am 31.12.X3 beträgt:
- die Verbindlichkeit gegenüber V 9.091 GE und
- der Goodwill 9.091 GE.

148   Anhang 3: Bilanzierung einer Performance-based Contingent Consideration

Unabhängig davon, welche Bilanzierungsmethode gewählt wurde, ist im Jahr X4 ein Zinsaufwand i.H.v. 909 GE zu erfassen.

Zinsaufwand   909 GE   an   *Verbindlichkeit*   909 GE

Zum 31.12.X4 ist die Verbindlichkeit gegenüber V aufzulösen und an diesen die Earnout-Zahlung i.H.v. 10.000 GE zu leisten.

Verbindlichkeit   10.000 GE   an   *Bank*   10.000 GE

Fall 3a[468]

in GE	ursprüngliche Erwartung	Differenz	geänderte Erwartung
Barwert 01.01.X1	**6.830**	1.366	**8.196**
Zins X1	684	137	821
Barwert 31.12.X1	**7.514**	1.503	**9.017**
Zins X2	751	150	901
Barwert 31.12.X2	**8.265**	1.653	**9.918**
Zins X3	826	165	991
Barwert 31.12.X3	**9.091**	1.818	**10.909**
Zins X4	909	182	1.091
Barwert 31.12.X4	**10.000**	2.000	**12.000**

Am 01.01.X1 (zum Erwerbszeitpunkt) erwartet K, dass er eine Earnout-Zahlung i.H.v. 10.000 GE zu leisten hat.

Zum Erwerbszeitpunkt sowie zum 31.12.X1, X2 und X3 sind dieselben Buchungen wie in Fall 1 vorzunehmen.

Am 31.12.X3 erwartet K, entsprechend der tatsächlichen Performance der Jahre X1 bis X3, dass er eine um 2.000 GE höhere Earnout-Zahlung zu leisten hat.

Die wahrscheinlich gewordene höhere Kaufpreisanpassung ist durch eine Korrektur der ursprünglich angesetzten Anschaffungskosten zu berücksichtigen. Es gibt zwei Methoden der bilanziellen Behandlung. Sie lassen sich am besten nachvollziehen, indem die Änderung der ursprünglich erwarteten Kaufpreisanpassung gedanklich als zweite Kaufpreisanpassungszahlung in Höhe des Änderungsbetrages betrachtet wird.

1. Retrospektive Korrektur

Der Abschluss zum 31.12.X3 ist aufzustellen, als sei es nie zu einer Fehleinschätzung der zu zahlenden Kaufpreisanpassung gekommen (d.h. sei bereits zum Erwerbszeitpunkt mit einer Earnout-Zahlung i.H.v. 12.000 GE gerechnet worden).

Hierzu sind zunächst die kumulierten Effekte aus den im aktuellen Abschluss nicht mehr dargestellten Perioden (hier nur das Jahr X1) in der Eröffnungsbilanz der Vergleichsperiode X2 zu berücksichtigen:

---

[468] Angelehnt an das Bilanzierungsbeispiel einer prospektiven Korrektur in PricewaterhouseCoopers (2006), Rn. 25.163.

150 Anhang 3: Bilanzierung einer Performance-based Contingent Consideration

- Die Anschaffungskosten und somit der Goodwill werden um 1.366 GE erhöht. Dies ist der auf den Erwerbszeitpunkt diskontierte Betrag der erwarteten Änderung der Kaufpreisanpassung (2.000 GE / $1{,}1^4$).
- Die zusätzlichen Zinsaufwendungen des Jahres X1 i.H.v. 137 GE, die K hätte verbuchen müssen, hätte er bereits zum Erwerbszeitpunkt mit einer um 2.000 GE höheren Kaufpreisanpassung gerechnet, werden durch eine erfolgsneutrale Verringerung der Gewinnrücklagen berücksichtigt.
- Die Verbindlichkeit gegenüber V ist um 1.503 GE zu erhöhen.

Goodwill   1.366 GE
Gewinnrücklagen 137 GE   an   *Verbindlichkeit*   1.503 GE

Am 01.01.X2 beträgt:
- die Verbindlichkeit gegenüber V 9.017 GE (7.514 GE + 1.503 GE) und
- der Goodwill 8.196 GE (6.830 GE + 1.366 GE).

Die korrigierte Eröffnungsbilanz des Jahres X2 entspricht der Eröffnungsbilanz, die sich ergeben hätte, wenn K bereits zum Erwerbszeitpunkt mit einer um 2.000 GE höheren Kaufpreisanpassung gerechnet hätte.

In der Vergleichsperiode X2 ist wegen der nun erhöhten Verbindlichkeit auch der Zinsaufwand um 150 GE zu erhöhen. Dieser Betrag entspricht dem zusätzlichen Zinsaufwand im Jahr X2, den K zusätzlich hätte verbuchen müssen, hätte er bereits zum Erwerbszeitpunkt mit einer um 2.000 GE höheren Kaufpreisanpassung gerechnet.

Zinsaufwand   150 GE   an   *Verbindlichkeit*   150 GE

Zum 31.12.X2 beträgt die Verbindlichkeit gegenüber V 9.918 GE (9.017 GE + (751 GE + 150 GE)).

In der Berichtsperiode X3 ist für die Verbindlichkeit ein Zinsaufwand i.H.v. 991 GE zu erfassen.

Zinsaufwand   991 GE   an   *Verbindlichkeit*   991 GE

Am 31.12.X3 beträgt:
- die Verbindlichkeit gegenüber V 10.909 GE (9.981 GE + 991 GE) und
- der Goodwill 8.196 GE.

2. Prospektive Korrektur

Es erfolgen keine Korrekturen der Vorjahre. Die Änderung der Kaufpreisanpassung wird erst zum 31.12.X3 im Abschluss des Jahres, in dem sie sich konkretisiert hat, bilanziell berücksichtigt.
Hierbei ist zum einen die Verbindlichkeit gegenüber V um 1.818 GE zu erhöhen. Dies ist der auf den Gegenwartswert diskontierte Betrag der erwarteten Änderung der Kaufpreisanpassung (2.000 GE / $1,1^1$). Die Verbindlichkeit beträgt dann 10.909 GE (9.091 GE + 1.818 GE). Dies ist der auf den Gegenwartswert diskontierte Betrag der inzwischen erwarteten Kaufpreisanpassung (12.000 GE / $1,1^1$). Zum anderen sind die zum Erwerbszeitpunkt ursprünglich angesetzten Anschaffungskosten und somit der Goodwill zu erhöhen. Hierfür gibt es zwei Möglichkeiten:

a) mit retrospektivem Wert

Die Anschaffungskosten und somit der Goodwill werden um 1.366 GE erhöht. Dies ist der auf den Erwerbszeitpunkt diskontierte Betrag der erwarteten Änderung der Kaufpreisanpassung (2.000 GE / $1,1^4$).
I.H.v. 452 GE wird ein Zinsaufwand verbucht. Dieser Betrag entspricht den zusätzlichen Zinsaufwendungen der Jahre X1 bis X3, die K hätte verbuchen müssen, hätte er bereits zum Erwerbszeitpunkt mit einer um 2.000 GE höheren Kaufpreisanpassung gerechnet (137 GE + 150 GE + 165 GE).

Goodwill	*1.366 GE*	*an*	*Verbindlichkeit*	*1.818 GE*
Zinsaufwand	*452 GE*			

Am 31.12.X3 beträgt:
- die Verbindlichkeit gegenüber V 10.909 GE und
- der Goodwill 8.196 GE (6.830 GE + 1.366 GE). Hätte K die Kaufpreisanpassung i.H.v. 12.000 GE bereits zum Erwerbszeitpunkt angenommen, wäre diese i.H.v. 8.196 GE in den Anschaffungskosten zu berücksichtigen gewesen, was zu einem Goodwillausweis in gleicher Höhe geführt hätte.

b) mit prospektivem Wert

Die Anschaffungskosten und somit der Goodwill werden wie die Verbindlichkeit um 1.818 GE erhöht. Dies ist der auf den Gegenwartswert diskontierte Betrag der erwarteten Änderung der Kaufpreisanpassung (2.000 GE / $1,1^1$).

Goodwill	*1.818 GE*	*an*	*Verbindlichkeit*	*1.818 GE*

Am 31.12.X3 beträgt:
- die Verbindlichkeit gegenüber V 10.909 GE und
- der Goodwill 8.648 GE (6.830 GE + 1.818 GE). Dieser Betrag entspricht der Summe aus einer zum Erwerbszeitpunkt erwarteten und auf diesen Zeitpunkt abgezinsten Kaufpreisanpassung i.H.v. 10.000 GE sowie einer weiteren, am 31.12.X3 erwarteten, und auf diesen Zeitpunkt abgezinsten Kaufpreisanpassung i.H.v. 2.000 GE.

Unabhängig davon, welche Bilanzierungsmethode gewählt wurde, ist im Jahr X4 ein Zinsaufwand i.H.v. 1.091 GE zu erfassen.

Zinsaufwand   *1.091 GE*   *an*   *Verbindlichkeit*   *1.091 GE*

Zum 31.12.X4 ist die Verbindlichkeit gegenüber V aufzulösen und an diesen die Earnout-Zahlung i.H.v. 10.000 GE zu leisten.

Verbindlichkeit   *12.000 GE*   *an*   *Bank*   *12.000 GE*

Fall 3b

in GE	ursprüngliche Erwartung	Differenz	geänderte Erwartung
Barwert 01.01.X1	**6.830**	-1.366	**5.464**
Zins X1	684	-137	547
Barwert 31.12.X1	**7.514**	-1.503	**6.011**
Zins X2	751	-150	601
Barwert 31.12.X2	**8.265**	-1.653	**6.612**
Zins X3	826	-165	661
Barwert 31.12.X3	**9.091**	-1.818	**7.273**
Zins X4	909	-182	727
Barwert 31.12.X4	**10.000**	-2.000	**8.000**

Am 01.01.X1 (zum Erwerbszeitpunkt) erwartet K, dass er eine Earnout-Zahlung i.H.v. 10.000 GE zu leisten hat.

Zum Erwerbszeitpunkt sowie zum 31.12.X1, X2 und X3 sind dieselben Buchungen wie in Fall 1 vorzunehmen.

Am 31.12.X3 erwartet K, entsprechend der tatsächlichen Performance der Jahre X1 bis X3, dass er eine um 2.000 GE geringere Earnout-Zahlung zu leisten hat.

Die wahrscheinlich gewordene geringere Kaufpreisanpassung ist durch eine Korrektur der ursprünglich angesetzten Anschaffungskosten zu berücksichtigen. Es gibt zwei Methoden der bilanziellen Behandlung. Sie lassen sich am besten nachvollziehen, indem die Änderung der ursprünglich erwarteten Kaufpreisanpassung gedanklich als zweite Kaufpreisanpassungszahlung in Höhe des Änderungsbetrages betrachtet wird.

1. Retrospektive Korrektur

Der Abschluss zum 31.12.X3 ist aufzustellen, als sei es nie zu einer Fehleinschätzung der zu zahlenden Kaufpreisanpassung gekommen (d.h. als sei bereits zum Erwerbszeitpunkt mit einer Earnout-Zahlung i.H.v. 8.000 GE gerechnet worden).

Hierzu sind zunächst die kumulierten Effekte aus den im aktuellen Abschluss nicht mehr dargestellten Perioden (hier nur das Jahr X1) in der Eröffnungsbilanz der Vergleichsperiode X2 zu berücksichtigen:

154 Anhang 3: Bilanzierung einer Performance-based Contingent Consideration

- Die Anschaffungskosten und somit der Goodwill werden um 1.366 GE verringert. Dies ist der auf den Erwerbszeitpunkt diskontierte Betrag der erwarteten Änderung der Kaufpreisanpassung (-2.000 GE / $1,1^4$).
- Die Zinsaufwendungen des Jahres X1 i.H.v. 137 GE, die K nicht hätte verbuchen müssen, hätte er bereits zum Erwerbszeitpunkt mit einer um 2.000 GE geringeren Kaufpreisanpassung gerechnet, werden durch eine erfolgsneutrale Erhöhung der Gewinnrücklagen berücksichtigt.
- Die Verbindlichkeit gegenüber V ist um 1.503 GE zu verringern.

Verbindlichkeit   *1.503 GE*   an   *Goodwill*   *1.366 GE*
                                                                     Gewinnrücklagen   *137 GE*

Am 01.01.X2 beträgt:
- die Verbindlichkeit gegenüber V 6.011 GE (7.514 GE – 1.503 GE) und
- der Goodwill 5.464 GE (6.830 GE – 1.366 GE).

Die korrigierte Eröffnungsbilanz des Jahres X2 entspricht der Eröffnungsbilanz, die sich ergeben hätte, wenn K bereits zum Erwerbszeitpunkt mit einer um 2.000 GE geringeren Kaufpreisanpassung gerechnet hätte.

In der Vergleichsperiode X2 ist wegen der nun verminderten Verbindlichkeit auch der Zinsaufwand um 150 GE zu verringern. Dieser Betrag entspricht dem Zinsaufwand im Jahr X2, den K nicht hätte verbuchen müssen, hätte er bereits zum Erwerbszeitpunkt mit einer um 2.000 GE geringeren Kaufpreisanpassung gerechnet.

Verbindlichkeit   *150 GE*   an   *Zinsaufwand*   *150 GE*

Zum 31.12.X2 beträgt die Verbindlichkeit gegenüber V 6.612 GE (6.011 GE + (751 GE – 150 GE)).

In der Berichtsperiode X3 ist für die Verbindlichkeit ein Zinsaufwand i.H.v. 661 GE zu erfassen.

Zinsaufwand   *661 GE*   an   *Verbindlichkeit*   *661 GE*

Am 31.12.X3 beträgt:
- die Verbindlichkeit gegenüber V 7.273 GE (6.612 GE + 661 GE) und
- der Goodwill 5.464 GE.

2. Prospektive Korrektur

Es erfolgen keine Korrekturen der Vorjahre. Die Änderung der Kaufpreisanpassung wird erst zum 31.12.X3 im Abschluss des Jahres, in dem sie sich konkretisiert hat, bilanziell berücksichtigt.
Hierbei ist zum einen die Verbindlichkeit gegenüber V um 1.818 GE zu verringern. Dies ist der auf den Gegenwartswert diskontierte Betrag der erwarteten Änderung der Kaufpreisanpassung (-2.000 GE / $1,1^1$). Die Verbindlichkeit beträgt dann 7.273 GE (9.091 GE – 1.818 GE). Dies ist der auf den Gegenwartswert diskontierte Betrag der inzwischen erwarteten Kaufpreisanpassung (8.000 GE / $1,1^1$). Zum anderen sind die zum Erwerbszeitpunkt ursprünglich angesetzten Anschaffungskosten und somit der Goodwill zu erhöhen. Hierfür gibt es zwei Möglichkeiten:

a) mit retrospektivem Wert

Die Anschaffungskosten und somit der Goodwill werden um 1.366 GE verringert. Dies ist der auf den Erwerbszeitpunkt diskontierte Betrag der erwarteten Änderung der Kaufpreisanpassung (-2.000 GE / $1,1^4$).
I.H.v. 452 GE wird ein Zinsertrag verbucht. Dieser Betrag entspricht den Zinsaufwendungen der Jahre X1 bis X3, die K nicht hätte verbuchen müssen, hätte er bereits zum Erwerbszeitpunkt mit einer um 2.000 GE geringeren Kaufpreisanpassung gerechnet (137 GE + 150 GE + 165 GE).

Verbindlichkeit   *1.818 GE*   *an*   *Goodwill*   *1.366 GE*
                                                                           Zinsertrag   *452 GE*

Am 31.12.X3 beträgt:
– die Verbindlichkeit gegenüber V 7.273 GE und
– der Goodwill 5.464 GE (6.830 GE – 1.366 GE). Hätte K die Kaufpreisanpassung i.H.v. 8.000 GE bereits zum Erwerbszeitpunkt angenommen, wäre diese i.H.v. 5.464 GE in den Anschaffungskosten zu berücksichtigen gewesen, was zu einem Goodwillausweis in gleicher Höhe geführt hätte.

156 Anhang 3: Bilanzierung einer Performance-based Contingent Consideration

b) <u>mit prospektivem Wert</u>

Die Anschaffungskosten und somit der Goodwill werden wie die Verbindlichkeit um 1.818 GE verringert. Dies ist der auf den Gegenwartswert diskontierte Betrag der erwarteten Änderung der Kaufpreisanpassung (-2.000 GE / 1,1[1]).

Verbindlichkeit   *1.818 GE   an   Goodwill*   *1.818 GE*

Am 31.12.X3 beträgt:
- die Verbindlichkeit gegenüber V 7.273 GE und
- der Goodwill 5.012 GE (6.830 GE – 1.818 GE). Dieser Betrag entspricht der Summe aus einer zum Erwerbszeitpunkt erwarteten und auf diesen Zeitpunkt abgezinsten Kaufpreisanpassung i.H.v. 10.000 GE sowie einer weiteren am 31.12.X3 erwarteten und auf diesen Zeitpunkt abgezinsten Kaufpreisanpassung i.H.v. -2.000 GE.

Unabhängig davon, welche Bilanzierungsmethode gewählt wurde, ist im Jahr X4 ein Zinsaufwand i.H.v. 727 GE zu erfassen.

Zinsaufwand   727 GE   an   Verbindlichkeit   727 GE

Zum 31.12.X4 ist die Verbindlichkeit gegenüber V aufzulösen und an diesen die Earnout-Zahlung i.H.v. 8.000 GE zu leisten.

Verbindlichkeit   8.000 GE   an   Bank   8.000 GE

Anhang 4 Bilanzierung einer Security Price-based Contingent Consideration

A Wertsicherungsklausel für ausgegebene eigene Aktien

Die börsennotierte K-AG erwirbt von V 100 % der Anteile am Zielunternehmen T-AG. Die T-AG hat zum Zeitpunkt des Unternehmenszusammenschlusses identifizierbare Vermögenswerte mit einem Fair Value von 100'GE[469] und identifizierbare Schulden mit einem Fair Value von 20'GE. Zur Vereinfachung soll im Folgenden davon ausgegangen werden, dass die K-AG erst für den Erwerb der T-AG gegründet wurde und im Einzelabschluss lediglich die Beteiligung an der T-AG und Eigenkapital aufweist. Die K-AG gibt als Gegenleistung 1'K-Aktien mit einem Nennwert von 10 GE hin. Der Kaufvertrag wird am 15.06.X0 abgeschlossen (Signing). Zu diesem Zeitpunkt steht der Kurs der K-Aktien bei 100 GE. Die K-AG erlangt am 01.07.X0 die Kontrolle über die T-AG. Dies ist der Erwerbszeitpunkt bzw. der Zeitpunkt der Erstkonsolidierung. Es wird eine Wertsicherungsklausel vereinbart, nach der bei Unterschreiten des garantierten Wertes ein entsprechender Ausgleich durch weitere Aktien zu leisten ist. Es wird zu den jeweiligen Stichtagen erwartet, dass der tatsächliche Aktienkurs konstant bleibt.

Die nachfolgenden Fälle unterscheiden sich nur hinsichtlich des Zeitpunktes, auf den sich die Wertsicherungsklausel bezieht und hinsichtlich der Höhe des garantierten Kurses im Verhältnis zum tatsächlichen Kurs zum Erwerbszeitpunkt.

---

[469] 100.000 Geldeinheiten werden im Folgenden als 100'GE dargestellt.

Fall A-1[470]

Der Kurs von 100 GE wird zum 31.12.X1 garantiert und entspricht dem tatsächlichen Kurs zum Erwerbszeitpunkt. Zum 31.12.X0 unterschreitet der tatsächliche den garantierten Kurs. Zum 31.12.X1 hat sich die Unterschreitung verringert:

15.06.X0 (Signing)	: Kurs: 100 GE
01.07.X0 (Erwerbszeitpunkt)	: Kurs: 100 GE
31.12.X0 (Bilanzstichtag)	: Kurs: 64 GE
31.12.X1 (Garantiezeitpunkt)	: Kurs: 80 GE (garantierter Kurs: 100 GE)

01.07.X0
Die Anschaffungskosten betragen 100'GE (1'Aktien * 100 GE) und bestimmen sich nach dem Wert der hingegebenen Aktien zum Erwerbszeitpunkt.
Hiervon bucht K:
– den Nennbetrag der ausgegebenen Aktien i.H.v. 10'GE
  (1'Aktien * 10 GE) in das gezeichnete Kapital und
– das Agio[471] der ausgegebenen Aktien i.H.v. 90'GE
  (1'Aktien * (100 GE – 10 GE) in die Kapitalrücklage.

Anstelle der im Einzelabschluss bilanzierten Beteiligung an der T-AG weist die K-AG im Konzernabschluss die identifizierten Vermögenswerte und Schulden der T-AG sowie einen Goodwill aus. Dieser beträgt 20'GE (100'GE – (100'GE – 20'GE)) und entspricht dem Betrag, den die Anschaffungskosten das neubewertete Eigenkapital der T-AG übersteigen.

Vermögenswerte$_T$	*100'GE*			
Goodwill	*20'GE*	*an*	*gezeichnetes Kapital*	*10'GE*
			Kapitalrücklage	*90'GE*
			Schulden$_T$	*20'GE*

---

[470] Angelehnt an die Buchungsbeispiele in Lüdenbach, N. (2007), Rn. 46 Beispiel 2, Rn. 49 Beispiel Fall B und Beispiel Variante; Baetge, J./Hayn, S./Ströher, T. (2006), Rn. 277f Beispiel 9; Küting, K./Wirth, J. (2001), S. 1195.
[471] Das Agio ist die Differenz zwischen erzieltem Betrag und Nennwert.

Anhang 4: Bilanzierung einer Security Price-based Contingent Consideration

Konzernbilanz der K-AG am 01.07.X0

Vermögenswerte$_T$	100'	gezeichnetes Kapital	10'	⎫ 100'
Goodwill	20'	Kapitalrücklage	90'	⎭
		Schulden$_T$	20'	
	120'		**120'**	

31.12.X0

Der Kurs der K-Aktie steht bei 64 GE, liegt also 36 GE unter dem zum 31.12.X1 garantierten Kurs. Die 1'Aktien repräsentieren nur noch einen Wert von 64'GE (1'Aktien * 64 GE). Die Differenz zu ihrem garantierten Wert von 100'GE beträgt 36'GE. Ist eine hinreichende Wahrscheinlichkeit für eine Kurserholung in X1 nicht gegeben, ist diese Wertminderung durch die K-AG aufgrund der Wertsicherungsklausel zum 31.12.X1 voraussichtlich auszugleichen. In Höhe dieses Betrages wird zunächst eine Kaufpreisverbindlichkeit eingebucht und korrespondierend der Fair Value der bereits ausgegebenen Aktien auf deren niedrigeren Wert korrigiert.

Kapitalrücklage   36'GE   an   Kaufpreisverbindlichkeit   36'GE

Konzernbilanz der K-AG am 31.12.X0

Vermögenswerte$_T$	100'	gezeichnetes Kapital	10'	64' ⎫	⎫
Goodwill	20'	Kapitalrücklage	54'	⎭	⎬ 100'
		Kaufpreisverb.	36'		⎭
		Schulden$_T$	20'		
	120'		**120'**		

31.12.X1

Der Kurs der K-Aktie ist in X1 unerwartet um 16 GE gestiegen und steht jetzt bei 80 GE, liegt also nur noch 20 GE unter dem zum 31.12.X1 garantierten Kurs. Die 1'Aktien repräsentieren einen gestiegenen Wert von 80'GE (1'Aktien * 80 GE). Die Differenz zu ihrem garantierten Wert von 100'GE beträgt nur noch 20'GE. Diese ist aufgrund der Wertsicherungsklausel durch die K-AG tatsächlich auszugleichen, weswegen die in X0 erfasste Kaufpreisverbindlichkeit teilweise (i.H.v. 16'GE) gegen die Kapitalrücklage auszubuchen ist. Dies entspricht einer Erhöhung des Fair Values der bereits ausgegebenen Aktien.

Kaufpreisverbindlichkeit   16'GE   an   Kapitalrücklage   16'GE

vorl. Konzernbilanz der K-AG am 31.12.X1

Vermögenswerte$_T$	100'	gezeichnetes Kapital	10'	80'	
Goodwill	20'	Kapitalrücklage	70'		100'
		Kaufpreisverb.	20'		
		Schulden$_T$	20'		
	120'		**120'**		

Die Kaufpreisverbindlichkeit i.H.v. 20'GE wird durch die zusätzliche Ausgabe von 250 Aktien (20'GE / 80 GE) getilgt.[472] Sie wird:

- i.H. des Nennwertes der zusätzlich emittierten Aktien von 2,5'GE (250 Aktien * 10 GE) gegen das gezeichnete Kapital und
- i.H. des Agios der zusätzlich emittierten Aktien von 17,5'GE (250 Aktien * 70 GE) gegen die Kapitalrücklage ausgebucht.

Kaufpreisverbindlichkeit   20'GE   an   gezeichnetes Kapital   2,5'GE
                                         Kapitalrücklage   17,5'GE

Konzernbilanz der K-AG am 31.12.X1

Vermögenswerte$_T$	100'	gezeichnetes Kapital	12,5'	
Goodwill	20'	Kapitalrücklage	87,5'	100'
		Schulden$_T$	20'	
	120'		**120'**	

Die Summe aus gezeichnetem Kapital und Kapitalrücklage beträgt nach wie vor 100'GE. Der Anstieg des gezeichneten Kapitals i.H.v. 2,5'GE (in Höhe des Nennwertes der neu ausgegebenen Aktien) wird durch eine Verringerung der Kapitalrücklage in gleicher Höhe ausgeglichen. Die Anschaffungskosten werden nicht verändert.

---

[472] Die Kaufpreisverbindlichkeit könnte hier sowie in den nachfolgenden Fallbeispielen auch durch Barmittel getilgt werden. Da (wie eingangs beschrieben) von einer stark vereinfachten Bilanzstruktur der K-AG ausgegangen wird, bei der dem Eigenkapital nur die Beteiligung an der T-AG gegenübersteht, also keine sonstigen Vermögenswerte (u.a. Barmittel) ausgewiesen sind, kann diese Variante im Folgenden nicht dargestellt werden, wirft aber auch keine bilanzierungstechnischen Probleme auf. Die alternative Buchung würde lauten: Kaufpreisverbindlichkeit an Bank. Es käme zu einer Bilanzverkürzung.

Fall A-2[473]

Der Kurs von 100 GE wird zum 31.12.X0 garantiert und liegt über dem tatsächlichen Kurs zum Erwerbszeitpunkt. Zum 31.12.X0 ist der tatsächliche Kurs noch weiter gefallen:

15.06.X0 (Signing)	: Kurs:	100 GE
01.07.X0 (Erwerbszeitpunkt)	: Kurs:	80 GE
31.12.X0 (Garantiezeitpunkt)	: Kurs:	64 GE (garantierter Kurs: 100 GE)

<u>01.07.X0</u>
Die gesamten Anschaffungskosten der Beteiligung entsprechen dem garantierten Wert der Gegenleistung. Sie betragen somit 100'GE (1'Aktien * 100 GE) und setzen sich zusammen aus:
- dem Wert der hingegebenen Aktien zum Erwerbszeitpunkt i.H.v. 80'GE (1'Aktien * 80 GE). Hiervon bucht K:
  - den Nennbetrag der ausgegebenen Aktien i.H.v. 10'GE (1'Aktien * 10'GE) in das gezeichnete Kapital und
  - das Agio der ausgegebenen Aktien i.H.v. 70'GE (1'Aktien * (80 GE – 10'GE) in die Kapitalrücklage
- dem Wert der bereits zum Erwerbszeitpunkt konkreten Kaufpreisanpassung aufgrund der Wertsicherungsklausel i.H. des Differenzbetrages zwischen tatsächlichem und garantiertem Wert der Aktien: 20'GE (1'Aktien * (100 GE – 80 GE)

Vermögenswerte$_T$	*100'GE*			
Goodwill	*20'GE*	*an*	*gezeichnetes Kapital*	*10'GE*
			Kapitalrücklage	*70'GE*
			Kaufpreisverbindlichkeit	*20'GE*
			Schulden$_T$	*20'GE*

Konzernbilanz der K-AG am 01.07.X0

Vermögenswerte$_T$	100'	gezeichnetes Kapital	10'	⎫ 80' ⎫
Goodwill	20'	Kapitalrücklage	70'	⎬ ⎬ 100'
		Kaufpreisverb.	20'	⎭
		Schulden$_T$	20'	
	120'		**120'**	

---

[473] Angelehnt an das Buchungsbeispiel in Lüdenbach, N. (2007), Rn. 49 Beispiel Fall C.

31.12.X0

Der Kurs der K-Aktie ist um 16 GE auf 64 GE gesunken, liegt also 36 GE unter dem zu diesem Zeitpunkt garantierten Kurs von 100 GE. Die 1'Aktien repräsentieren somit nur noch einen Wert von 64'GE (1'Aktien * 64 GE). Die Differenz zu ihrem garantierten Wert von 100'GE beträgt 36'GE und ist aufgrund der Wertsicherungsklausel durch die K-AG auszugleichen. Die Kaufpreisverbindlichkeit gegenüber V ist um 16'GE auf 36'GE zu erhöhen und korrespondierend der Fair Value der bereits ausgegebenen Aktien auf deren niedrigeren Wert zu korrigieren.[474]

Kapitalrücklage   16'GE   an   Kaufpreisverbindlichkeit   16'GE

vorl. Konzernbilanz der K-AG am 31.12.X0

Vermögenswerte$_T$	100'	gezeichnetes Kapital	10'	64'	
Goodwill	20'	Kapitalrücklage	54'		100'
		Kaufpreisverb.	36'		
		Schulden$_T$	20'		
	120'		**120'**		

Die Kaufpreisverbindlichkeit i.H.v. 36'GE wird durch die zusätzliche Ausgabe von 562,5 Aktien[475] (36'GE / 64 GE) getilgt.[476] Sie wird:
- i.H. des Nennwertes der zusätzlich emittierten Aktien von 5,625'GE (562,5 Aktien * 10 GE) gegen das gezeichnete Kapital und
- i.H. des Agios der zusätzlich emittierten Aktien von 30,375'GE (562,5 Aktien * 54 GE) gegen die Kapitalrücklage ausgebucht.

Kaufpreisverbindlichkeit   36'GE   an   gezeichnetes Kapital   5,625'GE
*   Kapitalrücklage   30,375'GE*

Konzernbilanz der K-AG am 31.12.X0

Vermögenswerte$_T$	100'	gezeichnetes Kapital	15,625'	100'
Goodwill	20'	Kapitalrücklage	84,375'	
		Schulden$_T$	20'	
	120'		**120'**	

---

[474] Läge der Kurs zum 31.12.X0 über 80 GE, so müsste eine Reduzierung der bei Erstkonsolidierung eingebuchten Kaufpreisverbindlichkeit gegen die Kapitalrücklage erfolgen. Die Buchung würde lauten: Kaufpreisverbindlichkeit an Kapitalrücklage.

[475] Selbstverständlich ist die Ausgabe halber Aktien nicht möglich. Aus rechentechnischen Gründen soll diese Tatsache jedoch vernachlässigt werden.

[476] Nach Lüdenbach, N. (2007), Rn. 49 ist die zunächst eingebuchte Kaufpreisverbindlichkeit i.H.v. 20'GE als Barausgleichsverpflichtung zu behandeln. Eine Begleichung durch Ausgabe weiterer Aktien dürfte m.E. jedoch auch möglich sein.

Fall A-3[477]

Der Kurs von 100 GE wird zum 01.07.X0 (Erwerbszeitpunkt) garantiert. Zu diesem Zeitpunkt übersteigt der garantierte den tatsächlichen Kurs:

15.06.X0 (Signing) : Kurs: 100 GE
01.07.X0
(Erwerbs- und Garantiezeitpunkt) : Kurs: 80 GE (garantierter Kurs: 100 GE)

01.07.X0
Die gesamten Anschaffungskosten der Beteiligung entsprechen dem garantierten Wert der Gegenleistung. Sie betragen somit 100'GE (1'Aktien * 100 GE) und setzen sich zusammen aus:
– dem Wert der hingegebenen Aktien zum Erwerbszeitpunkt i.H.v. 80'GE (1'Aktien * 80 GE). Hiervon bucht K:
  – den Nennbetrag der ausgegebenen Aktien i.H.v. 10'GE (1'Aktien * 10 GE) in das gezeichnete Kapital und
  – das Agio der ausgegebenen Aktien i.H.v. 70'GE (1'Aktien * (80 GE – 10 GE) in die Kapitalrücklage.
– dem Wert der bereits zum Erwerbszeitpunkt konkreten Kaufpreisanpassung aufgrund der Wertsicherungsklausel i.H. des Differenzbetrages zwischen tatsächlichem und garantiertem Wert der Aktien: 20'GE (1'Aktien * (100 GE – 80 GE)[478]

Vermögenswerte$_T$	*100'GE*			
Goodwill	*20'GE*	*an*	*gezeichnetes Kapital*	*10'GE*
			Kapitalrücklage	*70'GE*
			Kaufpreisverbindlichkeit	*20'GE*
			Schulden$_T$	*20'GE*

---

[477] Angelehnt an das Buchungsbeispiel in Lüdenbach, N. (2007), Rn. 49 Beispiel Fall A.
[478] Wie in Fall 2: Dort kann sich die Höhe der Kaufpreisverbindlichkeit jedoch noch ändern, wenn der Kurs der K-Aktie bis zum 31.12.X0 (Garantiezeitpunkt) steigt oder fällt. Hier ist die Höhe der eingebuchten Kaufpreisverbindlichkeit unveränderlich, da der Wert zum Erwerbszeitpunkt garantiert wurde.

vorl. Konzernbilanz der K-AG am 01.07.X0

Vermögenswerte$_T$	100'	gezeichnetes Kapital	10' ⎫ 80' ⎫	
Goodwill	20'	Kapitalrücklage	70' ⎬ ⎬ 100'	
		Kaufpreisverb.	20' ⎭	
		Schulden$_T$	20'	
	120'		**120'**	

Die Kaufpreisverbindlichkeit i.H.v. 20'GE wird durch die zusätzliche Ausgabe von 250 Aktien (20'GE/80 GE) getilgt.[479] Sie wird:
- i.h. des Nennwertes der zusätzlich emittierten Aktien von 2,5'GE (250 Aktien * 10 GE) gegen das gezeichnete Kapital und
- i.h. des Agios der zusätzlich emittierten Aktien von 17,5'GE (250 Aktien * 70 GE) gegen die Kapitalrücklage ausgebucht.

Kaufpreisverbindlichkeit 20'GE an *gezeichnetes Kapital* 2,5'GE
                                        Kapitalrücklage   17,5'GE

Konzernbilanz der K-AG am 01.07.X0

Vermögenswerte$_T$	100'	gezeichnetes Kapital	12,5 ⎫ 100'	
Goodwill	20'	Kapitalrücklage	87,5 ⎭	
		Schulden$_T$	20'	
	120'		**120'**	

---

[479] Nach Lüdenbach, N. (2007), Rn. 49 ist diese Kaufpreisverbindlichkeit als Barausgleichsverpflichtung zu behandeln. Eine Begleichung durch Ausgabe weiterer Aktien dürfte m.E. jedoch auch möglich sein. Statt der Vereinbarung einer Wertsicherungsklausel hätte auch folgende Vereinbarung getroffen werden können: „Der Kaufpreis in Höhe von 100'GE ist am 01.07.X0 in Aktien zu begleichen. Die Anzahl der hinzugebenden Aktien richtet sich nach deren Kurs zu diesem Zeitpunkt'.

Fall A-4[480]

Der Kurs von 64 GE wird zum 31.12.X0 garantiert und liegt unter dem tatsächlichen Kurs zum Erwerbszeitpunkt. Zum 31.12.X0 überschreitet der tatsächliche den garantierten Kurs:

15.06.X0 (Signing)	: Kurs: 100 GE	
01.07.X0 (Erwerbszeitpunkt)	: Kurs: 80 GE	
31.12.X0 (Garantiezeitpunkt)	: Kurs: 40 GE	(garantierter Kurs: 64 GE)

01.07.X0
Die gesamten Anschaffungskosten der Beteiligung werden in diesem Fall durch den tatsächlichen Wert der Gegenleistung bestimmt. Sie betragen somit 80'GE (1'Aktien * 80 GE). Hiervon bucht K:
– den Nennbetrag der ausgegebenen Aktien i.H.v. 10'GE
 (1'Aktien * 10 GE) in das gezeichnete Kapital und
– das Agio der ausgegebenen Aktien i.H.v. 70'GE
 (1'Aktien * (80 GE – 10 GE) in die Kapitalrücklage.

Aus der Wertsicherungsklausel entsteht in diesem Fall keine Kaufpreisverbindlichkeit, da der garantierte Kurs von 64 GE den tatsächlichen Kurs von 80 GE zum Erwerbszeitpunkt unterschreitet.

Die Anschaffungskosten betragen nur 80'GE und übersteigen daher das neubewertete Eigenkapital der T-AG nicht. Es ist daher kein Goodwill auszuweisen.

Vermögenswerte$_T$	*100'GE*	*an*	*gezeichnetes Kapital*	*10'GE*
			Kapitalrücklage	*70'GE*
			Schulden$_T$	*20'GE*

Konzernbilanz der K-AG am 01.07.X0

Vermögenswerte$_T$	100'	gezeichnetes Kapital	10' ⎫
		Kapitalrücklage	70' ⎬ 80'
		Schulden$_T$	20'
	100'		**100'**

---

[480] Angelehnt an das Buchungsbeispiel in Lüdenbach, N. (2007), Rn. 49 Beispiel Fall D.

31.12.X0

Der Kurs der K-Aktie steht bei 40 GE, liegt also 24 GE unter dem zu diesem Zeitpunkt garantierten Kurs von 64 GE. Die 1'Aktien repräsentieren somit nur noch einen Wert von 40'GE (1'Aktien * 40 GE). Die Differenz zu ihrem garantierten Wert von 64'GE beträgt 24'GE und ist aufgrund der Wertsicherungsklausel durch die K-AG auszugleichen. In Höhe dieses Betrages wird zunächst eine Kaufpreisverbindlichkeit eingebucht und korrespondierend der Fair Value der bereits ausgegebenen Aktien auf deren niedrigeren Wert korrigiert.

Kapitalrücklage   24'GE   an   *Kaufpreisverbindlichkeit*   24'GE

vorl. Konzernbilanz der K-AG am 31.12.X0

Vermögenswerte$_T$	100'	gezeichnetes Kapital	10' ⎫ 56' ⎫	
		Kapitalrücklage	46' ⎭	80'
		Kaufpreisverb.	24' ⎭	
		Schulden$_T$	20	
	100'		**100'**	

Die Kaufpreisverbindlichkeit i.H.v. 24'GE wird durch die zusätzliche Ausgabe von 600 Aktien (24'GE / 40 GE) getilgt. Sie wird:
– i.H. des Nennwertes der zusätzlich emittierten Aktien von 6'GE (600 Aktien * 10 GE) gegen das gezeichnete Kapital und
– i.H. des Agios der zusätzlich emittierten Aktien von 18'GE (600 Aktien * 30 GE) gegen die Kapitalrücklage ausgebucht.

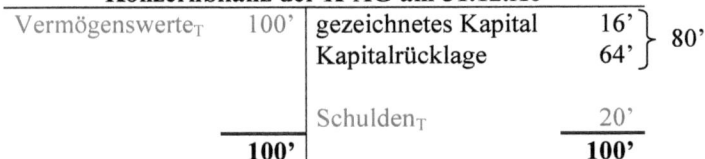

Kaufpreisverbindlichkeit   24'GE   an   *gezeichnetes Kapital*   6'GE
                                              Kapitalrücklage   18'GE

Konzernbilanz der K-AG am 31.12.X0

Vermögenswerte$_T$	100'	gezeichnetes Kapital	16' ⎫	
		Kapitalrücklage	64' ⎭	80'
		Schulden$_T$	20'	
	100'		**100'**	

Anhang 4: Bilanzierung einer Security Price-based Contingent Consideration 167

B Wertsicherungsklausel für ausgegebene eigene Anleihen

Die börsennotierte K-AG erwirbt von V 100 % der Anteile am Zielunternehmen T-AG. Die T-AG hat zum Zeitpunkt des Unternehmenszusammenschlusses identifizierbare Vermögenswerte mit einem Fair Value von 100'GE und identifizierbare Schulden mit einem Fair Value von 20'GE. Zur Vereinfachung soll im Folgenden davon ausgegangen werden, dass die K-AG vor dem Erwerb ausschließlich eigenkapitalfinanziert war und Vermögen in Höhe von 100'GE besessen hat. Die Anleihen wurden extra für den Erwerb der T-AG ausgegeben. Die K-AG gibt als Gegenleistung 1'K-Anleihen mit einem Nennwert von 100 GE hin. Der Kaufvertrag wird am 15.06.X0 abgeschlossen (Signing). Zu diesem Zeitpunkt steht der Kurs der K-Anleihe bei 100 GE. Die K-AG erlangt am 01.07.X0 die Kontrolle über die T-AG. Dies ist der Erwerbszeitpunkt bzw. der Zeitpunkt der Erstkonsolidierung. Es wird eine Wertsicherungsklausel vereinbart, nach der bei Unterschreiten des garantierten Wertes ein entsprechender Ausgleich durch Ausgabe weiterer Anleihen zu leisten ist. Es wird zu den jeweiligen Stichtagen erwartet, dass der tatsächliche Kurs der Anleihen konstant bleibt.

Der Kurs von 100 GE wird zum 31.12.X0 garantiert und entspricht dem tatsächlichen Kurs zum Erwerbszeitpunkt. Zum 31.12.X0 unterschreitet der tatsächliche den garantierten Kurs:

15.06.X0 (Signing)   : Kurs: 100 GE
01.07.X0 (Erwerbszeitpunkt)   : Kurs: 100 GE
31.12.X0 (Garantiezeitpunkt)   : Kurs: 80 GE (garantierter Kurs: 100 GE)

<u>01.07.X0</u>
Die Anschaffungskosten betragen 100'GE (1'Anleihen * 100 GE) und bestimmen sich nach dem Wert der hingegebenen Anleihen zum Erwerbszeitpunkt.

Anstelle der im Einzelabschluss bilanzierten Beteiligung an der T-AG weist die K-AG im Konzernabschluss die identifizierten Vermögenswerte und Schulden der T-AG sowie einen Goodwill aus. Dieser beträgt 20'GE (100'GE − (100'GE − 20'GE)) und entspricht dem Betrag, um den die Anschaffungskosten das neubewertete Eigenkapital der T-AG übersteigen.

Vermögenswerte$_T$	*100'GE*			
Goodwill	*20'GE*	an	*Anleihenverbindlichkeit*	*100'GE*
			Schulden$_T$	*20'GE*

Anhang 4: Bilanzierung einer Security Price-based Contingent Consideration

Konzernbilanz der K-AG am 01.07.X0

Vermögenswerte$_K$	100'	Eigenkapital	100'
Vermögenswerte$_T$	100'	Anleihenverb.	100'
Goodwill	20'		
		Schulden$_T$	20'
	220'		**220'**

31.12.X0
Der Kurs der K-Anleihe steht bei 80 GE, liegt also 20 GE unter dem zu diesem Zeitpunkt garantierten Kurs. Die 1'Anleihen repräsentieren nur noch einen Wert von 80'GE (1'Anleihen * 80 GE). Die Differenz zu ihrem garantierten Wert von 100'GE beträgt 20'GE und ist aufgrund der Wertsicherungsklausel durch die K-AG auszugleichen, weswegen dieser Betrag zunächst als Kaufpreisverbindlichkeit eingebucht wird.

Anleihenverbindlichkeit   20'GE   an   Kaufpreisverbindlichkeit   20'GE

vorl. Konzernbilanz der K-AG am 31.12.X0

Vermögenswerte$_K$	100'	Eigenkapital	100'
Vermögenswerte$_T$	100'	Anleihenverb.	80' ⎫ 100'
Goodwill	20'	Kaufpreisverb.	20' ⎭
		Schulden$_T$	20'
	220'		**220'**

Die Kaufpreisverbindlichkeit i.H.v. 20'GE wird durch die zusätzliche Ausgabe von 250 Anleihen (20'GE / 80 GE) getilgt.

Kaufpreisverbindlichkeit   20'GE   an   Anleihenverbindlichkeit   20'GE

Konzernbilanz der K-AG am 31.12.X0

Vermögenswerte$_K$	100'	Eigenkapital	100'
Vermögenswerte$_T$	100'	Anleihenverb.	100'
Goodwill	20'		
		Schulden$_T$	20'
	220'		**220'**

Die Höhe der ausgewiesenen Kaufpreisverbindlichkeit aus den emittierten Anleihen ist gleich geblieben. Die Differenz zwischen dem Fair Value der Anleihe und deren Fälligkeitsbetrag (Nennwert) wird nach der Effektivzinsmethode zugeschrieben, so dass bei Fälligkeit der Tilgungsbetrag eingebucht ist. Dieser hat sich von 100'GE durch die zusätzliche Emission von 250 Anleihen auf 125'GE erhöht.

Alternativ hätte die Kaufpreisverbindlichkeit i.H.v. 20'GE auch bar getilgt werden können.

Kaufpreisverbindlichkeit   20'GE   an   Vermögenswerte$_K$ 20'GE

Konzernbilanz der K-AG am 31.12.X0			
Vermögenswerte$_K$	80'	Eigenkapital	100'
Vermögenswerte$_T$	100'	Anleihenverb.	80'
Goodwill	20'		
		Schulden$_T$	20'
	200'		**200'**

Anhang 5 Übersicht der Paragraphen zur Bestimmung der Anschaffungskosten

	IFRS 3 (2004)	ED IFRS 3 (2005)	NFD IFRS 3 (2007)	IFRS 3 (2008)
Ermittlung des Goodwill				
Methode	51	49	49	32
Bewertung Minderheitsanteil	40	-	33 38-39	19 B44-B45
Cost of a Business Combination		**Consideration Transferred**		
	24	21-22	54-55	37-38
Contingent Consideration				
Erstkonsolidierung	32-35	25	56	39
			57	40
		BC67-BC75	B343-B352	BC343-BC352
Folgebilanzierung		26, A77-A83	79	58
		BC76-BC79	B353-B360	BC353-BC360
Abgrenzung zu sonstigen Vergütungen	-	70(b)	73(b)	52(b)
	-	A98-A99	A68-A69	B54-B55
Initial Accounting Period		**Measurement Period**		
	61-64	63-65	66	45
		62	67	46
		A71	68	47
		66-68	69-71	48-50
	BC159-BC169	BC161-BC163	B389-B401	BC390-BC400
Anschaffungsnebenkosten				
	29-31	27	74	53
	-	BC84-BC89	B365-B370	BC365-BC370

Anmerkung: Die Paragraphen werden einander als korrespondierend gegenübergestellt, sofern sie denselben Sachverhalt betreffen.

Literaturverzeichnis

Albrecht, T. (2005): Zur ökonomischen Beurteilung von Optionsrechten in Joint Venture-Verträgen und bei M&A-Transaktionen, in: Mergers & Acquisitons Review, Heft 6, S. 265-272

Andrejewski, K.C./Fladung, H.-D./Kühn, S. (2006): Abbildung von Unternehmenszusammenschlüssen nach ED IFRS 3, in: Die Wirtschaftsprüfung, Heft 3, S. 80-88

Baetge, J./Hayn, S./Ströher, T. (2006): IFRS 3 Unternehmenszusammenschlüsse (Business Combinations), in: Rechnungslegung nach IFRS: Kommentar auf Grundlage des deutschen Bilanzrechts, hrsg. v. Baetge, J. u.a., Stuttgart

Ballwieser, W. (2005): Bewertung von Unternehmen und Kaufpreisgestaltung, in: Unternehmenskauf nach IFRS und US-GAAP: Purchase Price Allocation, Goodwill und Impairment-Test, hrsg. v. Ballwieser, W./Beyer, S./Zelger, H., Stuttgart, S. 73-90

Baums, T. (1993): Ergebnisabhängige Preisvereinbarungen in Unternehmenskaufverträgen („earn-outs"), in: Der Betrieb, Heft 25, S. 1273-1276

Behringer, S. (2004): Earn-out-Klauseln bei Unternehmensakquisitionen, in: Unternehmensbewertung & Management, Heft 7, S. 245-250

Beisel, W./Klumpp, H.-H. (2006): Der Unternehmenskauf: Gesamtdarstellung der zivil- und steuerrechtlichen Vorgänge einschließlich gesellschafts-, arbeits- und kartellrechtlicher Fragen bei der Übertragung eines Unternehmens, 5. Aufl., München

Beyer, S./Ihlau, S./Haubold, U. (2006): Earn-Out-Klauseln in Unternehmenskaufverträgen, in: Steuer Journal, Heft 20, S. 32-37

Beyhs, O./Wagner, B. (2008): Die neuen Vorschriften des IASB zur Abbildung von Unternehmenszusammenschlüssen – Darstellung der wichtigsten Änderungen in IFRS 3 – , in: Der Betrieb, Heft 3, S. 73-83

Blough, S. u.a. (2007): How earn-out clauses can shift risks, in: International Tax Review, Heft Jul/Aug 2007, S. 25-30

Böx, I.A. (2004): Deal Making: Vorbereitung, Abwicklung und zeitlicher Ablauf des Unternehmenskaufs, in: Beck'sches Mandats-Handbuch Unternehmenskauf, hrsg. v. Hettler, S./Stratz, R.-C./Hörtnagl, R., München, S. 1-82

Borgman, M./Kalnbach, P. (2007): Bilanzgarantien in M&A-Verträgen, in: Mergers & Acquisitions Review, Heft 5, S. 227-231

v. Braunschweig, P. (2002): Variable Kaufpreisklauseln in Unternehmenskaufverträgen, in: Der Betrieb, Heft 35, S. 1815-1818

Broda, B.M./Krings, U. (2002): Finanzierungsmodalitäten bei M&A-Transaktionen, Kombinationsmöglichkeiten sind keine Grenzen gesetzt, in: Der Schweizer Treuhänder, Heft 10, S. 877-882

Bruckner, V. (2007): Unternehmenskauf: Fluch und Segen variabler Kaufpreisregelungen („Earn-outs") aus der Praxis, URL: http://www.nwir.de/aktuell/Bruckner%20Earn-outs%20April%202007.pdf, (01.11.2007)

Brücks, M./Richter, M. (2005): Business Combinations (Phase II) – Kritische Würdigung ausgewählter Vorschläge des IASB aus Sicht eines Anwenders –, in: Zeitschrift für internationale und kapitalmarktorientierte Rechnungslegung, Heft 10, S. 407-415

Bruner, R. (2004): Applied Mergers and Acquisitions, Hoboken, NJ

Bruski, J. (2005): Kaufpreisbemessung und Kaufpreisanpassung im Unternehmenskaufvertrag, in: Betriebs-Berater, Heft 30, S. 19-29

Chatterjee, R./Erickson, M./Weber, J.P. (2004): Can Accounting Information be used to Reduce the Contracting Costs Associated with Mergers and Acquisitions? – Evidence from the use of Earnouts in Merger and Acquisition Agreements in the U.K., Cambridge, Chicago, URL: http://www.cass.city.ac.uk/facfin/events/PastResearchSeminars/Summer%202004/Robin%20Chatterjee%20Seminar.doc, (14.11.2007)

Chelma, G./Habib, M./Ljungqvist, A.P. (2002): An Analysis of Shareholder Agreements, Centre for Economic Policy Research, Discussion Paper No. 3457, London

Clemens, R./Hebestreit, G. (2006): § 12. Eigenkapital, in: Beck'sches IFRS-Handbuch: Kommentierung der IFRS/IAS, hrsg. v. Bohl, W./Riese, J./Schlüter, J., München, 2. Aufl., S. 315-348

Copeland, T./Koller, T./Murrin, J. (2002): Unternehmenswert: Methoden und Strategien für eine wertorientierte Unternehmensführung, 3. Aufl., Frankfurt a.M.

Cossin, D./Leleux, B./Saliasi, E. (2002): Understanding the Economic Value of Legal Covenants in Investment Contracts: A Real-Options Approach to Venture Equity Contracts, FAME, Research Paper No. 63

Craig, B./Smith, A. (2003): The Art of Earnouts, in: Strategic Finance, Heft 6, S. 45-47

Dahl, C./Richmond, S. (2003): Earn-Outs: A Worthwhile Tool for Dealmakers?, URL: http://www.imakenews.com/rcwmirus/e_article000148659.cfm, (10.10.2007)

Datar, S./Frankel, R./Wolfson, M. (2001): Earnouts: The Effects of Adverse Selection and Agency Costs on Acquisition Techniques, in: The Journal of Law, Economics and Organization, Heft 1, S. 201-238

Delcker, M. (1992): Risiken beim Unternehmenskauf – Absicherung durch Besserungsoption, in: Der Betrieb, Heft 49, S. 2453-2454

Del Roccili, J.A./Fuhr, J.P. (2001): The Pros and Cons of Earnouts, in: Journal of Financial Service Professionals, Heft 11, S. 88-93

Dill, C./Vigelius, C. (2004): Kaufpreisanpassungsklauseln in der M&A-Praxis – Oder: Wer trägt das Risiko des zu zahlenden Unternehmenskaufpreises?, in: GoingPublic, Heft 11, S. 50-53

Dirscherl, G. (2006): Lektion 3, Kaufpreisfindung/Unternehmensbewertung, in: Schriftlicher Management-Lehrgang in 11 Lektionen: Mergers & Acquisitions, hrsg. v. Euroforum, Düsseldorf

Driesch, D. (2006): § 44. Änderungen der Bilanzierungs- und Bewertungsmethoden, Änderungen von Schätzungen und Fehlerberichtigungen, in: Beck'sches IFRS-Handbuch: Kommentierung der IFRS/IAS, hrsg. v. Bohl, W./Riese, J./Schlüter, J., 2. Aufl., München, S. 1177-1191

v. Drygalski, A./Graßl, B. (2007): Earnout provisions in M&A deals – boon or bane?, URL: http://www.pplaw.de/_downloads/publications/AvD-BeG-2007-Earnout.pdf, (2.10.2007)

Epstein, B.J./Jermakowicz, E.K. (2007): Wiley IFRS 2007: Interpretation and Application of International Financial Reporting Standards, 4. Aufl., Weinheim

Erdmann, M.-K./Wünsch, M./Meyer, U. (2006): Auswirkungen ausgewählter IFRS-Änderungen auf die Unternehmenssteuerung (Teil 2) – ED IFRS 3 (2007), ED IAS 27 (2007) und ED IAS 37 (2007) –, in: Zeitschrift für internationale und kapitalmarktorientierte Rechnungslegung, Heft 6, S. 385-395

Ernst, D. (2002): Verhandlungsstrategien und vertragliche Regelungen zur Umsetzung von Realoptionen bei M&A-Transaktionen, in: Mergers & Acquisitions Review, Heft 12, S. 627-632

Ernst, D./Häcker, J. (2002): Realoptionen im Investment Banking: Mergers & Acquisitions, Initial Public Offering, Venture Capital, Stuttgart

Ernst, D./Thümmel, R.C. (2000): Realoptionen zur Strukturierung von M&A-Transaktionen, in: Finanz Betrieb, Heft 11, S. 665-673

Ernst & Young (2006): International GAAP 2007: Generally Accepted Accounting Practice under International Financial Reporting Standards, Münster

Eßers, C. (2006): Lektion 8, Vertragsgestaltung und Verhandlungsführung, in: Schriftlicher Management-Lehrgang in 11 Lektionen: Mergers & Acquisitions, hrsg. v. Euroforum, Düsseldorf

Financial Accounting Standards Board (1995): Consensus of the Emerging Issues Task Force, Issue No. 95-8, Accounting for Contingent Consideration Paid to Shareholders of an Acquired Enterprise in a Purchase Business Combination, Diskussionsstand September 1995

Financial Accounting Standards Board (2003): Consensus of the Emerging Issues Task Force, Issue No. 00-21, Revenue Arrangements with Multiple Deliverables, Diskussionsstand Mai 2003

Frankel, M. (2005): Save That Deal Using Earn-Outs, in: The Journal of Corporate Accounting & Finance, Heft 2, S. 21-25

Freiberg, J. (2008): Earn out-Klauseln beim Unternehmenserwerb, in: Praxis der internationalen Rechnungslegung, Heft 1, S. 31-33

Glaum, M./Vogel, S. (2004): Bilanzierung von Unternehmenszusammenschlüssen nach IFRS 3, in: Zeitschrift für Controlling & Management, Sonderheft 2, S. 43-53

Gros, S.E. (2005): Die Aktie als Akquisitionswährung nach IFRS, in: Finanz Betrieb, Heft 12, S.779-783

Günther, W. (2004): Unternehmenskauf, in: Münchener Vertragshandbuch, hrsg. v. Schütze, R./Weipert, L., 5. Aufl., Band 2, München, S. 165-548

Hachmeister, D. (2005): Kapitalkonsolidierung nach der Erwerbsmethode: Regelungen nach IFRS und US-GAAP, in: Beck'sches Handbuch der Rechnungslegung, hrsg. v. Castan, E., München

Hachmeister, D./Hanschmann, M. (2007): Optionen auf Minderheitenanteile in IFRS-Konzernabschlüssen, in: Zeitschrift für internationale Rechnungslegung, Heft 3, S. 163-172

Hachmeister, D. (2008): Neuregelung der Bilanzierung von Unternehmenszusammenschlüssen nach IFRS 3 (2008), in: Zeitschrift für internationale Rechnungslegung, Heft 3, S. 115-122

Harris, R. (2002): Caution: Earnouts Ahead, URL: http://www.cfo.com/article.cfm/3004884/c_3046524?f=magazine_alsoinside, (22.10.2007)

Hayn, S./Grüne, M. (2006): Konzernabschluss nach IFRS: Konsolidierung und Bilanzierung, München

Helbling, C. (1998): Unternehmensbewertung und Steuern: Unternehmensbewertung in Theorie und Praxis, insbesondere die Berücksichtigung der Steuern aufgrund der Verhältnisse in der Schweiz und in Deutschland, 9. Aufl., Düsseldorf

Helbling, C. (2004): Prozess der Unternehmensbewertung, in: Praxishandbuch der Unternehmensbewertung, hrsg. v. Peemöller, V.H., 3. Aufl., Berlin, S. 89-197

Henkel, U./Bartosch, M. (2007): IAS/IFRS in Unternehmenskaufverträgen, in: Mergers & Acquisitions Review, Heft 6, S. 283-286

Heuser, P./Theile, C. (2007): IFRS-Handbuch: Einzel- und Konzernabschluss, 3. Aufl., Köln

Hilpisch, Y. (2006): Der finanzielle Wert rechtlicher Klauseln in Beteiligungsverträgen, URL: http://www.innovalue.de/publikationen/Optionsbewertung.pdf, (10.10.2007)

Hölters, W. (2002): Der Unternehmens- und Beteiligungskauf – Bedeutung, Grundfragen und Abwicklung, in: Handbuch des Unternehmens- und Beteiligungskaufs, hrsg. v. Hölters, W., 5. Aufl., Köln, S. 3-74

Holstein, M. u.a. (2000): Lexikon der Volkswirtschaft, 1. Aufl., München

Holzapfel, H.-J./Pöllath, R. (2006): Unternehmenskauf in Recht und Praxis: Rechtliche und steuerliche Aspekte, 12. Aufl., Köln

Hommel, U./Lehmann, H. (2001): Die Bewertung von Investitionsprojekten mit dem Realoptionsansatz – Ein Methodenüberblick, in: Realoptionen in der Unternehmenspraxis: Wert schaffen durch Flexibilität, hrsg. v. Hommel, U./Scholich, M./Vollrath, R., Berlin u.a., S. 113-130

International Accounting Standards Committee Foundation (1989): Framework for the Preparation and Presentation of Financial Statements, hrsg. April 1989, i.d.F. vom 31.12.2006

International Accounting Standards Committee Foundation (1992): International Accounting Standard 7, Cash Flow Statements, hrsg. Dezember 1992, i.d.F. vom 31.12.2006

International Accounting Standards Committee Foundation (1993): International Accounting Standard 8, Accounting Policies, Changes in Accounting Estimates and Errors, hrsg. Dezember 1993, i.d.F. vom 31.12.2006

International Accounting Standards Committee Foundation (1993): International Accounting Standard 18, Revenues, hrsg. Dezember 1993, i.d.F. vom 31.12.2006

International Accounting Standards Committee Foundation (1995): International Accounting Standard 32, Financial Instruments: Presentation, hrsg. Juni 1995, i.d.F. vom 31.12.2006

International Accounting Standards Committee Foundation (1997): International Accounting Standard 1, Presentation of Financial Statements, hrsg. September 1997, i.d.F. vom 31.12.2006

International Accounting Standards Committee Foundation (1998): International Accounting Standard 37, hrsg. September 1998, i.d.F. vom 31.12.2006

International Accounting Standards Committee Foundation (1998): International Accounting Standard 19, Employee Benefits, hrsg. Februar 1998, i.d.F. vom 31.12.2006

International Accounting Standards Committee Foundation (1999): International Accounting Standard 39, Financial Instruments: Recognition and Measurement, hrsg. März 1999, i.d.F. vom 31.12.2006

International Accounting Standards Committee Foundation (2004): International Financial Reporting Standard 2, Share-based Payment, hrsg. Februar 2004, i.d.F. vom 31.12.2006

International Accounting Standards Committee Foundation (2004): International Financial Reporting Standard 3, Business Combinations, hrsg. März 2004, i.d.F. vom 31.12.2006

International Accounting Standards Committee Foundation (2005): Exposure Draft of Proposed Amendments to International Financial Reporting Standard 3, Business Combinations, hrsg. Juni 2005

International Accounting Standards Committee Foundation (2007): Near-final Draft International Financial Reporting Standard 3, Business Combinations, hrsg. Juni 2007

International Accounting Standards Committee Foundation (2008): International Financial Reporting Standard 3, Business Combinations, hrsg. Januar 2008

International Accounting Standards Board (2008a): Business Combinations Phase II, Project Summary and Feedback Statement, URL: http://www.iasb.org/NR/rdonlyres/FB09D3C0-D7CA-478C-881C-704495F8A6CC/0/Business_Combinations_JN2008.pdf, (25.01.2008)

International Accounting Standards Board (2008b): Homepage des IASB, URL: http://www.iasb.org/Home.htm

Jung, W. (1993): Praxis des Unternehmenskaufs: Eine systematische Darstellung der Planung und Durchführung einer Akquisition, 2. Aufl., Stuttgart

Kaplan, S.N./Strömberg, P. (2003): Financial Contracting Theory Meets the Real World: An Empirical Analysis of Venture Capital Contracts, in: Review of Economic Studies, Heft 243, S. 281-315

Kästle, F./Oberbracht, D. (2005): Unternehmenskauf – Share Purchase Agreement, München

Kohers, N./Ang, J. (2000): Earnouts in Mergers: Agreeing to Disagree and Agreeing to Stay, in: The Journal of Business, Heft 3, S. 445-476

KPMG (2006): Eigenkapital versus Fremdkapital nach IFRS, Stuttgart

KPMG (2007): 2007/8 Edition of Insights into IFRS: KPMG's practical guide to International Financial Reporting Standards, 4. Aufl., o.O.

KPMG IFRG Limited (2005): Letter of Comment No. 88 to ED IFRS 3, URL: http://www.fasb.org/ocl/1204-001/36190.pdf, (12.11.2007)

KPMG IFRG Limited (2006): International Standards Alert – Acquisition of additional interests in subsidiaries after control is obtained: subsequent accounting for variability in the purchase price; Written puts/ (synthetic) forwards on minority interests, IS Alert: 2005/19

KPMG IFRG Limited (2008): First Impressions: IFRS 3 and FAS 141R Business Combinations, London

Krügel, R./Blasin, S. (2006): Verwendung von Calls und Puts bei Firmenakquisitionen, IFRS 3/IAS 27 – praktische Anwendungsfragen, in: Der Schweizer Treuhänder, Heft 12, S. 886-895

Kuhn, S./Scharpf, P. (2006): Rechnungslegung von Financial Instruments nach IFRS – IAS 32, IAS 39 und IFRS 7, 3. Aufl., Stuttgart

Kühne, M./Schwedler, K. (2005): Geplante Änderung der Bilanzierung von Unternehmenszusammenschlüssen – ED of Proposed Amendments to IFRS 3 und ED of Proposed Amendments to IAS 27 – , in: Zeitschrift für internationale und kapitalmarktorientierte Rechnungslegung, Heft 9, S. 329-338

Küting, K./Wirth, J. (2001): Internationale Konzernrechnungslegung: Anschaffungskosten von Beteiligungen an voll zu konsolidierenden Unternehmen, in: Betriebs-Berater, Heft 23, S. 1190-1197

Küting, K./Wirth, J. (2004): Bilanzierung von Unternehmenszusammenschlüssen nach IFRS 3, in: Zeitschrift für internationale und kapitalmarktorientierte Rechnungslegung, Heft 5, S. 167-177

Küting, K./Wirth, J. (2007): Goodwillbilanzierung im neuen Near Final Draft zu Business Combinations Phase II – Implikationen des geplanten Wahlrechts bei der Goodwillbilanzierung –, in: Zeitschrift für internationale und kapitalmarktorientierte Rechnungslegung, Heft 9, S. 460-469

Labbé, M. (2004): Earn-Out-Ansatz als Option zur preislichen Gestaltung von Unternehmenstransaktionen, in: Finanz Betrieb, Heft 2, S. 117-121

Lacher, J./Poppe, H. (1988): Unternehmenskauf nach der Methode des „realisierten" Ertragswerts, in: Der Betrieb, Heft 35, S. 1761-1765

Leithner, S./Liebler, H. (2001): Die Bedeutung von Realoptionen im M&A-Geschäft, in: Realoptionen in der Unternehmenspraxis: Wert schaffen durch Flexibilität, hrsg. v. Hommel, U./Scholich, M./Vollrath, R., Berlin u.a., S. 131-154

Lips, J./Stratz, R.-C./Rudo, J. (2004): Vertragsgestaltung, in: Beck'sches Mandats-Handbuch Unternehmenskauf, hrsg. v. Hettler, S./Stratz, R.-C./ Hörtnagl, R., München, S. 233-424

Lüdenbach, N. (2007): § 31 Unternehmenszusammenschlüsse, in: Haufe IFRS-Kommentar, hrsg. v. Lüdenbach, N./Hoffmann, W.-D., 5. Aufl., Freiburg, u.a.

Lüdenbach, N./Hoffmann, W.-D. (2005): Übergangskonsolidierung und Auf- oder Abstockung von Mehrheitsbeteiligungen nach ED IAS 27 und ED IFRS 3, in: Der Betrieb, Heft 34, S. 1805-1811

Lüdenbach, N./Hoffmann, W.-D. (2006): Erlösrealisierung bei Mehrkomponentengeschäften nach IFRS und HGB/EStG, in: Deutsches Steuerrecht, Heft 4, S. 153-158

Lüdenbach, N./Völkner, B. (2006): Abgrenzung des Kaufpreises von sonstigen Vergütungen bei der Erst- und Entkonsolidierung – Unternehmenskaufverträge als Mehrkomponentengeschäfte, in: Betriebs-Berater, Heft 26, S. 1435-1441

Meissner, M.H. (2005): Die Veräußerung von Teilen eines GmbH-Geschäftsanteils in Erfüllung von Earn-Out-Klauseln, in: GmbH-Rundschau, Heft 12, S. 752-756

Meuli, H.M. (1996a): Preisgestaltung bei Verkäufen von KMU, Earn-Out-Methode als mögliche Alternative, in: Der Schweizer Treuhänder, Heft 11, S. 941-946

Meuli, H.M. (1996b): Earn-Out-Methode als Instrument der Preisgestaltung bei Unternehmensverkäufen, Ansatz – Preisermittlung – Steuerliche Implikationen, Zürich

Mittendorfer, R. (2007): Praxishandbuch Akquisitionsfinanzierung: Erfolgsfaktoren fremdfinanzierter Unternehmensübernahmen, Wiesbaden

Modlich, J. (2003): Kaufpreisanpassungsklauseln in M&A-Transaktionen, in: Mergers & Acquisitions Review, Heft 10, S. 438-440

Müller, W. (2001): Unternehmensbewertung und Verschmelzungsrelationen, Abfindungen, in: Arbeitshandbuch für Unternehmensübernahmen, hrsg. v. Semler, J./Volhard, R., Band 1, München, S. 397-460

o.V. (2002): Earn-Outs Are Key in FASB's Revisions for M&A Treatment, in: Mergers & Acquisitions: The Dealmaker's Journal, Heft 12, S. 14-17

Peemöller, V.H./Kunowski, S. (2004): Bewertungsverfahren, in: Praxishandbuch der Unternehmensbewertung, hrsg. v. Peemöller, V.H., 3. Aufl., Berlin, S. 199-426

Peemöller, V.H. (2007): Abschnitt 21: Änderungen der Bilanzierungs- und Bewertungsmethoden, Schätzungen und Korrektur von Fehlern, in: Wiley-Kommentar zur internationalen Rechnungslegung nach IFRS 2007, hrsg. v. Epstein, B.J./Jermakowicz, E.K./Ballwieser, W., 3. Aufl., Weinheim, S. 969-990

Pellens, B./Fülbier, R.U./Gassen, J. (2006): Internationale Rechnungslegung: IFRS 1 bis 7, IAS 1 bis 41, IFRIC-Interpretationen, Standardentwürfe, 6. Aufl., Stuttgart

Picot, G. (2004): Vertragsrecht, in: Unternehmenskauf und Restrukturierung, hrsg. v. Picot, G., 3. Aufl., München

PricewaterhouseCoopers (2006): The IFRS Manual of Accounting 2007, A comprehensive guide to International Financial Reporting Standards, Surrey

Semler, F.J. (2002): Der Unternehmens- und Beteiligungskaufvertrag, in: Handbuch des Unternehmens- und Beteiligungskaufs, hrsg. v. Hölters, W., 5. Aufl., Köln, S. 521-640

Senger, T./Brune, J. (2006): § 37. Aktuelle Entwicklungen, in: Beck'sches IFRS-Handbuch: Kommentierung der IFRS/IAS, hrsg. v. Bohl, W./Riese, J./Schlüter, J., 2. Aufl., München, S. 1015-1034

Senger, T. u.a. (2006): § 33. Vollkonsolidierung, in: Beck'sches IFRS-Handbuch: Kommentierung der IFRS/IAS, hrsg. v. Bohl, W./Riese, J./Schlüter, J., 2. Aufl., München, S. 859-942

Sherman, S.J./Janatka, D.A. (1992): Engineering Earn-Outs To Get Deals Done And Prevent Discord, in: Mergers & Acquisitions: The Dealmaker's Journal, Heft 5, S. 26-31

Sikora, M. (2006): Hard Bargaining Rules in Buying VC-Backed Targets: Earn-outs, tough indemnifications, and MAC clauses are common features in buying firms out of corporate infancy, in: Mergers & Acquisitions: The Dealmaker's Journal, Heft 5, S. 20

Stratz, R.-C./Hesse, M. (2004): Unternehmensbewertung, in: Beck'sches Mandats-Handbuch Unternehmenskauf, hrsg. v. Hettler, S./Stratz, R.-C./Hörtnagl, R., München, S. 121-232

Streyl, A. (2001): Erwerb von Unternehmensanteilen (Share Deal), in: Arbeitshandbuch für Unternehmensübernahmen, hrsg. v. Semler, J./Volhard, R., Band 1, München, S. 483-554

Rabel, K./Mandl, G. (2004): Grundlagen der Unternehmensbewertung, in: Praxishandbuch der Unternehmensbewertung, hrsg. v. Peemöller, V.H., 3. Aufl., Berlin, S. 1-88

Ragotzky, S. (2003): Unternehmenskauf und asymmetrische Information, Frankfurt a.M. u.a.

Rausch, R. (1999): Realoptionen in der strategischen Unternehmensbewertung, Dissertation, Frankfurt a.M.

Reuer, J.J./Shenkar, O./Ragozzino, R. (2003): Mitigating risk in international mergers and acquisitions: the role of contingent payouts, in: Journal of International Business Studies, Heft 1, S. 19-32

Rock, H. (2001): Checkliste „Earn Out in Gestalt der kombinierten Call/Put Option", in: Mergers & Acquisitions Review, Heft 2, S. 51-55

Rödder, T./Hötzel, O./Mueller-Thuns, T. (2003): Unternehmenskauf, Unternehmensverkauf: Zivil- und steuerrechtliche Gestaltungspraxis, München

Rotthege, G./Wassermann, B. (2002): Mandatspraxis Unternehmenskauf, Köln u.a.

v. Schlabrendorff, F. (2001): Durchsetzung vertraglicher Rechte und Pflichten, in: Arbeitshandbuch für Unternehmensübernahmen, hrsg. v. Semler, J./Volhard, R., Band 1, München, S. 741-798

Schmidbauer, R. (2005): Die Bilanzierung von Unternehmenszusammenschlüssen nach IFRS, in: Deutsches Steuerrecht, Heft 3, S. 121-126

Schüppen, B./ Walz, S. (2005): Ablauf und Formen eines Unternehmenskaufs, in: Unternehmenskauf nach IFRS und US-GAAP: Purchase Price Allocation, Goodwill und Impairment-Test, hrsg. v. Ballwieser, W./Beyer, S./Zelger, H., Stuttgart, S. 31-72

Schultze, W./Kafadar, K./Thiericke, S. (2008): Die Kaufpreisallokation bei Unternehmenszusammenschlüssen nach IFRS 3 (a. F.) und IFRS 3 (rev. 2008) – Eine kritische Analyse ausgewählte Aspekte –, in: Deutsches Steuerrecht, Heft 28, S. 1348-1354

Schulz, S. (2004): Earn-out-Mechanismen bei M&A-Transaktionen: Hilfreiches Instrument zur Überbrückung unterschiedlicher Kaufpreisvorstellungen, in: GoingPublic, Heft 6, S. 42-43

Schulze Osthoff, H.-J./Schulz-Danso, M. (2006): § 14. Übrige Schulden, in: Beck'sches IFRS-Handbuch: Kommentierung der IFRS/IAS, hrsg. v. Bohl, W./Riese, J./Schlüter, J., 2. Aufl., München, S. 405-426

Schwetzler, B. (2006): Bewertung und Transaktionsprozess – die Wirkung von Contingent Payments und unterschiedlichen Zahlungsmethoden, Präsentationsunterlagen für das Jahresforum 2006 „Unternehmensbewertung" am 02.06.2006 in Offenbach a.M.

Vischer, M. (2002): Earn out-Klauseln in Unternehmenskaufverträgen, in: Schweizerische Juristen Zeitung, Heft 21, S. 509-517

Weber, C.-P. (2007): Abschnitt 11: Unternehmenszusammenschlüsse und Konzernabschlüsse, in: Wiley-Kommentar zur internationalen Rechnungslegung nach IFRS 2007, hrsg. v. Epstein, B.J./Jermakowicz, E.K./Ballwieser, W., 3. Aufl., Weinheim, S. 527-588

Weiser, M.F. (2004): Die Earnout-Methode zur Überwindung divergierender Werteinschätzungen im Rahmen von M&A-Transaktionen, in: Mergers & Acquisitions Review, Heft 12, S. 512-518

Weiser, M.F. (2005): Earnout-Unternehmenserwerbe im Konzernabschluss nach US-GAAP, IFRS und HGB/DRS – Gegenwärtige Regelungen und Vorschläge des IASB und FASB für die künftige Handhabung –, in: Die Wirtschaftsprüfung, Heft 6, S. 269-280

Widmann, B. (2002): Bewertung, in: Handbuch des Unternehmens- und Beteiligungskaufs, hrsg. v. Hölters, W., 5. Aufl., Köln, S. 75-177

Wirth, J. (2005): Firmenwertbilanzierung nach IFRS: Unternehmenszusammenschlüsse, Werthaltigkeitstest, Endkonsolidierung, Stuttgart

Zelger, H. (2005): Purchase Price Allocation nach IFRS und US-GAAP, in: Unternehmenskauf nach IFRS und US-GAAP: Purchase Price Allocation, Goodwill und Impairment-Test, hrsg. v. Ballwieser, W./Beyer, S./Zelger, H., Stuttgart, S. 91-140

Ziegler, A./Birkholz, C. (2005): Unternehmenskauf in Raten – Rechtliche Aspekte der Ausgestaltung von Optionen in Unternehmenskaufverträgen, in: Mergers & Acquisitions Review, Heft 11, S. 490-497

Stichwortverzeichnis

A

Abrechnungsbilanz 34, 61 f
Akquisitionsmarkt 21
Akquisitionsmethode
(Acquisition Method) 105-108
Akquisitionsprämie 68 f
Akquisitionswährung 69
Anpassung des Kaufpreises 83, 99
Anschaffungskosten
   Bestandteile nach IFRS 3 (2004) 73-75, 108 f, 171
   Bestandteile nach IFRS 3 (2008) 108 f, 171
Anschaffungsnebenkosten
(Acquisition-related Costs)
   allgemein 73, 75-78, 171
   Bilanzierung nach IFRS 3 (2008) 109, 117-119, 171
   direkt zurechenbar 75 f
   indirekt zurechenbar 76 f
Anteil nicht-kontrollierender Gesellschafter, Wertansatz 106-109
Ausgleichszahlung
   bei Vereinbarung eines Earnouts, Besserungsoptions-Modell 49 f
   bei Vereinbarung einer Wertsicherungsklausel 69, 99

B

Basispreis, fix 46 f, 50 f
Bemessungsgrundlage 47, 51
Beschaffenheitsgarantie
   allgemein 27-29
   Koordination mit sonstigen Vertragsklauseln 61
Besserungsoption
   allgemein 41
   Bewertung 65 f
Besserungsoptions-Modell (s. Earnout)
Bestandsgarantie (s. Beschaffenheitsgarantie)
Bilanzgarantie 26 f
Business Combination
(Unternehmenszusammenschluss) 71
Business-Combination-Projekt 104 f

C

Closing 27
Consideration Transferred
(s. Anschaffungskosten)
Contingent Consideration, allgemein 74, 83 f
Contingent Consideration, Performance-based
(s. auch Earnout)
   Abgrenzung zu sonstigen Vergütungen 84-86, 171
   Begleichung
      mit eigenen Aktien 96-99
      mit Zahlungsmitteln 86-96
   Bilanzierung nach IFRS 3 (2008) 110-116, 171
   Bilanzierungsbeispiele 143-156
   Bilanzierungsmethoden 88-96, 171
   Bilanzierungszeitpunkt 86-88, 171
Contingent Consideration, Security Price-based
(s. auch Wertsicherungsklausel)
   Bilanzierungsbeispiele 157-169
   Bilanzierung nach IFRS 3 (2008) 110-116, 171
   Bilanzierungszeitpunkt und -methode 99-104, 171
Cost Accumulation Principle
(Anschaffungskostenprinzip) 105
Cost of a Business Combination
(s. Anschaffungskosten)

D

Deferred Consideration
   allgemein 74
   Begleichung mit eigenen Aktien 81 f
   Begleichung mit Zahlungsmitteln 80 f
   Bilanzierung nach IFRS 3 (2008) 116 f
   Fälligkeitszeitpunkt 68
Due Diligence 25

E

Earnout, Besserungsoptions-Modell (s. auch Contingent Consideration, Performance-based)
   Abgrenzung zur Ergebnisgarantie 53 f
   Begriff und Funktionen 40-42

Berechnungsbeispiele 127-140
Berechnungsmethode
  alternativ 50f
  konventionell 46-50
  Vergleich 51-53
Bezugsgröße 44f
Earnout-Periode 45f
Fälligkeitszeitpunkt 67
Geschäftsführung 42f
in der Praxis 56f, 141
Koordination mit sonstigen Vertragsklauseln 62
Vor- und Nachteile 54-56
Earnout, zweistufige Unternehmensakquisition
  Begriff und Funktion 58
  Geschäftsführung 60
  Übergang u. Kaufpreisbestimmung Minderheitsanteil 58f
  Unterschied zum Besserungsoptions-Modell 59f
  Vor- und Nachteile 60f
Earnout-Zahlung
  betragsmäßig fix 48
  betragsmäßig variabel 47, 51
  einmalig 47, 51
  jährlich 47, 51
Eigenkapitalgarantie 36
Einigungsbereich 23, 25, 41, 63-67
Einzelerwerbsfiktion 71
Entity Value 38
Equity Value 38
Ergebnisgarantie 30, 53f
Erwerbsmethode (Purchase Method) 71f, 108
Erwerbszeitpunkt (Acquisition Date) 74
Escrow-Account 67

F

Fair Value (beizulegender Zeitwert) 72
Fair Value Measurement Principle (Prinzip der Fair-Value-Bewertung) 105
Freistellung 29

G

Garantie, sonstige (s. Gewährleistung)
Gewährleistung
  allgemein 29
  Bewertung 64f
  Koordination mit sonstigen Vertragsklauseln 61f
Goodwill (Geschäfts- oder Firmenwert)
  Full ~ 105-108
  Purchased ~ 72, 107f
Grenzpreis 22f, 25, 30, 40f, 63-67

H

Hold-back 68

I

Information Disclosure Process 25
Informationsasymmetrie
  Abbau 25f
  Folgen 24f, 40
  Ursachen 23f
Initial Accounting Period 90, 171

K

Kaufpreis
  betragsmäßig konkret bestimmt 31f
  fest 31f
  variabel 31f (s. auch Earnout)
  vorläufig 31f (s. auch vergangenheitsorientierte Kaufpreisanpassung)
Kaufpreisabschlag (s. Risikoabschlag)
Kaufpreisanpassung
  vergangenheitsorientiert (s. Vergangenheitsorientierte Kaufpreisanpassung)
  zukunftsorientiert (s. Zukunftsorientierte Kaufpreisanpassung)
Kaufpreisbestimmung 21-23
Kaufpreisvereinbarungen
  Arten 31f
  Bilanzierung nach IFRS 3 (2004) 73-75, 78-104, 171
  Bilanzierung nach IFRS 3 (2008) 108-117, 171
  Koordination mit sonstigen Vertragsklauseln 61f
Kaufpreiszahlung
  bar 68
  bedingte ~ (s. Contingent Consideration)
  Fälligkeit 67f

mit eigenen Aktien 68
sofortige ~
  Bilanzierung nach IFRS 3 (2004) 74, 78f
  Bilanzierung nach IFRS 3 (2008) 116f
verzögerte ~ (s. Deferred Consideration)
Kosten
  aus der Akquisition resultierend 77f
  der Kapitalbeschaffung 76f, 118
Korrektur der Anschaffungskosten
  allgemein 83, 86
  prospektiv 92f, 96
  retrospektiv 90f, 95
  Vergleich der Bilanzierungsmethoden 93-95

M
Measurement Period 112, 171

N
Net Asset Adjustment 34f, 61
Nettovermögen, neubewertet 72f, 105-108
Net Working Capital Adjustment 36f
Neubewertungsmethode, vollständige 71f

P
Preislücke 41
Property, Plant and Equipment Adjustment 37

R
Realoptionsansatz 63
Risiken der Akquisitionsparteien
  Abbau 25f
  Folgen 24f
  Ursachen 23f
Risikoabschlag
  allgemein 25, 40, 53, 55
  Koordination mit sonstigen Vertragsklauseln 61
Risikomanagement 23-31
Risikoverteilung
  Kaufpreisauswirkungen 30f
  mögliche Vereinbarungen 26-30

S
Schadenersatz 54

Schwellenwert 47, 51
Signing 31
Special Accounting Principles 34

T
Tauschzeitpunkt (Date of Exchange) 75
Transaktionsoption 63-67
Transaktionswert 63

U
Unsicherheit, unternehmensspezifisch 24, 40, 56
Unternehmensakquisition
  Bilanzierung nach IFRS 3 (2004) 71-73
  Bilanzierung nach IFRS 3 (2008) 105-108
Unternehmenspreis 21-23
Unternehmenswert 21-23

V
Vergangenheitsorientierte Kaufpreisanpassung (s. auch Kaufpreis, vorläufiger)
  Begriff und Funktion 27, 32f
  Fälligkeitszeitpunkt 67
  Koordination mit sonstigen Vertragsklauseln 61
  um Änderungen von Berechnungsgrößen der DCF-Methode 38f
  um Wertänderungen bestimmter Bilanzposten 33-37
Vertragsklauseln
  Arten 26-30
  Bewertung 63-67
  Wirkung auf den Kaufpreis 30f

W
Wertsicherungsklausel 69 (s. auch Contingent Consideration, Security Price-based)

Z
Zukunftsorientierte Kaufpreisanpassung 29, 31f (s. auch Earnout)
Zusatzpreis, variabel 47, 51
Zweistufige Unternehmensakquisition (s. Earnout, zweistufige Unternehmensakquisition)

Schriftenreihe der  MEYER STIFTUNG

Herausgegeben von Prof. Dr. Claus Meyer

Band 1: Sybille Molzahn, Die Bilanzierung der betrieblichen Altersversorgung nach HGB und IFRS, 2., überarb. u. erw. Aufl. 2007, ISBN 978-3-89673-432-7

Band 2: Paul Pronobis, Das Umsatzkostenverfahren im internationalen Vergleich. Beschreibung des Aufbaus sowie der einzelnen Posten nach HGB, IFRS und US-GAAP, 2007, ISBN 978-3-89673-425-9

Band 3: Veronika Trauth, Sukzessive Unternehmenserwerbe/-veräußerungen im Konzernabschluss nach IFRS. Darstellung, Würdigung, Beispiele, 2007, ISBN 978-3-89673-433-4

Band 4: Patrick Krauß, Publizität von Abschlussprüferhonoraren bei kapitalmarktorientierten Unternehmen. Zielsetzung und Wirkung der Regelungen im Bilanzrechtsreformgesetz, 2008, ISBN 978-3-89673-446-4

Band 5: Jürgen Halter, Werthaltigkeitsprüfung von zahlungsmittelgenerierenden Einheiten nach IAS 36. Darstellung und konzeptionelle Kritik unter besonderer Berücksichtigung des Nutzungswerts, 2008, ISBN 978-3-89673-468-6

Band 6: Carolin Schwarz, Kaufpreisvereinbarungen im Rahmen von Unternehmensakquisitionen und deren bilanzielle Behandlung nach IFRS, 2008, ISBN 978-3-89673-490-7

Printed by Libri Plureos GmbH
in Hamburg, Germany